“十三五”国家重点图书出版规划项目

新视域

共享发展与收入分配改革

刘长庚 等◎著

湘潭大学出版社

图书在版编目（CIP）数据

新视域 ：共享发展与收入分配改革 / 刘长庚等著 .
-- 湘潭 ：湘潭大学出版社， 2020.12
ISBN 978-7-5687-0531-8

Ⅰ. ①新… Ⅱ. ①刘… Ⅲ. ①国民收入分配—分配制度改革—研究—中国 Ⅳ. ① F124.7

中国版本图书馆 CIP 数据核字（2020）第 267637 号

新视域 ：共享发展与收入分配改革

XINSHIYU：GONGXIANG FAZHAN YU SHOURUFENPEI GAIGE

刘长庚 等著

策划编辑： 蒋海文 姚海琼
责任编辑： 廖文婷 罗 联 王晓园
封面设计： 何 健
出版发行： 湘潭大学出版社
社 址： 湖南省湘潭大学工程训练大楼
电 话： 0731-58298960 0731-58298966（传真）
邮 编： 411105
网 址： http://press.xtu.edu.cn/
印 刷： 长沙鸿和印务有限公司
经 销： 湖南省新华书店
开 本： 710 mm×1000 mm 1/16
印 张： 13.75
字 数： 234 千字
版 次： 2020 年 12 月第 1 版
印 次： 2020 年 12 月第 1 次印刷
书 号： ISBN 978-7-5687-0531-8
定 价： 49.00 元

前　　言

本书是国家社科基金重点项目“国民收入初次分配制度改革研究（项目编号：08AJL008)”主要研究成果的集中体现。党的十八届五中全会提出了“共享发展”理念，这为进一步深化收入分配改革提供了重要指导。收入分配是民生之源，是改善民生、实现发展成果由人民共享最重要最直接的方式。新中国成立至今，中国人民实现了从站起来、富起来到强起来的伟大飞跃，收入分配制度作为经济社会发展中一项根本性、基础性的制度安排，其改革始终贯穿于社会主义经济建设、改革和发展的全过程。在当代中国，收入分配体制改革是全面深化改革的重要内容，是稳步推进共享发展的重要路径，形成合理有序的收入分配格局有利于为新时代经济高质量发展、构建以国内大循环为主体的新发展格局、不断满足人民日益增长的美好生活需要、扎实推进共同富裕等提供重要保障。当前我国收入分配领域还存在一些突出问题亟待解决，尤其是收入分配差距较大和分配不公的问题，例如，全国居民收入基尼系数仍高于0.4，收入分配仍是我国现阶段最受关注的经济社会问题之一。

本书首先在构建了以（平等的）参与权、（共享的）收入权和（充分的）保障权为核心的广义联合产权理论基础上，阐释了公正分配、权利配置与共享发展的内涵及其内在联系，明确了在共享发展的时代背景下，收入分配要通过合理的权利配置，坚持人人参与、人人尽力、人人享有的基本要求，实现以起点公平、过程公平、结果公平有机统一的公正分配。然后，本书围绕参与权、收入权和保障权三个维度，从企业内劳动者权利配置、体制内就业代际传递性、行业垄断与企业劳动报酬差距、金融排斥与城乡收入差距、“新农保”对老年人的分配效应、经济制度变迁与包容性增长等方面进行了较为深入的研究，丰富了对中国特色社会主义分配理论和实践的认识。最后，本书依据广义联合产权理论与相关实证研究结论，提出了收入分配制度改革要坚持以社会核心价值观为重要指导，着力创新国有资本权利配置，完善国有企业收入分配制度改革，现代企业作为践行共享发展理念的微观主体应赋予劳动者对利润的收益权，让全体劳动者共享企业发展成果，进而有效提升居民整体消费能力，为构建国内大循环为主体的新发展格局奠定坚实基础。

本书在理论上的探索主要体现在提出并论证了以下核心观点：

（1）市场经济是人类经济系统发展的一个阶段，具有专业化的生产性质和广义联合产权的制度性质。相比之前的经济系统，市场经济的性质突出体现在广义联合产权制度性质上：平等的参与权、共享的收入权和普遍充分的保障权。转型国家和发展中国家构建完善的市场经济制度，不应过分强调私有化，而应首先明确个体对市场经济享有充分的参与权、收入权和保障权。

（2）权利配置控制权强弱对员工劳动所得的最终形成具有非常重要的影响。员工在获得劳动所得的过程中普遍处于弱势地位，而企业拥有的强势权利配置控制权则使员工普遍获得低于“公平”价格的劳动所得。

（3）中国体制内单位就业中存在明显的职业代际传递现象。体制内职工的子女更可能获得体制内就业机会，且这种代际传递呈现出部门独立性，政府机关、事业单位和国有企业间并不存在交叉代际传递，领导及高级专业人才的子女比普通家庭子女更容易获得晋升机会。

（4）垄断行业企业劳动者不仅获得了高工资收入，而且获得了高福利。垄断行业和非垄断行业企业劳动报酬差距、工资差距和福利差距分别达到 12670 元、8754 元和 3914 元。在考虑了企业效率和特征等因素之后，由行业垄断导致的企业劳动报酬差距依然达到了 7827 元，相当于工业行业平均水平的 36.74%。Oaxaca-Blinder 分解结果发现，垄断行业和非垄断行业之间的企业劳动报酬差距、工资差距和福利差距中不合理部分的比重分别达到了 27.00%、23.07%和 40.41%。进一步按所有制和地区分组分解结果表明，国有垄断企业高劳动报酬是造成日益扩大的劳动报酬差距的重要原因，劳动报酬差距中不合理部分的比重呈现出“西部>中部>东部”的态势。

(5) 农村金融排斥显著影响城乡收入差距。条件排斥、地理及营销排斥显著扩大城乡收入差距，价格排斥却能在一定程度上缩小城乡收入差距，这些排斥的平均解释度分别为10.75%、1.00%和14.35%，农村金融排斥共解释城乡收入差距的26.1%。此外，非农业就业比例的提高与城镇化的有效推进对缩小城乡收入差距也有重要影响。

(6) 新农保政策不仅显著提高参保老人的经济独立性和居住独立性，而且使老人在实现自我生活照料方面的能力有了一定提高，减少了子女照料的提供。同时，参保时间、年龄、地区等因素带来的新农保绩效存在一定差异。

(7) 基本经济制度、市场化改革和对外开放均能显著提升中国的包容性增长水平，表明“中国模式”具有明显的制度优越性。中国特色市场化改革并非扩大而是能缩小收入差距，这主要得益于“市场之手”与“政府之手”的双重调控。在当前经济增速放缓时期，尤其要注重发挥基本经济制度的收入再分配作用和对外开放的经济提振效应。

(8) 社会层面“自由、平等、公正、法治”的核心价值观有着独特的国际比较优越性，它较全面地揭示了社会生产总过程的公平性，对收入分配制度改革具有重要指导意义。收入分配制度改革的核心是权利配置，普遍的参与权是自由、平等价值观的现实要求，共享的收入权和充分的保障权是平等、公正价值观的重要体现，以法治强化分配制度保证是实现公正分配的必然路径。收入分配制度改革要坚持社会核心价值观和权利配置的有机统一，以促进分配公正。

(9) 解决国有企业收入分配问题的突破口是分类创新国有资本的权利配置。国有企业收入分配包括两个层面的问题：第一层面是收入来源，即参与权的配置问题，垄断性国有企业要控制参与权，实现专业化发展，竞争性国有企业要扩大参与权，制定灵活的发展战略。第二层面是内部分配，即收入权配置问题，垄断性国有企业要进一步保障国有资本的收益，竞争性国有企业要合理提高员工收入，促进企业不断做大做强。

(10) 现代企业要赋予劳动者对利润的收益权。企业新增价值是由劳动者创造的，不管是按劳分配还是按贡献分配，劳动者都理应具有对利润的索取权。特别是在现代企业的运行中，调动劳动者的积极性，已成为提升企业竞争力最重要的途径。马克思主义经济学一直主张劳动者对剩余价值的索取权利，西方的新制度经济学也强调产权的重要性。从现实和理论来看，传统的偏重物质资本权益的企业产权制度已经严重限制了劳动者积极性的发挥。现代企业产权制度向侧重保护劳动者权益的方向演进已成为经济发展的趋势，确认劳动者对利润的收益权是其中最重要的内容。在企业产权制度中加入劳动者的利润收益权，平等保护物质资本产权和人力资本产权，劳动者将逐步摆脱雇佣劳动的局限，发挥更加积极主动的作用。

(11) 鼓励农村企业进行多样化的、适合当地具体情况的产权制度创新。解决三农问题，不能仅仅着眼于工业反哺和政策惠农，更要鼓励农村企业进行创新，特别是企业的产权制度创新，以寻找适合我国农村企业发展的制度。农村人股制企业的快速发展，充分说明了制度创新的重要意义。国家和政府要在法律和政策上为农村企业制度改革创造一个宽松的环境。通过制度创新，使得农村企业也可以在市场竞争中占据重要的一席之地。

当然，本书在研究过程中难免存在一些不足和缺点，敬请各位专家学者批评指正！

目　　录

第1章　论市场经济的联合产权性质

依靠市场调节维持经济运行是现代经济的重要特征。市场经济的性质是什么？这是经济学有待回答的基础问题。现代经济理论中，市场定义比长期遭受质疑的企业定义处于更虚无的地位，经济学分析市场价格的决定，对市场本身的讨论已荡然无存。平狄克和鲁宾费尔德经典的微观经济学教科书中，把市场（Market）讲解为买者和卖者相互作用形成价格的地方。萨缪尔森和诺德豪斯的认识更进一步，认为市场是一种形成价格的机制。上述主流的认识有两个：一是概念性的问题。这一问题包含有两个值得区分的定义：市场（Market）和市场经济(Market Economy)。市场可以随时随地产生，市场经济则是整个经济体系以价格调节为基础的经济系统。市场是市场经济的重要组成，而不是全部。二是对价格的过分强调。张五常认为价格是一种竞争的胜负标准，还需要有竞争规则。对价格的过分强调使经济学成为一种研究选择分析的学科。一方面，使经济学成为强大的分析工具或分析方法，使经济学走向了“帝国主义”的道路。另一方面，使经济学的研究缺乏实质内容，成为“黑板经济学”。与其说经济学是一门社会科学，还不如说经济学是一门工具学科。很多经济学家认识到了这一问题。以科斯、阿尔钦、威廉姆森和张五常为代表的新制度经济学家提出要让经济学走向现实。因此，市场经济的定义不能被价格机制所代替，市场经济是一个具有更加广泛内涵的概念。新古典经济学简单地认为，明晰的私有产权就是比赛规则，适者生存就是奖惩规则。但是产权的界定需要成本，清晰的产权很难出现；人类的有限理性无法预知何为“适者”。走向研究对象——实际经济，是经济学发展的需要。在科斯揭开企业的盖头后，威廉姆森在《资本主义经济性质》中掀开了关于资本主义经济体制的面纱。市场经济在这一经典著作中得到新的解释，即市场经济为各类交易提供了可选择的治理机制。市场经济的本质是不是就是为各种交易寻找治理机制？这和那种为各种交易寻找价格的观点又有什么区别呢？两者从本质上看是一致的。从单个交易并不能看到市场经济的本质。在经济学走向现实中，这种静态的、个体的分析已经限制了对市场经济的进一步认识。对市场经济本质的认识需要一个动态的、整体的分析。从动态性来看，市场经济是人类发展的一个阶段；从整体来看，市场经济具有生产性和制度性。我们在此要回答的是：市场经济是一种什么样的生产方式？是一项什么样的制度？市场经济如何演进？

1.1 对经济系统进行分析的框架

经济系统是一个生产和制度系统。从马克思关于生产力和生产关系的理论出发，经济系统首先是一个为人类生产产品的系统，其生产方式决定了产品的丰裕程度，是经济系统的基本特征；同时，经济系统是一个将各种要素按照一定规则组织在一起的制度系统。从整体来看，经济系统是生产系统和制度系统的结合。从动态角度来看，经济系统的演进是生产方式和制度的互动。因此，对经济系统的分析要从生产方式和经济制度两方面来进行。

生产方式是经济系统的基本属性。产品的生产是经济系统首先要完成的经济使命。高效的生产方式是经济系统运作良好的必要条件。生产方式是一个比生产技术更广泛的概念。生产方式不只是产品通过何种技术生产的，更多的是生产要素是如何组合的。如经济系统的生产是社会化的，还是分散化的？是全能型的，还是专业化的？这是要素的组合方式，而不仅仅是技术。生产技术和要素组合是相互影响、互相决定的。生产技术的发展演变很大程度上是科学技术的积累，经济学的分析应该更注重要素的组合，而不是生产技术的发展。

经济系统的性质更多地体现在制度性质上。一种经济系统本身是生产性的，具有自身特有的生产方式，与此同时，这种经济系统区别于其他生产系统的特点也体现在其所具有的制度特性上。制度相对于单纯生产来说，具有更丰富的内涵，更能突出某一经济系统的特点。因此，研究经济系统要对制度特性进行更充分的研究。

现有制度研究视角的个体性。主流经济学的研究中，微观经济重视基于价格机制的生产和消费均衡研究，宏观经济重视基于生产函数的经济增长研究，而把一些制度归为简单的前提条件。新制度经济学研究了市场经济内部的制度规则。但这些研究者都是从个体财产权利入手进行研究的。这一范式带有明显的个体性，在分析某项具体制度或规则时具有优势，但在把握一类经济系统的制度特性上可能存在欠缺。比如，从个体看，奴隶社会和资本主义社会的私有产权制度并没有明显不同，都是依附财产权利获得收入的经济规则。因此，转变现有的研究角度是一个有益的尝试。

整体制度研究的三个维度。当把经济系统看成一个整体时，关于这一整体的制度问题就转变为：对这一整体的权利是如何配置的？经济系统是一个生产和分配系统。相对应的制度维度也应该围绕生产制度和分配制度展开。那么，第一个维度就可以抽象为：参与生产的权利如何配置？我们在此把这一权利抽象为参与权，即：人类社会参与经济系统的权利是如何配置的？第二维度可以抽象为：经济系统的产出如何分配？在第二个维度中又可以引申为两个层次：对参与经济系统生产的群体进行的分配和非参与群体的分配，这是两类不同的分配。为了研究的细化，我们把这一维度的制度细分为两个维度。我们把对生产者的分配定位为第二维度的权利，称为收入权；把对非生产者的分配定位为第三维度的权利，称为保障权。这样我们把经济系统整体制度细分为三个维度的权利：参与权，人类参与经济系统的权利配置；收入权，生产者从经济系统获得收入的权利配置；保障权，非生产者从经济系统获得收入的权利配置。在下文中我们将从这三个维度对市场经济系统的制度性质进行分析。

1.2　市场经济是一个相对高级的专业化生产系统

市场经济代表了一种更先进的生产系统。市场经济的先进性体现在大多数的经济活动都纳入专业生产中。生产者生产的产品不再是自己需要的而是他人需要的。专业化生产提高了生产效率，使人类经济进入前所未有的繁荣阶段。正是在市场经济的前提下，人类开始了工业革命，开创了人类历史的新纪元[①]。在工业

① 此处需要说明的是资本主义和市场经济的关系。资本主义不必然等于市场经济，市场经济也不必然是资本主义性质的，从人类经济发展的现实来看把资本主义和市场经济画等号是值得商榷的。

革命开始之前，西欧已经进入了市场社会[①]。为人类社会带来大范围专业生产的首先是市场化革命。市场经济一经出现就体现出了相比以往生产方式的巨大优越性，使人类的产出达到了前所未有的高度[②]。

市场经济代表了一种程度不断加深的专业化生产。市场经济在生产上的优势主要体现在专业化生产方面。市场经济不仅开创了一种新的专业化生产方式，而且使这种专业化不断加深。首先，市场经济使专业化范围不断加大。现代市场经济基本囊括了所有的产业。很少有产业能离开市场经济而独立存在。其次，市场经济使国家经济呈现出专业化特点。各个国家通过市场经济紧密联系在一起，并按比较优势进行专业化分工。不融入市场经济的国家已经很难进行发展。再次，市场经济不断深化了专业化生产。现代经济的专业化分工越来越细化，不断形成新的细分产业。随着专业化的不断加深，个体间的联系越来越紧密。整个市场经济体现出集体劳动协作的特点。

市场经济是人类经济活动的一个发展阶段。伴随人类产生的是原始社会的生产，以部族、群落为单位进行生产，部族内部进行简单分工，部族间很少有联系；在奴隶社会，生产单位是奴隶主庄园，生产的主要目的是自我消费；封建社会出现了更多样的土地耕种方式、更多的行业，但其目的是维持一个国王或封建属地的产品供给；在封建社会后期，专业化生产不断扩大，带来了生产的大变革，出现了新的生产方式：市场经济，人类社会也随之进入了资本主义社会。因此，从历史的进程来看，市场经济不是从来就有的，而是人类生产发展的一个阶段[③]。

1.3 市场经济的制度性质是联合产权性

市场经济系统具有相对平等的参与权。在此再一次强调我们的视角，把市场经济看成一个整体，或一个有机的生产系统。谁可以利用这个生产系统？或者

① 海尔布罗纳和米尔博格在《经济社会的起源》一书中论述到为什么工业革命首先发生在英国，一个重要的原因是“英国成为封建社会最成功，最彻底地转型到商业社会的舞台”，62-63。

② 马克思在《共产党宣言》第一章中描述了资本主义市场经济的优势：“资产阶级在它的不到一百年的阶级统治中所创造的生产力，比过去一切世代创造的全部生产力还要多，还要大”，1-15。

③ 市场经济是人类生产发展的一个阶段，意味着市场经济终究要发生变革。

说，谁对这个生产系统享有参与的权利？在原始社会中，生产系统是为某个部落使用和服务的；在封建社会是属于某个国王或封建地主的，为国王和地主使用。在市场经济下，这个制度发生了异质性改变。市场经济的生产系统不再属于某个人或某个阶级。个体可以相对平等地参与到这个生产系统中来，并且这种权利受到了法律的保障。市场经济赋予了每个人充分的参与权。充分参与权带来了充分的竞争，成为个体从生产系统获得收入的前提[①]。正如斯密所言，市场经济是以利他为基础的，不具备利他能力的个体很难拥有参与权，这注定了市场经济的参与权不是绝对平等的。

市场经济系统具有共享性的收入权。随着专业化的加深，市场经济中的劳动天然具有集体性，任何个人的目标都是在社会集体协作的基础上完成的。这就带来市场经济生产成果分配的共享性。市场经济系统中个体主要凭借个人具有的要素参与到市场经济中，做出具有市场价值的行为，获得收入。这种收入在新古典经济学中抽象为边际贡献的价格。但现实中边际贡献无法低成本获得。要素价格只是收入的数值，更多是为了实现激励目标，而不是为了精确描述贡献。从这个角度看，市场经济并不具备精确的贡献测度机制，而是具有有效的激励机制[②]。只要生产要素具有市场专业生产需要的特性，就可以从市场经济中获得收入[③]。整个经济系统的收入被不同的要素所有者：资本家、普通劳动者、技术人员、职业经理人等共同享有。

市场经济系统具有普遍的保障权。除了通过市场直接获得收入外，市场经济系统还具有间接的收入方式。在市场经济中有些个体并不具备参与专业生产的条件，如残疾人、老年人、儿童、病人等。这类人可以通过要求转移支付、更好的教育等方法来获得收入。这种收入方式在奴隶社会、封建社会零星存在，但在市

---

① 这种平等的参与权同时带来了过度竞争，甚至类似于公共资源的“租值耗散”。市场经济在平等参与权的基础上构建了以财产权利为基础的竞争规则，这就大大降低了租值耗散。在后文的分析中，我们将指出这种依附财产权利的竞争规则将最终限制平等的参与权，导致市场经济的危机。

② 一方面，激发了个体积极参加专业化生产；另一方面，贡献和收入的差距将导致专业化合作的困难（刘长庚等，2011）。

③ 获取收入的方式是不一样的。方式的不同意味着不同的合约形式（张五常，经济解释）。对于劳动者来说最主要的是企业内部的劳动合约。企业内的收入分配问题是研究收入分配的微观基础（刘长庚，2007）。

场经济中，特别是成功的市场经济国家中普遍存在[①]。因此，不具有充分生产要素的个体，对于市场经济也具有获得收入的权利[②]。通过充分的保障权，市场经济满足了人类整体的需求。

市场经济的制度性质是联合产权性。通过以上分析，我们发现市场经济系统赋予了人类相对充分的参与权、收入权和保障权。个体可以自由参与到市场经济中，可以从市场经济中要求收入，可以要求基本的生活保障。从市场经济的整体来看，对市场经济的权利安排具有公共性。市场经济制度是共同参与和共同收益的制度。我们把市场具有的三个维度的权利：参与权、收入权和保障权，定义为人类对市场经济的联合产权。市场经济最外围的制度首先是联合产权制度。在联合产权制度基础上，为了竞争的合理进行，发展出了相对完善的财产权利制度。新古典经济学家忽略了制度的作用，新制度经济学家只重视了财产权利制度，更具整体性的、基础性的联合产权制度被忽略了。因此，确认市场经济的联合产权制度具有重要的理论意义。

1.4 组织、私有产权、联合产权和制度演进

组织、私有产权、联合产权是制度演进的表现。组织是市场经济重要的组成。组织的出现先于市场经济。如果我们把原始部落看成一个组织，那么世界经济的起源就是一个组织。正是组织内和组织间的制度演进促成了人类经济制度的不断演变。组织内首先出现的是公共产权。当组织间的联系变多时，一种新的权利安排出现了：组织间的权利安排。这种权利安排打破了原先组织共享的理念，导致了私有财产权利的出现。私有财产权利制度是基于私人对财产的占有为基础的。私有产权一经出现就成为一个牢固的制度框架：经济系统是个别私人占有的。在这个制度框架内，微观组织制度的演变导致了奴隶社会向封建社会的过

① 这类人获得收入的原因是什么？首先，市场经济是人类社会发展的一个阶段，是为了人类更好的生存而存在的，要保证每个个体更好地存在下去。其次，市场经济整体具有的集体劳动性，使个人的贡献难于区分，合理的保障权有利于组织内部合作的顺利进行。

② 很多情况下，一些学者认为个体的保障权利是政府的责任。但我们需要说明的是，市场经济本身就要求对居民实行基本的保障措施，政府只是实行这些措施的机构而已。这一观点来源于大量的事实。成功的市场经济国家往往具有合适的居民保障权。那些认为市场经济和社会保障是两回事的观点，忽视了世界经济发展中的大量现实，是一种以偏概全的割裂分析。

渡。随着生产的发展，微观组织间的联系进一步紧密，触动了私有产权对经济系统的权威，出现了市场经济。市场经济改变了经济系统是私人占有的整体框架，形成了联合产权性质的整体经济框架。人类经济制度演进的过程可用图 1-1 来简单描述。

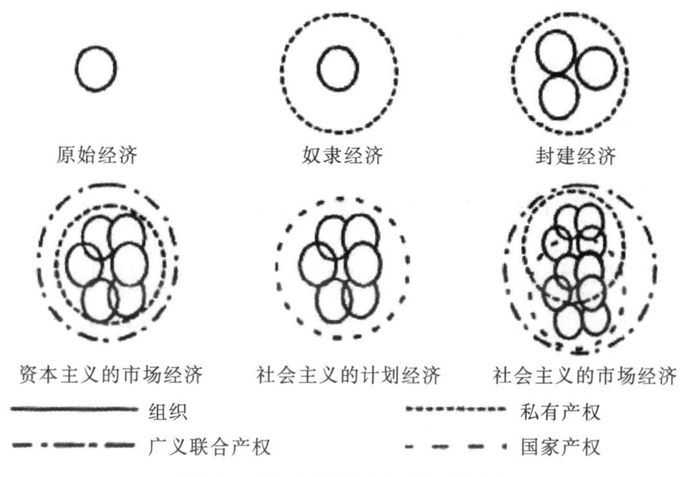

图 1-1　人类经济制度演进示意图

原始社会是一个简单的部落组合。奴隶社会和封建社会是以私人（国王）占有（参与权和收入权的个别占有）经济系统为特征的社会制度。封建社会比奴隶社会具有更多种类的组织，组织间的关系也更密切。资本主义的市场经济是以社会整体对经济系统的联合产权为前提的社会制度。在联合产权基础上是私有财产权利，私有产权是个体和组织间竞争的规则。作者指出了市场经济中的企业具有的联合产权的性质。在此，为了区分两种联合产权制度，我们把市场经济系统所具有的联合产权制度性质定义为广义联合产权制度，而把企业内部具有的联合产权性质称为狭义联合产权制度。类似于苏联的社会主义计划经济是以国家对整个经济系统的占有为基础的社会制度，一定程度上体现的是国家资本主义性质。社会主义市场经济系统也是以广义联合产权为前提的社会制度。但在广义联合产权基础上不再只有私有财产权利，还包括国家财产权利。社会主义市场经济比单纯的资本主义市场经济拥有种类更多的市场主体，体现出了一定的优势。

资本主义市场经济的矛盾是资本主义私有制和市场经济联合制的矛盾。资本主义以私有产权为基础的竞争规则，带来财产的过度集中。一是这种财产的集中限制了个体对市场经济系统的参与权。二是依靠物质资本的私人占有获得收入，引起收入和贡献的持续分离，个体的收入权受到限制。三是对私人产权的过分强调，限制了社会保障的发展，无法体现充分的保障权。基于这三点，资本主义市场经济很可能带有需求不足、阶级分化、收入差距较大等问题。资本主义市场经济为了保持活力必须反垄断、创新收入分配形式和加大社保支出①。更为关键的是市场经济内组织制度的自觉变化。组织内部收入分配形式自发自觉的创新，最终会导致社会整体组织制度的变革，引起资本主义市场经济的大变革②。

1.5 对市场经济联合产权性质的进一步思考

经济的性质具有专业化的生产性和广义联合产权的制度性。市场经济从整体和动态的角度来看，是人类社会满足自身需求的一个生产系统，具有生产性，主要特征是专业化的生产方式；市场经济同时体现出一种特殊的制度性质。市场经济下社会个体通过广义联合产权对市场经济系统拥有产权。广义联合产权包含参与权、收入权和保障权三个维度。资本主义市场经济是在广义联合产权的基础上，把私有产权制度作为竞争规则的一类特殊市场经济体制。

对市场经济性质认识的滞后可能会带来严重后果。在人类历史上，市场经济是一种先进的生产方式和制度结构，是适合人类发展的。但在落后国家，特别是转型国家转入市场经济体制后，不但经济没有出现持续的改进，而且造成社会贫富差距增大，社会矛盾尖锐，人民实际生活水平降低。主流经济学界对市场经济性质判断的偏差很可能是一个重要原因。不管是新古典经济学，还是新制度经济学，在强调市场经济的制度时，一味强调了私有财产权利的重要性，没有意识到市场经济的广义联合产权制度性。很多经济学家认为发展市场经济等同于推广私

① 2007 年以来的国际金融危机，已经充分说明了资本主义市场经济的颓势。近年来主要发达资本主义国家都发生了大规模的游行示威活动。2010 年 10 月的法国罢工潮；2011 年 8 月的英国伦敦青年示威游行；2011 年 10 月美国对抗贪婪金融投资家的占领华尔街运动。这些运动在很大程度上可以归结为个体针对自身参与权、收入权和保障权受到严重侵害而发起的。

② 组织内收入分配制度的创新具有重要的作用。个体存在于市场经济中，但首先存在于市场经济的组织中。组织内制度的改变，将改变个体对宏观制度的解读。现代企业中基于人力资本、技术资本等非物质资本产权在企业产权中的地位越来越重要，甚至基于团队的激励模式也越来越多，这预示了个体对生产贡献新的解读。单一的物质资本产权已经不再是历史的主流。

有化。在转型和落后国家，私有化的过分推广带来了区域垄断、劳动压榨和社会保障缺失。这违背了市场经济的广义联合产权性质，也就无法体现出市场经济的优越性。

我国经济发展问题的进一步思考。当前，我国经济发展的问题是：经济发展依靠出口和投资，内需不足，特别是居民消费不足。经济发展方式必须转型。其根本是提高居民收入，扩大内需。根据社会主义市场经济的基本制度构建来研究我国居民的收入问题可以得到新的启示。从广义联合产权的三个维度——参与权、收入权和保障权来分析我国的经济制度，存在以下问题：一是居民参与市场专业生产的权利依然受到部分限制；二是市场专业生产中，企业产权制度过分依赖物质资本产权，收入权的共享性没有体现出来；三是社会主义市场经济下，居民应有的保障权利还未到位。因此，以市场经济的广义联合产权制度性质为依据，完善我国市场经济制度是解决我国收入分配问题的一种思路。相关的理论研究、实证研究和制度设计将具有重要意义。

第2章　公正分配、权利配置与共享发展

长期以来，人们经常把效率与公平对立起来，这种看法不够全面。实际上，效率分为短期效率、中期效率和长期效率。只追求经济发展，忽视收入差距，属于短期效率；追求经济发展兼顾公平分配，属于中期效率；同时追求经济发展和公正分配，属于长期效率。改革开放以来，我国确立了“以经济建设为中心”的发展战略，经济总量逐年攀升，实现了短期效率。随着经济的进一步发展，收入差距问题愈发明显，逐步受到了关注，党和政府开始着力缩小收入差距，逐步重视公平分配，这正是我国目前所处的中期效率阶段。我们认为，公平分配还不能实现长期效率，因为公平分配仍可能造成较大的收入差距，而公正分配可以实现长期效率，即蛋糕做大的同时合理分好蛋糕，进一步保障和改善中低收入群体的生活质量和水平，使发展成果更多更公平惠及全体人民。

2.1　公正是收入分配改革的重要指导思想

第一，公正是社会主义核心价值观的重要内容。中共十六届六中全会第一次明确提出了“建设社会主义核心价值体系”的重大命题和战略任务，明确提出了社会主义核心价值体系的内容，并指出社会主义核心价值观和社会主义核心价值体系的内核。十八大报告把社会主义核心价值观概括为“三个倡导”，其中从社会层面提出了“倡导自由、平等、公正、法治”。

第二，公正是中国特色社会主义的内在要求。中国特色社会主义强调全体人民共享改革开放的发展成果。这意味着发展成果不能只由少部分人享受，而应普

及全体人民；发展成果共享的程度允许存在差异，但差异程度要合理。公正是实现这些内在诉求的必然要求。

第三，公正是全面建成小康社会的扎实基础。十八大报告提出要全面建成小康社会，而发展是解决我国所有问题的关键，发展最需要的是稳定的社会环境，社会稳定必须建立在公正的基础上，老百姓最不能容忍的就是社会不公正。

收入分配关系到群众的切身利益，影响人民生活水平的提高，制约社会的长期稳定发展。维护社会公正是经济发展必须要考虑的因素，公正是社会主义核心价值观的重要内容、中国特色社会主义的内在要求、全面建成小康社会的扎实基础，公正也是收入分配的重要指导思想，因此收入分配应以公正分配为重要原则。

2.2　公正分配实现了公平与正义的有机统一

公正分配包含两个层次：第一层次是公平分配，第二层次是正义分配。

公平分配指根据要素贡献大小进行分配，如按劳分配。但公平分配仍可能导致过大的收入差距，差距过大会引发社会矛盾和冲突，长期来看不利于社会进步和经济发展，更有碍于和谐社会目标的实现。邓小平同志提出设立社会主义的最终目标——实现共同富裕。习近平总书记提出的“中国梦”也蕴含了这一层意思，因此仅仅倡导公平分配是不够的，还要实现正义分配。

正义分配包含两层意思：一是要不断满足人民群众日益增长的物质文化需要①，二是要使社会的弱势群体也能够最大限度地受益，获得较大的幸福感和满足感（罗尔斯，1971）。它是在公平分配的基础上，通过合理调节过高收入补贴社会中的弱势群体，让他们的生活水平和质量也能够得到合理的提高，实现以民为本、以人为本。

同时，公平分配与正义分配不是割裂的，而是一个整体，二者相辅相成，共同形成良性循环，促进和谐社会的建设，为全面建成小康社会奠定扎实基础。

2.3　公正分配的核心是权利配置

产权制度决定国民收入分配格局，权利配置是否合理决定分配是否公正，因

① 这是社会主义的基本经济规律。

此要通过权利配置来实现公正分配。权利配置合理，分配就会公正；权利配置不合理，分配就会存在各种各样的问题和矛盾。

2.3.1 权利配置的参与权、收入权和保障权

任何一个经济系统至少包括两项任务：生产和分配[①]。居民通过提供各种生产要素（如劳动、资本、技术、管理）参加经济系统的生产过程，对于只拥有劳动要素的，可以通过提供劳动来获得产出；对于拥有资本、劳动、技术等多种要素的，他们可以自由选择提供一种或多种生产要素来获得产出；经济系统将产出的一部分在参与生产的各种要素之间进行分配，一部分用于保障所有居民基本生存和发展的权利。

由此抽象出经济系统的三种权利，即参与权、收入权、保障权。参与权指居民参与经济系统的权利配置，收入权指生产者具有从经济系统获得收入的权利配置，保障权指经济系统保障所有居民基本生存和发展的权利配置。

不同制度下的权利配置形式也会不一样。自由资本主义国家强调市场竞争，信奉私有产权，权利配置主要体现为平等的参与权与个人收入权；福利资本主义国家强调社会保障，权利配置主要体现为充分的保障权；社会主义国家强调和谐、合作、共同富裕，权利配置要实现共享的收入权。

2.3.2 中国特色社会主义的“三权”的理论依据

改革开放以来，中国政府在坚持“公有制为主体，多种所有制经济共同发展”的同时，不断完善市场经济体制和社会保障制度，三种权利都有体现，但都不完善，我们认为中国特色社会主义的权利配置应体现为平等的参与权、共享的收入权和充分的保障权[②]。

第一，“三权”坚持以人为本。科学发展观的核心是以人为本，“三权”强调人在生产过程中的核心和主导作用，各种生产要素的合理使用都依赖于人与物的

① 罗伯特·L·海尔布罗纳等在其所著的《经济社会的起源》中认为经济系统有两项任务：一是组建一个系统，以确保能生产出生存所需的商品和服务（即生产）；二是安排社会生产成果的分配，以进行更多的再生产活动（即分配）。

② 为方便起见，后文将把这三种权利简称为“三权”。

协调，因此在分配过程中必须更加注重劳动参与贡献的分配，这符合我国“按劳分配为主体、多种分配方式并存”的分配思想。

第二，“三权”将马克思的劳动价值论、剩余价值论和新古典经济学的完全竞争理论有机地结合起来。马克思认为是劳动创造了价值，剩余价值的分配要以劳动为主体；而“三权”认为是劳动联合体创造了合作剩余，强调劳动联合体在生产过程中的重要作用，在分配过程中更加注重对劳动的分配。新古典经济学强调完全竞争，“三权”中的参与权也强调所有要素都有平等参与经济系统生产过程的权利。

第三，“三权”实现了起点公平、过程公平和结果公平的统一。平等的参与权强调起点公平，共享的收入权强调过程公平，充分的保障权强调结果公平，最终实现效率与公平的统一。

2.4　实现共享发展是公正分配的内在要求

共享发展是中国特色社会主义的本质要求，是全面建成小康社会、实现中华民族伟大复兴的重要基础。共享是发展的根本出发点和落脚点，共享又可以更好、更持续地促进发展，两者相辅相成、有机统一。十八届五中全会报告指出，要“按照人人参与、人人尽力、人人享有的要求，做出更有效的制度安排”，而这一要求体现了公正分配与共享发展具有内在一致性，这主要体现在三个层次。

第一层次是起点公平，要求人人参与，实现平等的参与权。始终坚持发展依靠人民，要求人人参与经济生产，人人拥有平等的参与权。毋庸置疑，生产是共享发展的前提，没有产出，共享发展也就无从谈起。我们常说“就业是民生之本”，因为就业是广大群众获取稳定收入的重要来源，也是提高人民参与感和获得感的重要途径。但我国当前的就业形势不甚乐观，主要存在五个方面的问题：第一，存在就业歧视，包括身份和性别歧视。第二，存在城乡、地区和行业分割。第三，我国大学生创业比例较低，只有2%左右，说明我国“人才红利”优势还未充分发挥。第四，农民工就业压力较大，我国要不断提高城镇化水平，必须优先解决好农民工进城务工问题，持续推进农民工市民化进程。第五，中小企业是吸纳就业重要主体之一，但其发展还受到体制机制的约束，部分行业由于行政壁垒的存在而造成较高的进入门槛，融资难、融资贵问题也一直未能得到很好解决。

第二层次是过程公平，要求人人尽力，实现公平的收入权。人人参与生产是共享发展的基本要求和前提，但是在生产的过程中还必须人人尽力。这就要求构建公平的收入分配制度，严格落实个人收入与劳动贡献对等的工资制度，营造“多劳多得、少劳少得、不劳不得”的劳动氛围，从而实现公平的收入权，充分激发劳动者的工作积极性、主动性和创造性，增强经济发展的内生动力。目前来看，我国在收入分配方面仍然存在一些问题：第一，劳动贡献与个人收入不能完全匹配，存在多劳不多得的现象。特别是我国劳动报酬在国民收入初次分配中占比呈下降趋势，劳资纠纷事件时有发生，劳动关系不够和谐。第二，行业收入差距较大。据 2015 年《中国薪酬报告》显示，2012 年工资收入最高的行业是金融业，其收入是最低行业农、林、牧、渔业的 4.3 倍。第三，企业内部的收入差距较大。有数据显示，某些企业内高管薪酬与普通员工薪酬的相对差距超过了 100 倍。第四，居民之间的收入差距较大。进入 21 世纪以来，我国基尼系数一直维持在 0.4 以上，部分年份达到了 0.49，两极分化的趋势不容忽视。

第三层次是结果公平，要求人人享有，实现充分的保障权。结果公平并非毫无差异的平均主义，而是要将收入差距保持在合理范围内，因为合理的差距是我国经济社会持续发展的重要推动力，而差距过大则容易引发各种社会矛盾和问题。毋庸置疑，我国当前还存在一些弱势群体，例如贫困人群、老弱病残、鳏寡孤独等，社会不可能对他们弃之不理，从人权角度来看，至少也要保障其基本生活，这也是人人享有的应有之义。很显然，这里的“人人”不是指某些人或大多数人，而是包括所有人，因此必须通过转移支付或社会保障等再分配手段尽可能保障这些弱势群体的基本利益，使其能够获得较高的幸福感和满足感。

总的来说，这三个层次是层层递进、相互关联的。要实现共享发展，就要统筹推进“三个层次”建设，做出更有效的制度安排。为此，一要从法律和制度层面破除就业歧视和就业分割，加大对大学生就业和创业的扶持力度；有序推进农民工市民化进程，实现就地、就近城镇化；破除各种形式的行政垄断，创新融资模式，改善中小企业的投融资环境，促进中小企业有序发展，使市场在资源配置中起决定性作用。二要努力实现“居民收入增长和经济发展同步、劳动报酬增长和劳动生产率提高同步”，千方百计增加居民收入，提高居民收入和劳动报酬在初次分配中的比重，充分体现“按劳分配”的主体地位；通过税收手段实现“调高、扩中、提低”，缩小收入差距。三要加快推进基本养老保险全国统筹，逐步提高居民养老金水平，实现老有所依、老有所养；增强公立医疗机构的公益性，逐步实施大病免费医疗；继续推进脱贫攻坚工程，消除贫困，实现全体人民共同迈入全面小康社会。

第3章　企业内员工公平收入权的测度

收入分配问题事关经济发展、民生改善与社会稳定。近年来，中国劳动收入占比持续下降，已从20世纪90年代中期超过50%下降到2012年的38.5%，资本收入份额却从30%左右上升到了接近50%，“资强劳弱”似乎早已成为无可辩驳的事实，由此带来了诸如分配不公、劳资矛盾加剧等一系列社会问题，这会进一步影响社会和谐发展，甚至影响公众对收入分配制度改革的支持力度。员工的劳动所得不仅是居民收入的主体，更直接影响员工工作的积极性和企业价值的创造，是收入分配制度改革的重要组成部分。在当前环境下，分析员工的劳动所得问题显得尤为迫切，具有重要的现实意义。

有关劳动所得的研究，已有文献大致分为以下两类：一是对劳动收入占比的测算和原因分析。吕冰洋和郭庆旺（2012）在考虑财政因素的基础上，利用宏观数据测算了中国改革开放以来税前和税后要素收入分配情况。白重恩和钱震杰（2010）利用1983—2003年中国省级面板数据计算了分省劳动收入占比。一些学者在测算的基础上通过实证分析对劳动报酬占比下降给予一定解释，通常包括资本回报率、产业结构、国有企业改制和垄断、制度或权利配置等四种代表性观点。二是关于工资收入差距的研究。通过上市公司数据或一些大型的调查数据对代表企业、行业工资收入差距的基尼系数和泰尔指数等指标进行测算和分解，探究产生工资收入差距问题背后的原因。叶林祥等（2011）运用第一次全国经济普查数据，综合分析了行业垄断和所有制对企业工资的影响，研究发现行业垄断和所有制是影响企业工资收入差距的重要因素。

综上所述，现有文献虽然对劳动所得问题进行了较为细致的研究，但尚存以下两方面局限：一是大部分研究利用宏观数据来分析劳动收入占比下降的原因，虽然近些年开始有学者从微观层面对这一问题进行探究，但仍不完善；二是主要集中在劳动收入占比和收入差距两个方面，却忽略了对劳动所得如何决定、是否合理等问题的研究。值得注意的是，对中国员工的劳动所得偏离程度进行度量和测算的研究尚未见于国内文献。我们基于微观视角，应用双边随机前沿分析方法实证测度了中国企业员工劳动所得的偏离程度，正面回答了员工是否获得了“公平”的劳动所得，为相关研究提供了一个崭新的视角。

3.1　员工劳动所得偏离“公平”程度的测度

到底是什么原因影响了员工劳动所得的偏离？新古典经济学强调市场的完全竞争，从长期来看，员工可以获得市场自发形成的均衡劳动所得，但现实世界并非完美，由于交易成本、异质性、讨价还价等问题的存在，一方面，企业会尽可能压低员工工资，出现利润侵蚀工资问题；另一方面，不同所有权性质企业、行业的工资不尽相同，员工并不总能获得“合意”的劳动所得。马克思和恩格斯（1995）从社会整体和历史演进角度阐述了生产资料分配和社会关系分配，对企业剥削员工的问题进行了深刻的分析，认为资本雇佣劳动的目的在于榨取剩余价值。应该看到，员工获得真实的劳动所得必然与基准（Benchmark）的劳动所得有所偏差，且存在较大差异，这种“异质”的劳动所得并不能完全由员工的个体特征解释，而企业内部收入分配的不平等问题很大程度上是由于员工或劳动者本应享有的一些权利被剥夺或损害而造成的结果。科斯（2009）强调权威在企业分配中的重要作用；Hart 和 Moore（1988）认为谁拥有对资产支配的权利，谁就能理所应当的拥有分配的剩余控制权；Bowles（1990）等更加直接地指出，统制①是经济关系中的重要维度，它是理解工人和雇主、企业之间的一个非常重要的决定因素。因此，这一问题就转变为企业内部作为一个整体的权利该如何分配，即权利配置问题。在企业框架内，企业和员工之间的权利配置在要素收入分

① Bowles 等定义的统制是指经济关系中的权力、高压政治、等级制度或是权威，这是分析经济制度的三个维度之一。

配中发挥着非常重要的作用[①]。为更直观地描述企业和员工各自获得权利配置的能力，我们将劳资双方在企业框架内能够获得的各种权力、制度安排、生产资料等集合的能力强弱定义为“权利配置控制权”。企业内部的权利配置控制权转化为各种收入模式，对要素形成了不同的激励，决定了企业内各种要素的收入。在企业内部权利一定的前提下，员工与企业会共同对各种权利进行分配，如果企业拥有的权利配置控制权强于员工，内部收入分配会偏向于资本方，企业则更倾向于通过压低员工的劳动所得来节约成本，导致员工获得的劳动所得低于“公平”劳动所得；如果员工拥有的权利配置控制权强于企业，内部收入分配会偏向于劳动者，员工则具有更强的讨价还价能力，使其获得高于“公平”价格的劳动所得。因此，员工劳动所得的形成要通过企业和员工之间权利配置控制权的强弱来决定。正是由于双方权利配置控制权存在差异，最终形成了企业内各种要素的分配格局。对企业而言，占有收益的分配方式之一就是充分利用自身拥有的强势权利配置控制权尽可能压低员工的劳动所得，从而达到攫取员工剩余和降低成本的目的。企业收入分配制度的主要问题在于内部权利配置不当，这正是分析当前中国企业收入分配制度的基本框架所在。

鉴于权利配置控制权在员工劳动所得形成过程中的重要作用，有必要对这一问题进行深入探讨。我们在借鉴 Gaynor 和 Polachek（1994）、Polachek 和 Yoon（1996），以及 Kumbhaka 和 Parmeter（2009）等研究的基础上，充分考虑企业和员工的权利配置控制权问题，建立一个用于衡量员工劳动所得偏离程度的测度模型。理论模型的核心机制是：在给定员工个体特征的“公平”劳动所得下，由于权利配置控制权差异，一方面员工通过获得企业预期剩余来提高劳动所得，另一方面企业通过攫取员工预期剩余来压低员工劳动所得，员工劳动所得的最终形成是企业和员工双边（Two-tier）作用的结果，通过计算双方权利配置控制权强弱衡量员工劳动所得的偏离程度。

在现实的劳动力市场下，有众多的员工供给方和企业需求方，双方都拥有一

① 马克思经济学和新制度经济学都重视企业内各种权利的分配，即权利配置的重要性，只是两者对权利配置影响收入分配的分析角度不同。马克思侧重解释历史长期的、纵向的制度演变，认为权利配置随着生产力发展而变化，并影响生产力发展；新制度经济学则侧重解释当期的、横向的不同合约，更为重视不同类型合约的权利配置，认为交易类型和合约治理模式要匹配。

定的权利配置控制权。设定员工最终劳动所得定价为 L，具体表述形式如下[①]：

$$L=\underline{L}+\eta\ (\overline{L}-\underline{L}) \tag{3-1}$$

其中，$\underline{L}$ 为员工所能接受的最低劳动所得，$\overline{L}$ 为企业愿意支付给员工的最高劳动所得。η（$0\leqslant\eta\leqslant1$）用于衡量员工拥有的权利配置控制权强弱，且 η 越大，越接近 1。因此，$\eta\ (\overline{L}-\underline{L})$ 代表员工劳动所得形成过程中所获得的剩余。

在员工个体特征 z 给定条件下[②]，市场自发形成的“公平”劳动所得为 $\mu\ (z)\ =E\ (\theta\mid z)$，$\theta$ 实际存在，但无法获知，并且总满足：$\underline{L}\leqslant\mu\ (z)\ \leqslant\overline{L}$[③]。因此，$[\mu\ (z)\ -\underline{L}]$ 代表员工的预期剩余，$[\overline{L}-\mu\ (z)]$ 代表企业的预期剩余，双方获取预期剩余的多少将主要依赖于双方拥有的权利配置控制权大小。将（3-1）式进一步分解为：

$$\begin{aligned} L &=\mu\ (z)\ +\ [\underline{L}-\mu\ (z)]\ +\eta\ [\overline{L}-\mu\ (z)]\ -\eta\ [\underline{L}-\mu\ (z)] \\ &=\mu\ (z)\ +\eta\ [\overline{L}-\mu\ (z)]\ -\ (1-\eta)\ [\mu\ (z)\ -\underline{L}] \end{aligned} \tag{3-2}$$

由（3-2）式可知，员工能够获得的预期剩余规模为 $\eta\ [\overline{L}-\mu\ (z)]\ \geqslant0$，企业攫取的预期剩余规模为 $(1-\eta)\ [\mu\ (z)\ -\underline{L}]\ \geqslant0$。前者取决于员工的权利配置控制权强弱 η 和企业的预期剩余 $[\overline{L}-\mu\ (z)]$，后者取决于企业的权利配置控制权强弱 $(1-\eta)$ 以及员工获得的预期剩余 $[\mu\ (z)\ -\underline{L}]$。

（3-2）式主要由三部分组成：第一部分是给定员工个体特征 z 情况下市场自发形成的员工劳动所得 $\mu\ (z)$，也被称为“公平”劳动所得；第二部分是员工通过拥有的权利配置控制权可以从企业获得的预期剩余 $\eta\ [\overline{L}-\mu\ (z)]$；第三部分是企业通过拥有的权利配置控制权可以占有员工的预期剩余 $(1-\eta)\ [\mu\ (z)\ -\underline{L}]$。最终形成的净剩余（Net Surplus）为：

$$NS=\eta\ [\overline{L}-\mu\ (z)]\ -\ (1-\eta)\ [\mu\ (z)\ -\underline{L}] \tag{3-3}$$

（3-3）式的基本含义是：如果 $NS>0$，表明员工拥有强于企业的权利配置控制权，并通过获得更多的预期剩余提高劳动所得，如图 3-1（a）所示；如果

---

① 卢洪友等采用了相似的建模思路对中国医疗服务市场中的信息不对称程度进行测算。

② 详细分析请参见 Kumbhakar and Parmeter 的论述。

③ Acemoglu 和 Shimer 对这一问题涉及的配比价格问题进行了详细的分析，许多国外研究也都先验地对设定服从已知的分布。由于我们分析的劳动力市场的特殊性，很难先验性地找到一个“公平”的劳动所得，因此我们设定其事先不可获知，但客观存在。

$NS<0$，则表明企业拥有强于员工的权利配置控制权，并通过攫取员工预期剩余来压低其劳动所得，如图 3-1（b）所示。

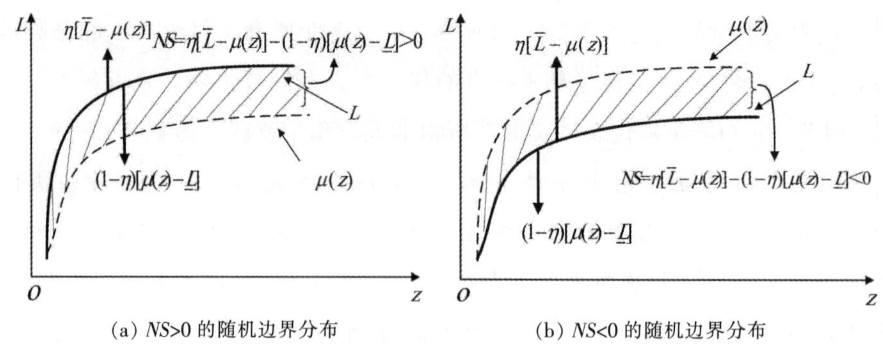

(a) $NS>0$ 的随机边界分布　　　　(b) $NS<0$ 的随机边界分布

图 3-1 企业和员工最终形成的净剩余随机边界分布

注：坐标轴中的虚线代表公平劳动所得 $\mu(z)$，加粗实线代表员工最终获得的劳动所得，阴影部分表示双方最终预期净剩余 NS。

资料来源：作者绘制。

在（3-2）式框架下，企业拥有的权利配置控制权对于员工劳动所得的最终形成具有一个负效应，员工拥有的权利配置控制权对于获得的最终劳动所得具有一个正效应，员工劳动所得的最终形成是企业和员工双边作用的结果，根据 Polachek 和 Yoon 的研究，可以将（3-2）式简写为：

$$L_i=\mu(z_i)+u_i-w_i+\gamma_i=\mu(z_i)+\varepsilon_i=z_i'\delta+\varepsilon_i \quad (3\text{-}4)$$

其中，z_i 代表员工个体特征，包括员工学历、职称、性别等特征因素；δ 为估计参数向量。

（3-4）式是一个典型的双边随机前沿模型。其中，$\varepsilon_i=u_i-w_i+\gamma_i$。$u_i$ 代表员工通过获得一部分企业剩余来提高劳动所得，且 $u_i=\eta_i[\bar{L}_i-\mu(z_i)]\geqslant 0$；$w_i$ 代表企业通过攫取一部分员工剩余来压低员工劳动所得，且 $w_i=(1-\eta_i)[\underline{L}_i-\mu(z_i)]\geqslant 0$；$\gamma_i$ 代表一般意义上的随机扰动项。

由于一般估计方法只能对随机扰动项 γ_i 进行估计，但是我们关心的不仅仅是估计一般的参数 δ，还包括影响劳动所得 L_i 偏离“公平”价格 $\mu(z_i)$ 程度的 u_i 和 w_i 两个参数，因此我们采取最大似然估计方法（MLE）对（3-4）式进行估计，并作如下假设：① 扰动项 u_i 和 w_i 都具有单边分布（One-sided Distribution）的特征，为此我们采取 Kumbhaka 和 Parmeter（2009）相同的处理方法

——假设二者均服从指数分布①，即 $u_i \sim \text{i. i. d. exp}$ （σ_u，σ_u^2），$w_i \sim \text{i. i. d. exp}$ （σ_w，σ_w^2）；② 一般随机扰动项 γ_i 服从正态分布，即 $\gamma_i \sim \text{i. i. d.}\ N$ （0，σ_γ^2）；③ 扰动项 u_i、w_i 和 γ_i 之间彼此独立，且均独立于个体特征 z_i。

在以上假设的基础上，我们推导出复合扰动项 ε_i 的概率密度函数如下：

$$\begin{aligned} f(\varepsilon_i) &= \frac{\exp(m_i)}{\sigma_u + \sigma_w}\Phi(\beta_i) + \frac{\exp(a_i)}{\sigma_u + \sigma_w}\int_{-b_i}^{\infty}\varphi(x)\mathrm{d}x \\ &= \frac{\exp(m_i)}{\sigma_u + \sigma_w}\Phi(\beta_i) + \frac{\exp(a_i)}{\sigma_u + \sigma_w}\varphi(b_i) \end{aligned} \tag{3-5}$$

其中，Φ（•）和 φ（•）分别为标准正态分布的累积分布函数和概率密度函数，其他参数设定如下：

$$m_i = \frac{\sigma_v^2}{2\sigma_w^2} + \frac{\varepsilon_i}{\sigma_w};\quad a_i = \frac{\sigma_v^2}{2\sigma_u^2} - \frac{\varepsilon_i}{\sigma_u};\quad b_i = \frac{\varepsilon_i}{\sigma_v} - \frac{\sigma_v}{\sigma_u};\quad \beta_i = -\frac{\varepsilon_i}{\sigma_v} - \frac{\sigma_v}{\sigma_w}$$

进一步推导出对数似然函数②：

$$\ln L(Z;\theta) = -n\ln(\sigma_u + \sigma_w) + \sum^{n}\ln[\mathrm{e}^{m_i}\Phi(\beta_i) + \mathrm{e}^{a_i}\Phi(b_i)] \tag{3-6}$$

其中，$\theta=$［δ，σ_v，σ_u，σ_w］，n 代表观测值个数。通过最大化（3-6）式最终可获得所有参数的最大似然估计值。

我们进一步得到员工劳动所得形成过程中 u_i 和 w_i 的条件期望：

$$E(w_i \mid \varepsilon_i) = \frac{1}{(1/\sigma_u + 1/\sigma_w)} + \frac{\sigma_v[\varphi(-b_i) + b_i\Phi(b_i)]}{\Phi(b_i) + \exp(m_i - a_i)\Phi(\beta_i)} \tag{3-7}$$

$$E(u_i \mid \varepsilon_i) = \frac{1}{(1/\sigma_u + 1/\sigma_w)} + \frac{\exp(m_i - a_i)\sigma_v[\varphi(-\beta_i) + \beta_i\Phi(\beta_i)]}{\Phi(b) + \exp(m_i - a_i)\Phi(\beta_i)} \tag{3-8}$$

最终，估算员工和企业获得预期剩余的公式分别为：

$$E(1 - \mathrm{e}^{-u_i} \mid \varepsilon_i) = 1 - \frac{(1/\sigma_u + 1/\sigma_w)}{1 + (1/\sigma_u + 1/\sigma_w)} \cdot \frac{[\Phi(\beta_i) + \exp(a_i - m_i)\exp(\sigma_v^2/2 - \sigma_v b_i)\Phi(b_i - \sigma_v)]}{\exp(a_i - m_i)[\Phi(b_i) + \exp(m_i - a_i)\Phi(\beta_i)]} \tag{3-9}$$

① Kumbhakar 和 Lovell 的研究表明，采用不同的分布假设对结果并没有实质性的影响，可以假定 u_i 和 w_i 服从单边分布、伽玛分布、单边分布等单边分布形式，但为便于研究，我们沿用 Kumbhakar 和 Parmeter，以及卢洪友等处理方法，对 u_i 和 w_i 指数分布。

② MLE 对回归系数的估计与 OLS 估计基本一致，但对于扰动项方差的估计则不同。n 越大，则 MLE 估计结果越好。MLE 在大样本下估计性质良好，满足一致性、最小渐进方差等性质，明显优于 OLS 估计。

$$E(1-e^{-w_i}\mid\varepsilon_i)=1-\frac{(1/\sigma_u+1/\sigma_w)}{1+(1/\sigma_u+1/\sigma_w)}\cdot\frac{[\Phi(b_i)+\exp(m_i-a_i)\exp(\sigma_v^2/2-\sigma_v\beta_i)\Phi(\beta_i-\sigma_v)]}{\Phi(b_i)+\exp(m_i-a_i)\Phi(\beta_i)}\quad(3\text{-}10)$$

为方便估计，我们将净剩余 NS 进一步调整为：

$$NS=E(1-e^{-w_i}\mid\varepsilon_i)-E(1-e^{-u_i}\mid\varepsilon_i)=E(e^{-u_i}-e^{-w_i}\mid\varepsilon_i)\quad(3\text{-}11)$$

根据（3-11）式，调整后的 NS 表示为企业与员工分别获得的预期剩余之差，符号与（3-3）式相反。由于估计模型可识别（Identificate）[①]，双方的权利配置控制权强弱完全由估计结果决定。

3.2 测度收入权的样本与指标选择

3.2.1 数据来源与处理

我们的数据来源于“中国规模以上工业企业数据库”，它是国家统计局对全部国有和规模以上（主营收入≥500万元）非国有工业法人企业的工业统计报表数据库。每个企业样本包含100多个变量，1998—2008年进入样本库的观测值个数达到200多万个，统计行业对应于国民经济行业分类与代码（GB/T4754—2002）中的代码13～43共30个行业所有工业制造业企业，该数据库是目前可获得的最大企业层面微观数据库。由于模型估计需要包含样本个体特征 z_i，而只有2004年中国工业企业数据库包含员工学历、性别、职称等个体特征信息，因此2004年中国工业企业数据库构成了我们研究的原始样本。值得注意的是，2004年中国工业企业数据库是除经济普查数据库外可获得的最大企业级数据库，非常具有代表性。我们基于以下原则对样本进行了处理：① 剔除员工人均劳动所得[②]缺失的样本2934笔；② 剔除异常值样本1笔[③]；③ 删除部分其他变量观察值缺失的样本4389笔；④ 对关键指标在1%和99%百分位进行Winsor处理，处理异

① 在（3-9）～（3-11）式中，由于参数 σ_w 仅出现在 m_i 和 β_i 中，σ_u 仅出现在 a_i 和 b_i 中，因此二者即可识别。

② 具体计算方法将在下文介绍。

③ 我们对所选取的变量进行数据处理时，发现变量“具有中级技术职称人员（女）”中一个样本值为“−6”，因此，我们对这一观测异常值进行删除。

常值 27604 笔。基于以上原则，我们最终得到了 271658 笔观测值，如表 3-1。

表 3-1　样本分布状况

		观测样本数	占比（%）	是否有工会（%）		是否有劳动、待业保险费（%）		是否有养老保险和医疗保险费（%）	
				否	是	否	是	否	是
所有权性质	国有企业	25339	9.33	1.80	7.53	3.78	5.54	2.88	6.45
	集体企业	23461	8.64	3.85	4.79	5.47	3.17	3.86	4.77
	法人企业	60077	22.11	11.68	10.44	14.12	7.99	10.31	11.80
	民营企业	122226	44.99	26.94	18.05	32.49	12.50	23.02	21.97
	港澳台企业	22014	8.10	5.12	2.98	3.81	4.29	2.04	6.06
	外商独资企业	18541	6.83	4.16	2.66	2.96	3.87	1.74	5.08
行业	竞争行业	260989	96.07	52.70	43.37	61.00	35.07	42.72	53.36
	垄断行业	10669	3.93	0.85	3.08	1.64	2.29	1.14	2.78
地区	中部地区	44147	16.25	7.71	8.54	11.47	4.78	9.98	6.27
	东部地区	199757	73.53	41.66	31.87	45.28	28.25	29.10	44.43
	西部地区	27754	10.22	4.17	6.04	5.88	4.34	4.78	5.44
合计		271658	100.00	53.55	46.45	62.63	37.37	43.86	56.14

注：有关所有权性质类型、行业类型及地区分布方法按照下文变量指标选取方法确定。

资料来源：作者整理。

3.2.2　指标选取

（1）员工劳动所得。选取员工人均劳动所得（Pay），即员工劳动所得与企业从业人数之比作为衡量指标。将“本年应付工资总额、本年应付福利费用总额、劳动及待业保险费、养老和医疗保险费、住房公积金及补贴”共五项之和作为员工劳动所得总额的替代。

（2）个体特征变量。我们选取的个体特征变量如下：① 性别特征变量（gender）。用男性从业人员占比表示，一般男性占比越高，员工获得的劳动所得越高。② 学历特征变量（edu）。用本科及以上学历从业人员占比表示，较高的学历有助于提高员工的劳动所得。③ 职称特征变量（pro）。用中级技术职称及以上人数占比表示。④ 执业特征变量（pra）。用技师、高级技师和高级工人数之和与从业人数之比表示。⑤ 工作经验（exper）。工作年限时间越长，越有利于员工劳动所得的提高，将企业年龄作为员工工作年限的代理变量。为具有直观的可比性，我们在第33%和第66%百分位将工作年限变量分为三组，其中，大于10年赋值为1，大于4年小于等于10年赋值为2，小于等于4年赋值为3，分别代表员工拥有的工作经验“高、中、低”。⑥ 是否有劳动、待业保险费（insu _ unem）。劳动、待业保险费的有无会直接影响员工对劳动所得的期望，1代表“是”，0代表“否”。⑦ 是否有养老保险和医疗保险（insu _ med）。设置方法同⑥。

（3）控制变量。我们选取的控制变量如下：① 是否有工会（union）。工会通常对员工的利益保障具有积极的促进作用。1代表“是”，0代表“否”。② 所有权性质（ownership）。具体划分为六类：国有企业、集体企业、法人企业、民营企业、港澳台企业和外商独资企业。我们并未根据“工商登记注册号”进行识别[①]，而是根据“实收资本”占比大小来分类。③ 行业类别（industry）。现有研究大多表明垄断行业相比竞争行业更可能产生收入差距，依据岳希明等（2010）的方法将行业划分为垄断行业和竞争行业。④ 地区类别（province）。根据统计局2003年公布标准，将全国31个省市自治区划分为东部、中部和西部三大区域。主要变量的描述性统计如表3-2所示。

表3-2　主要变量的统计性描述

变量	变量名称	平均值	标准差	最小值	最大值	样本数
员工人均劳动所得（千元/人）	Pay	11.0325	7.1066	3.4457	31.1502	271658
男性员工占比	gender	0.7362	0.1252	0.5000	1.0000	271658
本科及以上从业人员占比	edu	0.0378	0.0898	0.0000	1.0000	271658
中级技术职称及以上人员占比	pro	0.0421	0.0846	0.0000	1.0000	271658
高执业水平人员占比	pra	0.0269	0.0785	0.0000	1.0000	271658
工作经验	exper	2.0697	0.8042	1.0000	3.0000	271658

资料来源：作者整理。

① 聂辉华等指出，由于外资企业可以享受各种税收优惠，部分企业通过填报“登记注册号”来改变企业类型，导致这种识别方法失效，因此根据实收资本比例来确定企业所有权性质更加准确。

3.3　员工收入权的测度结果及分析

在理论模型设定和变量处理的基础上，对影响员工劳动所得的因素进行回归分析，并在回归的基础上对总方差进行分解，测度由于企业和员工权利配置控制权不同而带来的预期剩余规模，并对各因素的影响差异进行深入分析。

3.3.1　员工劳动所得的影响因素分析

基于（3-9）～（3-11）式，对员工劳动所得形成过程中由于权利配置控制权不同而产生的效应进行分析。我们主要采用双边随机前沿分析方法进行估计，回归结果如表 3-3 所示①。

表 3-3　基本估计结果

因变量	ln Pay					
	模型 1	模型 2	模型 3	模型 4	模型 5	模型 6
gender	1.5535***	1.5563***	1.5575***	1.5415***	1.6055***	1.6970***
	(205.9651)	(211.2221)	(211.4967)	(209.4623)	(217.5770)	(232.2982)
edu	1.2338***	1.2485***	1.2594***	1.2637***	1.1689***	1.1637***
	(71.3425)	(98.6071)	(99.3857)	(99.9162)	(93.4354)	(94.7948)
pro	0.1601***	0.1333***	0.1248***	0.1033***	0.1858***	0.2635***
	(9.3334)	(9.9519)	(9.3112)	(8.0395)	(14.5638)	(20.8272)
pra	0.0035	−0.0111	−0.0219 *			
	(0.2515)	(−0.8980)	(−1.7722)			
exper	−0.0279***	−0.0267***	−0.0219***	−0.0193***	−0.0250***	−0.0233***
	(−23.4529)	(−23.3341)	(−18.6303)	(−16.3796)	(−20.4638)	(−19.5292)
insu _ unem	0.2164***	0.2127***	0.2094***	0.2060***	0.1958***	0.1963***
	(99.5199)	(97.8840)	(95.9873)	(94.6442)	(90.0480)	(92.2501)
insu _ med	0.2848***	0.2996***	0.2961***	0.2957***	0.2844***	0.2551***
	(135.4574)	(141.2756)	(138.9464)	(139.0587)	(134.1446)	(122.1010)
union	NO	NO	0.0319***	0.0257***	0.0394***	0.0527***
			(16.6575)	(13.3846)	(20.4958)	(27.9708)

① 我们对因变量员工的人均劳动所得（ln Pay）进行 Winsor 处理后，再进行对数化处理。

续表

因变量	ln Pay					
	模型 1	模型 2	模型 3	模型 4	模型 5	模型 6
industry	NO	NO	NO	0.1772*** (37.2883)	0.2230*** (45.1613)	0.2504*** (51.2682)
ownership	NO	NO	NO	NO	YES	YES
province	NO	NO	NO	NO	NO	YES
Constant	0.8459*** (135.1814)	0.6968*** (105.2434)	0.6750*** (100.1456)	0.6824*** (101.5989)	0.5548*** (73.4356)	0.4615*** (60.2245)
adj-R^2	0.3148					
log likelihood		−183829.9300	−183691.3300	−183015.3300	−180694.5000	−176083.9300
LR (chi2)			277.1914	1629.2059	6270.8510	15491.9886
p-value			0.0000	0.0000	0.0000	0.0000
N	271658	271658	271658	271658	271658	271658

注：①***、**、*分别表示1%、5%和10%水平下显著，回归系数括号内为 t 值；②回归变量中，industry 以竞争行业为基准，ownership 以国有企业为基准，province 以西部地区为基准。③估计方法使用连玉君编写的 SFA2twotier 程序实现，下同。

资料来源：作者基于 Stata 软件估计，下同。

模型 1 采用最小二乘估计（OLS），模型 2～6 通过逐步增加变量的方式采用双边随机前沿下的最大似然估计（MLE）。模型 3 通过增加工会变量使估计结果改善，但 pra 回归系数在模型 1～3 中的结果即使显著也与预期符号相反，故在模型 4～6 的回归中将这一变量剔除，并逐步增加了行业类别、所有权性质和地区类别等控制变量，检验结果表明各回归模型具有显著差异①。通过对数似然函数值（log likelihood）的计算，我们选取模型 6 作为后续方差分解的基准模型。

表 3-3 的回归结果表明，男性员工占比、高学历因素、高职称因素、工作经验、工会、是否参加保险等因素对员工劳动所得提高具有明显的正向效用。控制

① 我们对模型 3～6 相对于模型 2 进行了回归系数差异检验，如表 3-3 回归结果中的卡方值和对应的概率 p 所示，结果显示模型 3～6 显著异于回归模型 2 的回归系数，故我们剔除变量 pra 和逐步增加控制变量的回归是合理的。

变量方面，垄断行业相比竞争行业更有利于提高员工劳动所得，我们似乎在这一点上并未得到国有企业支付了更高员工工资的结论①，故我们将在下文做进一步检验。相比西部地区，东部地区对员工劳动所得产生负效应，而中部地区更倾向于提高员工劳动所得。

3.3.2　权利配置控制权对员工劳动所得影响的效应分析

表 3-4 结果显示权利配置控制权对员工劳动所得形成具有相当重要的影响，企业相比员工拥有更为强势的权利配置控制权，这使企业可以通过强势的权利配置控制权来尽可能压低员工的劳动所得。其中，企业的权利配置控制权系数达到 0.2834，而员工的权利配置控制权系数只有 0.1654。$E(w-u)=\sigma_w-\sigma_u=0.118$②，综合效应表明企业具有的强势权利配置控制权将使员工获得的劳动所得低于“公平”劳动所得。扰动项的总方差为 0.2196，由权利配置控制权可以解释的部分达 49.03%，其中，员工的影响只有 25.41%，而企业的影响高达 74.59%。方差分解结果表明，虽然员工在劳动所得获得过程中具有一定的影响力，但企业始终在这一过程中具有支配的绝对“权力”。

表 3-4　权利配置控制权对员工劳动所得影响的效应分析

	变量含义	符 号	测度系数
权利配置控制权	随机扰动项	σ_v	0.3345
	员工拥有的权利配置控制权系数	σ_u	0.1654
	企业拥有的权利配置控制权系数	σ_w	0.2834
方差分解	扰动项的总方差	$\sigma_v^2+\sigma_u^2+\sigma_w^2$	0.2196
	总方差中双方共同的影响比重（%）	$(\sigma_u^2+\sigma_w^2)/(\sigma_v^2+\sigma_u^2+\sigma_w^2)$	49.0313
	员工拥有的权利配置控制权的影响比重（%）	$\sigma_u^2/(\sigma_u^2+\sigma_w^2)$	25.4077
	企业拥有的权利配置控制权的影响比重（%）	$\sigma_w^2/(\sigma_u^2+\sigma_w^2)$	74.5923

① 回归结果显示，集体企业、民营企业、法人企业、港澳台企业和外资企业相比国有企业更有利于提高员工劳动所得。这与陆正飞等的结论存在差异。我们应用中国工业企业数据库，而后者应用上市公司数据库，样本量为 9204 个，行业范围更广，且上市公司一般业绩更好，可能更有助于提高员工劳动所得。另外，对员工工资的定义也存在差异。

② 这一数值并不具有绝对衡量标准，只是通过系数结果的描述来分析对劳动所得的具体影响效应，实际强弱程度应依据预期剩余的百分比来进行衡量。

3.3.3 员工预期剩余与企业预期剩余的估计

为了分析员工劳动所得形成过程中由于企业和员工权利配置控制权不同而各自所获得的预期剩余以及净剩余，我们进一步进行单边效应估计。

（1）总体的单边效应估计。我们研究的重点是估算企业和员工在权利配置控制权不同条件下各自所能够获得的预期剩余，即 $E(1-e^{-u_i}\mid\varepsilon_i)$ 和 $E(1-e^{-w_i}\mid\varepsilon_i)$。其政策含义是：由于权利配置控制权差异，企业和员工获得的预期剩余相对于“公平”劳动所得 $\ln\hat{L}=z_i'\hat{\sigma}$ 变动的百分比。根据表 3-5 估计结果，平均而言，企业拥有的权利配置控制权使员工获得的劳动所得低于“公平”劳动所得 22.12%，而员工拥有的权利配置控制权则使劳动所得高于“公平”劳动所得 14.19%，权利配置控制权差异最终导致员工获得的劳动所得低于“公平”劳动所得 7.93%。换言之，由于权利配置控制权不同，如果员工能够获得的“公平”劳动所得为 100 元，员工最终只能获得 92.07 元，而另外的 7.93 元则由企业攫取。以 2004 年中国工业企业数据库得到的平均员工劳动所得 11000 元/人来测算，员工实际应该得到的“公平”劳动所得为 11947.43 元/人，足足少了 947.43 元。

表 3-5 后三列更为详细地呈现了员工和企业获得预期剩余的分布情况，结果表明权利配置控制权强弱具有明显的异质性，但员工在获得劳动所得的过程中普遍处于弱势地位。在第 1 四分位（Q_1），员工拥有的权利配置控制权强于企业，这表明低收入员工具有较强的权利配置控制权，即企业可能会倾向于对内部低收入群体更加照顾，例如，企业一般会对边远地区的员工每月给予一定的津贴，强化了这类员工的收入权。在第 3 四分位（Q_3），企业获得的净剩余达到 14.88%，表明有 1/4 的员工获得的劳动所得要远远低于“公平”劳动所得接近 15%。

表 3-5　员工和企业获得的预期剩余估计　（单位：%）

变　量	平均值	标准差	Q_1	Q_2	Q_3
企业：$\hat{E}$（$1-e^{-w}\mid\varepsilon$）	22.1170	11.1424	14.5148	18.7209	25.7268
员工：$\hat{E}$（$1-e^{-u}\mid\varepsilon$）	14.1854	5.0847	10.8430	12.7392	15.8382
净剩余：$\hat{E}$（$e^{-u}-e^{-w}\mid\varepsilon$）	7.9316	14.8379	−1.3234	5.9816	14.8838

注：Q_1、Q_2、Q_3 分别表示第 1、2、3 四分位，即第 25、50 和 75 百分位，下同。

我们更为直观地呈现了企业、员工以及二者净剩余具体分布情况。图 3-2（a）和图 3-2（b）显示，无论是员工还是企业的预期剩余，都呈现出向右拖尾的分布特征，这意味着只有少数企业或员工在劳动所得形成过程中拥有定价的绝对强势地位。值得注意的是，企业在接近 80％的位置仍具有拖尾现象，但员工在接近 40％的位置拖尾就几乎消失了，这表明企业比员工普遍拥有更为强势的权利配置控制权。图 3-2（c）显示，最终企业拥有的净剩余明显大于零，只有不到 10％的员工能够获得正剩余，而这些获得正剩余的员工往往是一般意义上的低收入群体。换言之，另有超过 90％的员工被迫接受低于“公平”价格的劳动所得。图 3-2 进一步表明企业通过拥有比员工更为强势的权利配置控制权而尽可能压低员工的劳动所得。

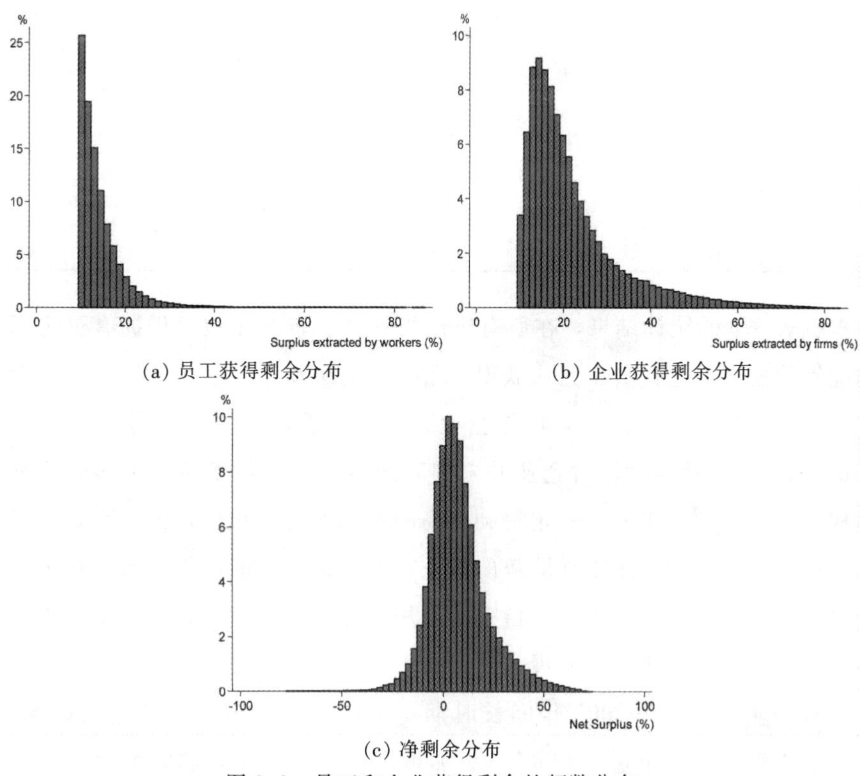

(a) 员工获得剩余分布　　(b) 企业获得剩余分布

(c) 净剩余分布

图 3-2　员工和企业获得剩余的频数分布

（2）个体特征分组的单边效应估计。为进一步验证不同特征下员工劳动所得的偏离程度，我们从所有权、保险、行业等方面进行分组统计，深入分析企业和员工的预期剩余分布特征。

根据表 3-6 的统计结果，在保险因素方面，有劳动、待业保险的企业最终获得的净剩余要低于无保险企业获得的净剩余约 0.2%，这表明劳动、待业保险有利于提高员工的劳动所得。有劳动、待业保险的企业相比无保险的企业而言，无疑赋予了员工更多的保障权。Bowles 和 Gintis（2002）强调，保障能力对于维护员工在交换中产生的权益具有重要的保障作用，可以直接提高员工与企业的谈判能力。企业在给予员工享受各类保险权利的同时，等同于增强了员工的权利配置控制权，提高了员工的劳动所得。

表 3-6　保险状况对企业、员工双方获得剩余的效应　（单位：%）

	变量	平均值	标准差	Q_1	Q_2	Q_3
无劳动、待业保险（insu _ unem = 0）	企业：$\hat{E}(1-e^{-w} \mid \varepsilon)$	22.0848	11.4125	14.5416	18.7315	25.1104
	员工：$\hat{E}(1-e^{-u} \mid \varepsilon)$	14.0851	4.7835	10.9445	12.7344	15.8063
	净剩余：$\hat{E}(e^{-u}-e^{-w} \mid \varepsilon)$	7.9997	14.8263	−1.2647	5.9970	14.1660
有劳动、待业保险（insu _ unem = 1）	企业：$\hat{E}(1-e^{-w} \mid \varepsilon)$	22.1709	10.6743	14.4674	18.7036	26.9441
	员工：$\hat{E}(1-e^{-u} \mid \varepsilon)$	14.3535	5.5491	10.6643	12.7470	15.8953
	净剩余：$\hat{E}(e^{-u}-e^{-w} \mid \varepsilon)$	7.8174	14.8566	−1.4278	5.9565	16.2799

根据表 3-7 的统计结果，在所有权性质方面，企业比员工仍拥有更为强势的权利配置控制权，这使员工无法获得“公平”的劳动所得。企业攫取的净剩余从高到低的顺序是“国有企业＞集体企业＞港澳台企业＞法人企业＞外商独资企业＞民营企业”，这表明国有企业并未因其国有性质而给予员工更多的权利配置控制权。国有企业员工并不一定得到更高的劳动所得，相反，国有企业员工在获得劳动所得的过程中处于更加弱势的地位，究其原因可能在于国有企业利润上缴比例过低，企业内部的大量利润留存并未用于保障员工权益，而是更多地转化为设备、原料等资本用于企业发展，造成员工获得的权益普遍下降。进一步展开来看，国有企业在 1993—2007 年间长时期不上缴利润，随着市场化改革的推进，国有企业逐渐向民营企业“看齐”，更加重视资本回报率，利润留存更多地转化为资本收益，内部权利的分配更加倾向于资本方，造成这一时期员工的劳动所得基本没有变化甚至降低，郭庆旺和吕冰、刘长庚等都指出了国有企业这一问题对收入分配的负面影响。但有趣的是，在第一四分位（Q_1）国有企业员工能够获得

的正净剩余明显高于其他性质企业，这表明国有企业在保障低收入者权益方面仍优于其他性质企业。

表 3-7　所有权性质对企业、员工双方获得剩余的效应　（单位：%）

	变量	平均值	标准差	Q_1	Q_2	Q_3
国有企业（ownership=1）	企业：$\hat{E}(1-e^{-w}\mid\varepsilon)$	23.4938	12.5849	13.7739	19.3519	30.0648
	员工：$\hat{E}(1-e^{-u}\mid\varepsilon)$	14.9351	7.1291	10.3084	12.4695	16.8329
	净剩余：$\hat{E}(e^{-u}-e^{-w}\mid\varepsilon)$	8.5586	17.8411	−3.0590	6.8823	19.7564
集体企业（ownership=2）	企业：$\hat{E}(1-e^{-w}\mid\varepsilon)$	22.4397	11.6701	14.3312	18.6053	26.1797
	员工：$\hat{E}(1-e^{-u}\mid\varepsilon)$	14.2184	5.0529	10.7734	12.7508	16.0638
	净剩余：$\hat{E}(e^{-u}-e^{-w}\mid\varepsilon)$	8.2213	15.3772	−1.7326	5.9445	15.4063
法人企业（ownership=3）	企业：$\hat{E}(1-e^{-w}\mid\varepsilon)$	22.2041	11.3454	14.4798	18.5768	25.7833
	员工：$\hat{E}(1-e^{-u}\mid\varepsilon)$	14.1515	4.9298	10.8341	12.8053	15.8803
	净剩余：$\hat{E}(e^{-u}-e^{-w}\mid\varepsilon)$	8.0526	14.9383	−1.4006	5.7715	14.9492
民营企业（ownership=4）	企业：$\hat{E}(1-e^{-w}\mid\varepsilon)$	21.6533	10.6275	14.7850	18.6350	24.5225
	员工：$\hat{E}(1-e^{-u}\mid\varepsilon)$	13.9888	4.4737	11.0490	12.7784	15.5276
	净剩余：$\hat{E}(e^{-u}-e^{-w}\mid\varepsilon)$	7.6745	13.8586	−0.7426	5.8567	13.4735
港澳台企业（ownership=5）	企业：$\hat{E}(1-e^{-w}\mid\varepsilon)$	22.4566	11.3209	14.2438	18.9138	27.2350
	员工：$\hat{E}(1-e^{-u}\mid\varepsilon)$	14.3326	5.2802	10.6254	12.6534	16.1757
	净剩余：$\hat{E}(e^{-u}-e^{-w}\mid\varepsilon)$	8.1240	15.3192	−1.9320	6.2604	16.6096
外商独资企业（ownership=6）	企业：$\hat{E}(1-e^{-w}\mid\varepsilon)$	22.1983	10.5939	14.2461	19.0379	27.4096
	员工：$\hat{E}(1-e^{-u}\mid\varepsilon)$	14.4160	5.6691	10.6026	12.5999	16.1727
	净剩余：$\hat{E}(e^{-u}-e^{-w}\mid\varepsilon)$	7.7823	14.9203	−1.9266	6.4381	16.8070

我们还对有无工会、行业类别①等方面进行了分组对比分析，结果都无一例外地表明员工被迫接受企业低于“公平”价格的劳动所得，只是在不同分位，员工所面临的偏离幅度会有所差别，限于篇幅，结果并未一一列示。

3.4　对企业内员工收入权测度结果的进一步思考

基于双边随机前沿分析方法，我们测度与验证了企业和员工拥有的权利配置

① 从行业类别的结果来看，垄断行业企业攫取的净剩余比竞争行业企业攫取的净剩余高 4%，“利润挤占工资”的现象明显。

控制权对员工劳动所得形成的影响效应，结果表明员工并未获得“公平”的劳动所得。主要结论如下：① 权利配置控制权对员工劳动所得的最终形成具有非常重要的影响。平均而言，企业凭借其较为强势的权利配置控制权将以 22.12%的幅度降低员工劳动所得，而员工只能以 14.19%的幅度提高劳动所得，两种相反效应最终作用的结果是使员工获得的劳动所得低于“公平”劳动所得幅度达到 7.93%。换言之，由于权利配置控制权差异，如果员工能够获得 100 元的“公平”劳动所得，最终员工只能得到 92.07 元。② 员工普遍面临着接受一个不同程度低于“公平”价格的劳动所得，这一局面并未随个体特征而明显改善。③ 国有企业员工相比其他性质企业员工普遍拥有的权利配置控制权较弱，国有企业内部收入分配制度亟须完善。基于上述研究结论，我们提出一些值得进一步思考的问题：

第一，在法律上是否应进一步明确员工平等获得收益的权利。对《新劳动法》《公司法》等相关法律法规进一步完善，明确赋予员工应当享有的权利，为员工获得收入创造一个相对自由的环境。十八届四中全会明确提出，要“依法维护人民权益、维护社会公平正义”，并要“加强重点领域立法，加快完善体现权利公平、机会公平、规则公平的法律制度”。员工在企业内部未获得充分重视的重要原因在于目前的法律环境对其在企业中应当享有的权利界定不充分，理应从法律上进一步完善。例如，《公司法》第一百六十七条规定：公司弥补亏损和提取公积金后所余税后利润，有限责任公司依照本法第三十五条的规定分配；股份有限公司按照股东持有的股份比例分配。很显然，这明确规定了资本直接参与利润分配的权利①，过分强调资本在利润分配中的重要地位，却没有相应地赋予员工享有平等参与利润分配的权利。法律的设置不应偏向于劳资双方的任何一方，而应从平等的保护劳资双方的权利来设定。同时建议尽快恢复《公司法》第一百六十七条中关于公益金提取的规定，进一步保障企业内职工的集体福利。

第二，在收益上应如何进一步强化员工普遍获得收入的权利。一方面，要设计科学合理的工资制度，充分保障员工的收入权。工资制度是企业激励员工的基

① 例如，《公司法》第三十五条规定：股东按照实缴的出资比例分取红利。这些条款都从法律上天然赋予了资本方拥有攫取企业剩余的权利。

础制度，要合理设置纵向不同层级岗位的工资差距、横向不同部门岗位的工资差距，合理设置不同岗位对应的绩效工资，逐步推广以岗位和绩效为基础的薪酬制度，同时要结合经济发展、物价等因素，调整最低工资标准，并逐步建立员工工资的正常增长机制，保障中低收入职工获得合理劳动报酬增长的权利。另一方面，要赋予员工共享企业收益的权利。推广股权、期权、人股等员工分享企业发展成果的长期激励制度，实现企业和员工的双赢；建立健全公平、多样化的晋升机制，长期激励员工工作热情；给予员工参与企业管理和决策的权利，保证员工在企业管理和决策中充分发挥作用，避免资本侵害劳动的行为。

第三，在保障上应如何保障员工充分获得教育培训、医疗、养老等基本生存和发展的权利。工会、三方机制、保险等外部保障的作用也不可忽视。一是企业要加大职工教育经费投入，保障员工获得接受技能培训和教育的权利，从根本上提高员工的人力资本和“讨价还价”能力；二是要充分发挥国家财政作用，将新增财政更多地用于民生支出，加大对低收入群体的保障力度；三是政府要适当降低“五险”上缴比例，并将降低部分直接转化为居民的可支配收入，逐步降低企业和员工的社会保障负担。

第四，如何进一步健全和完善国有资本经营预算与收益共享机制。国有企业内部收入分配制度改革的重点在于国有资本的经营预算。一方面，国有企业利润上缴比例过低，人民群众无法充分享有国有资本带来的收益。相反，挪威国家石油公司将从石油扩张取得的税后利润上缴国家的比例达到 80%。另一方面，中央国有资本经营支出结构不合理。2012 年，中央国有资本经营收入 970.83 亿元，但上缴利润中的 879.79 亿元又返还给国有企业内部，占中央国有资本经营支出的 94.6%，而用于保障民生的支出只占 5.4%，支出结构明显不合理。具体建议：一是逐步提高国有企业利润上缴比例，尤其是对以石油、烟草等为代表的垄断国有企业要将利润上缴比例逐步提高到 50%以上，而对于竞争国有企业，要在 2020 年实现 30%利润上缴比例的基础上逐步提高到 35%；二是将国有企业上缴利润主要用于充实社会保险基金，并大幅降低员工的社会保险基金缴费率，将降低部分直接转变为员工的可支配收入；三是要降低重新返还给国有企业的资本经营支出，同时提高中央国有资本经营支出中用于民生保障的部分，并将这一比例逐步提高到 50%以上。

第4章 中国体制内单位就业的代际传递性测度

在中国，相比其他行业来说，政府、事业单位和大型国有企业等体制内单位的工作更具吸引力[①]。一方面，这些工作具有更好的福利，特别是在住房、养老和医疗等方面，并且失业风险比较低，是公认的“铁饭碗”；另一方面，这些类别的工作往往与“权利”挂钩，掌握着相关领域的管理权或者资源使用权，是社会管理的实施者。同时，中国文化长期以来有重视“学而优则仕”，鼓励优秀人才优先进入体制内单位就业。中国2016年的国家公务员考试中，报考人数超过了151万人，确认报考与录取比为33∶1，各类人才纷纷涌向体制内单位。因此，体制内部门成为中国优秀人才聚集的地方，是社会的“精英阶层”。中国很多经济政策的走向、资源和利益的分配，都是由这些部门来主导的。这些处于既“富足”又“掌权”阶层的人，相当于掌握了“超额”经济租。在最大化子女利益的驱动下，体制内单位的在职人员会不会把这个特殊的经济租传给自己的子女？即体制内单位就业是否存在代际传递，以至于形成真正意义上的阶层固化？

从体制内单位就业的特点来看，此类就业容易被现在占有这些岗位的人控制（Tirole，1994；Dixit，2002）。一是这些部门基本没有市场竞争压力，不以利润

---

① 我们主要研究的是公共部门就业。国有企业从本质上说，是企业而不是公共部门。但国有企业在中国有其特殊性，其主要受政府管理，领导也由政府指派，并可在政府部门间调动。因此，我们也把国企看作一类特殊的公共部门。

最大化作为自己的目标；二是体制内单位不管是个人绩效还是整体绩效都难以衡量；三是体制内部门的最终控制人——“人民群众”是松散的，只是低强度的监督。这些都为已在体制内单位中就业的个体招聘自己的子女降低了难度。从我国现实来看，此类现象并不稀少，社会上产生了诸多不满。如 2012 年人民日报发表了标题为《各地萝卜招聘引公务员世袭质疑》的文章，批评了公务员在统一公开考试招聘中依然存在着严重代际传递；其他媒体也多次报道过类似新闻。虽然没有客观的数据描述，但我们已经可以从这些新闻报道和具体案例中，推测中国体制内单位就业中可能存在着较为严重的代际传递。个别事件是不是和客观数据相一致？我们的目的就是利用相对广泛的调研数据，对中国体制内单位就业中是否存在代际传递这一问题，给出客观和系统的答案。

对体制内单位就业的研究具有重要意义。一方面，如果此类就业存在较强的代际传递，很大程度上说明了社会流动性较差。特别是对于中国的体制内单位来说，如果存在较强的代际传递，就预示了中国“精英阶层”有固化倾向。改革开放后，我国改正了以往“家庭成分”决定个人职业起点的错误。若如今在规则上实现了起点公平，得到的却是具有“家庭成分”特色的结果，也是令人无法接受的。另一方面，体制内单位员工子女继承岗位的渠道公平、公开，并不能说明此类现象的市场合理性。官员的子女可能通过父母“不合理”的社会资本或社会网络进入体制内，也可能通过“合理”招考渠道进入体制内①。对于一个无法通过市场竞争衡量绩效的职业来说，渠道合理性并不能证明个体更加适合这个岗位。因此，从以上两点来看，客观回答“中国体制内单位是否存在代际传递”这一问题具有重要意义。

我们利用中国健康与营养调查（China Health and Nutrition Survey，简称 CHNS）1991—2011 年间的 8 期调研数据，将子女与父母的样本进行匹配，从分年度、分部门、分地区等多个角度分析父母就职单位的类别及职位高低对于子女进行体制内单位就业和职位晋升机会的影响，主要着眼于研究以下几个问题：总体而言，父母对子女的职业代际传递效应是否显著？代际传递效应在政府机关、事业单位及国有企业等不同的体制内部门之间是否存在显著差异？在

① “合理”的招考渠道，往往也是部分考生家长控制的。

担任高级职位方面是否也存在代际传递效应，即领导的子女是否有更大的可能性担任领导职务？如果存在，那么这种职位的代际效应是否存在地区差异或城乡差异？

本章余下部分的结构安排如下：第一部分是相关文献述评；第二部分是数据、变量说明和统计分析；第三部分通过回归模型进行实证分析；最后是我们的结论及建议。

4.1 就业的代际传递性已引起广泛关注

职业代际传递作为社会不公平的重要来源，是社会科学持续关注的问题之一。通常来说，社会不平等主要有两种，一种是同代人之间的不平等，另一种是跨代的不平等。一直以来大部分经济学家关注的主要是前一种不平等（Becker 和 Tomes，1979）。经济学界一般认为，从 Blau 和 Duncan（1967）、Bowles（1972）提出代际传递这一问题，到 Becker 和 Tomes（1979）将其纳入均衡分析的研究，代际传递问题逐步进入经济学的主流分析中来。代际传递问题在这个过程中成为研究的热点，一直延续至今（Corak，2013）。Bowles（2002）认为代际传递的问题，可以从研究角度分为两类。一类文献使用了连续的变量，主要指代际收入，其优点是变量指代明确，容易比较，缺点是收入数据本身噪音较大，代际间的收入数据可信度更低，造成不同数据间结果差异较大（Becker et al.，1986；Atkinson et al.，1983；Zimmerman，1992；Solon，1999）；另一类文献使用了离散的变量，主要指职业和阶层。虽然离散变量的内涵没有那么明确，但包含了更多社会流动性的重要内容（Erikson et al.，1992；Bowles et al.，2002）。因此，从职业代际传递来研究社会流动性问题，是社会科学研究的热点问题之一，具有较强的说服力。

之前，代际职业流动性的研究往往是针对所有职业，通过职业矩阵来研究代际流动性（Guest et al.，1989；Anderberg et al.，2007；Long et al.，2007）。然而，这种针对整体的研究有两个局限：一是对数据要求比较高，需要有较为全面的数据，研究成本较高；二是代际职业流动性测度的结果是一个关于整体的数值，无法详细显示具体的流动特征。比如，市场化行业的代际流动性和非市场化行业的代际流动性数值可能是一样的，但其特性有很大不同。限于这两点，很多学者针对某一类特殊的、受社会关注的职业进行了深入研究。比如公共部门、医生和雇主等（Bernard et al.，1989；Scoppa，2009；Corak et al.，2011）。这样就能更为精准和详细地把人们的关切表达出来。具体到中国，体制内单位就业是社会关注的热点问题，详细分析这一部门就业的代际传递性，有较为重要的理论和实践价值。

关于中国的代际传递问题，更多学者使用了连续变量“代际收入”来研究（Gong et al.，2012；王海港，2005；杨瑞龙 等，2010；韩军辉，2010；何石军 等，2013），得出的结论基本一致，即中国代际传递对收入有重要影响，社会收入的代际流动性比较差，特别是从低收入流动到高收入的机会比较小。孙三百等（2012）发现劳动力的自由迁徙是摆脱低收入“代际传递陷阱”的重要途径。以上学者从“代际收入”这一连续变量的角度说明了中国当前可能存在阶层固化的倾向，值得进一步深入研究。

当然，也有部分学者从离散变量“职业或阶层”的角度研究了中国社会的代际流动性。对于职业代际传递性而言，最重要的是研究处于职业等级两端阶层是否具有代际传递性，即顶端职业和底层职业是否存在“阶层固化”现象。从整体来看，我国的职业代际传递性比较明显，最具代表性和关注度的顶端就业是体制内的政府机关、事业单位及大型垄断国企的就业，而底层职业是农民。对农民代际职业传递和代际流动的研究相对较为充分，不仅深入而且细致。吴晓刚（2007）发现农民的职业代际流动性比较高，但这只是户籍制度下的特殊表现，并不能代表真正的高流动性。邢春冰（2006）得出中国农民非农就业的代际传递性较高。郭云涛（2010）深入分析了农民代际非农就业的职业间隔。关于顶端职业——体制内单位就业的研究，也有部分学者进行了分析。虽然郭从斌（2004）以及 Walder 和 Hu（2009）发现了体制内就业代际传递倾向明显，前者从受教育程度的角度探讨其对职业代际效应的影响，后者则更多关注了政治地位（党员身份）的影响，但这两项研究都未足够关注父母职业类型及职位对于子女就业机会的作用，并且两者都受到了数据的限制，依据的是横截面数据，没有进行长期的、全面的分析，也未对体制内单位进行细分。值得注意的是，卢盛峰等（2015）利用 CHNS 数据研究了岳父母和女婿的职业代际传递性，发现公职部门有着较强的代际传递性，但近年来其传递性在减弱。因此，可以发现体制内单位就业的职业代际传递性是一个较为重要的理论和现实问题。

在现有文献基础上，我们尝试在以下三个方面做出边际贡献：（1）使用CHNS数据1991—2011年共8期的全国范围内的数据分析体制内就业的代际传递性，数据覆盖面广、跨期长，所得结论更为客观可信。（2）将体制内单位细分为政府机关、事业单位及国有企业等不同类别，从分年度、分部门、分地区等多个角度对职业代际传递效应进行分析，以发现职业代际传递的规律。（3）研究体制内单位内部的职位晋升是否存在代际传递现象，即在领导职务及高级专业技术岗位方面是否也存在阶层固化现象。

4.2 测度体制内就业代际传递的样本和指标选取

4.2.1 数据来源和处理

我们使用的数据来源于“中国健康与营养调查（China Health and Nutrition Survey，简称CHNS）”数据库。CHNS问卷以家庭为调查单位，询问了同住的家庭成员在就业、收入及消费支出等方面的动态跟踪信息，是研究代际传递行为的理想数据。首期调研于1989年进行，共调查了3795个家庭，并于1991、1993、1997、2000、2004、2006、2009和2011年共进行了8期跟踪调研，时间跨度达22年，涵盖了辽宁、黑龙江、江苏、山东、河南、湖北、湖南、广西及贵州共9个省份。

为了得到研究职业代际传递行为的“子女—父母”配对样本，我们对CHNS数据进行了如下清理：（1）根据数据中提供的父母编码，以每一位子女样本为基准，与其父亲及母亲样本进行配对；（2）将父母信息均缺失的个体样本剔除，这些样本要么是未与父母同住，要么是父母均已过世，无法从数据中获知其父母的职业信息；（3）去除年龄小于18岁的样本，以及正在读书且没有工作的样本，这部分样本不属于就业人群，没有职业信息，不属于我们的考察范围。

经过上述清理步骤后，在1991、1993、1997、2000、2004、2006、2009和2011年数据中分别获得的“子女—父母”配对样本数为2695、2643、2709、1463、1366、1484和1699对。由于1989年CHNS数据未提供子女样本所对应的父母样本编码，无法进行配对，故将1989年数据排除。

需要指出的是，CHNS 数据仅针对同住的家庭成员进行调查，因而所获得的“子女—父母”配对样本中不包含未同住子女的信息。通常来说，年龄较大的子女工作年限长，结婚成家的可能性大，往往倾向于独立居住；与父母同住的子女大多是刚参加工作不久、尚未购房或未成家的年轻子女，因而子女年龄分布可能偏向年轻人群。然而这种年龄上的有偏性正是我们所需要的。因为相对于年长子女来说，刚踏入社会的年轻子女缺少工作经验能力的积累，其在职业选择时——尤其是进入门槛较高的体制内单位就业——与其父母社会网络的关系更密切，受到其他因素干扰的可能性相对较低，这类群体是分析职业代际传递行为的重点考察对象。

4.2.2　变量选取

我们的因变量为“子女是否在体制内单位就业”以及“子女是否担任领导职务或从事高级技术工作”，分别用于考察父母职业对于子女就业单位类型以及职位晋升机会的影响。体制内单位是指国有企事业单位，包括政府机关、国有事业单位以及国有企业这三类（2000 年及以前的 CHNS 数据未做细分）；在此之外的集体企业、私营个体企业、外资企业工作及从事家庭联产承包农业劳动等均视为体制外就业。领导职务包括管理者、行政官员及经理（指厂长、政府官员、处长、司局长、行政干部及村干部等），高级技术工作指医生、教授、律师、建筑师、工程师等高级专业人才，这些职业的社会地位及收入均较高，往往被视为职业成功的象征。

我们考察的主要自变量为“被访子女的父母是否在体制内单位就业”，若父母中有一人在体制内单位就业则赋值为 1，父母均未在体制内就业则赋值为 0。在前人文献的基础上，我们选取的影响子女就业选择的控制变量包括子女的年龄、性别、是否城镇户口及受教育程度，以及父亲的受教育程度等。变量设定及其均值方差详见表 4-1。

表 4-1 变量设定及均值方差（8 期数据合并）

变量名	变量说明	均值	标准差
因变量			
guoyou	被访子女在体制内单位工作（否=0）	0.210	0.407
gov	被访子女在政府部门工作（否=0）	0.035	0.185
shiye	被访子女在国有事业单位工作（否=0）	0.087	0.282
guoqi	被访子女在国有企业工作（否=0）	0.085	0.279
goodjob	被访子女担任领导职务或为高级专业人才（否=0）	0.054	0.226
自变量			
guoyou _ p	父母至少一人在体制内单位工作（否=0）	0.181	0.385
gov _ p	父母至少一人在政府部门工作（否=0）	0.047	0.211
shiye _ p	父母至少一人在事业单位工作（否=0）	0.066	0.248
guoqi _ p	父母至少一人在国有企业工作（否=0）	0.063	0.243
goodjob _ p	父母至少一人担任领导职务或为高级专业人才（否=0）	0.109	0.311
控制变量			
trueage	子女确切年龄	28.71	9.74
male	子女为男性（女性=0）	0.708	0.455
urban	子女为城镇户口（农村=0）	0.339	0.473
college	子女受教育程度：大专或以上	0.077	0.267
middle	中学（参照组）	0.706	0.321
primary	小学及以下	0.217	0.412
college _ f	父亲受教育程度：大专或以上（否=0）	0.038	0.192

4.2.3 统计分析

表 4-2 列示了 1991—2011 年期间被访子女样本及配对的父母样本在体制内单位就业的统计情况。1991—2011 年的“子女—父母”配对样本平均为 1242 对[①]。

① 与 1991—2000 年的前 4 期数据相比，2004—2011 年后 4 期数据中的“子女—父母”配对样本数显著下降，主要原因在于从 2004 年开始调研问卷出现了更改，对于已退休样本不再询问其就业单位信息，从而对于工作时间相对较长的子女来说，由于缺乏其已退休父母的过往职业信息而无法进行配对，保留在数据中的均为较年轻的未退休父母与其子女的配对样本。由于这一样本损失条件为外生，且我们的研究侧重点在于刚参加工作不久的年轻子女的体制内就业可能性，因而 2004 年问卷问项变化导致的配对样本数量显著下降可以接受，对我们结论不会产生显著影响。

表 4-2 显示，被访子女与其父母这两代人在体制内单位就业的比例相近，平均值分别为 18.1%、21.0%；但子女在政府机关单位任职的比例（3.5%）比父母一代人要低（4.7%），被访子女在所任职单位担任领导职务或为高级专业人才的比例（5.4%）也显著低于其父母担任类似职务的比例（10.9%），其原因可能在于父母一代的工作年限长及资历较深。纵向来看，子女及父母这两代人在体制内单位的就业比例随时间均呈 U 形变化，在 1991—2000 年期间在体制内单位的就业比例分别由 25.0%、25.0%下降到 16.4%、11.8%，2000 年左右到达谷底，此后进入上升时期，到 2011 年时在体制内单位的就业比例又分别回升到 23.7%、22.0%。之所以会出现这一 U 形曲线的动态变化，原因可能在于 1990 年代的国企改革和公务员下海潮使得劳动者从体制内单位流出，而在 2000 年以后由于国企效益提升以及公务员待遇的持续提高，求职者开始向体制内单位回流，就业比例上升。

表 4-2　被访子女及父母在体制内单位就业比例统计（按年份）

	1991 年	1993 年	1997 年	2000 年	2004 年	2006 年	2009 年	2011 年	平均
被访子女在体制内就业比例									
政府机关（gov）	—	—	—	—	0.031	0.034	0.036	0.039	0.035
事业单位（shiye）	—	—	—	—	0.071	0.089	0.087	0.098	0.087
国有企业（guoqi）	—	—	—	—	0.095	0.079	0.066	0.098	0.085
合计比例（guoyou）	0.250	0.219	0.202	0.164	0.197	0.203	0.189	0.237	0.210
担任高级职务（goodjob）	0.039	0.038	0.037	0.048	0.060	0.065	0.071	0.107	0.054
被访父母在体制内就业比例									
政府机关（gov_p）	—	—	—	—	0.044	0.029	0.038	0.072	0.047
事业单位（shiye_p）	—	—	—	—	0.051	0.078	0.049	0.084	0.066
国有企业（guoqi_p）	—	—	—	—	0.048	0.068	0.058	0.077	0.063
合计比例（guoyou_p）	0.250	0.214	0.134	0.118	0.140	0.165	0.140	0.220	0.181
担任高级职务（goodjob_p）	0.112	0.113	0.114	0.100	0.095	0.092	0.094	0.133	0.109
有效样本	2082	1969	1548	1578	664	629	713	756	—

图 4-1 描述了 1991—2011 年期间不同家庭背景的子女进入体制内单位就业比例的动态变化趋势。由图可见，父母的就业背景与子女能否进入体制内单位就业有着明显的相关性。首先，体制内职工的子女进入体制内单位就业的比例高于 50%，远高于所有子女的平均水平（20%），但非体制内职工的子女进入体制内单位就业的比例只有 10%，远低于平均水平。其次，从体制内单位来看，公务员子女进入体制内单位就业的比例低于其他两个部门，但在 2006 年后三个部门子女进入体制内单位就业的比例向 50%收敛。再次，非体制内职工子女进入体制内单位就业的比例在观察的 20 年内比例稳定在 10%，没有明显上升。

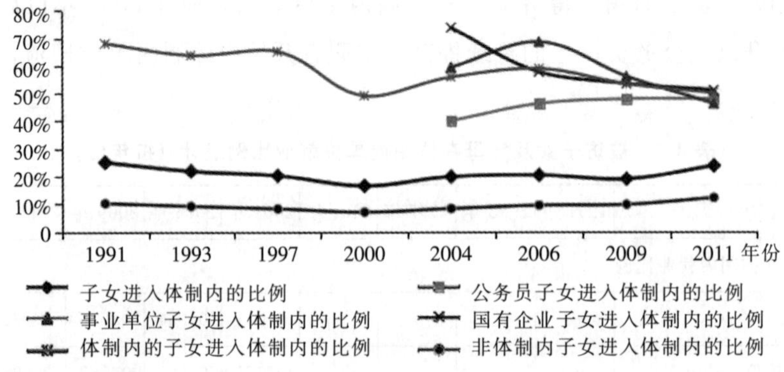

图 4-1　不同家庭背景的子女进入体制内单位就业比例的变化趋势(1991—2011 年)

在图 4-1 的基础上，图 4-2 对不同家庭背景的子女在体制内单位的就业情况进行了分部门细化统计。从图 4-2 可以看出，不同体制内部门内部及部门间存在着不同的代际传递。一是从绝对数值来看，事业单位和国有企业内部存在更高的代际相关性（30%左右的子女进入了本部门），政府部门内的代际传递性稍低（15%左右）。二是体制内部门间代际传递性较弱，但某一体制内职工子女进入其他体制内部门的可能性还是高于非体制内单位职工子女。三是从 2006 年开始三个部门内的代际传递都呈现出下降趋势，但体制内职工子女进入体制内单位的比例仍然远远高于非体制内职工子女。由此可以看出，体制内单位对于非体制内职工子女存在封闭性，体制内部门之间也存在一定的封闭性。

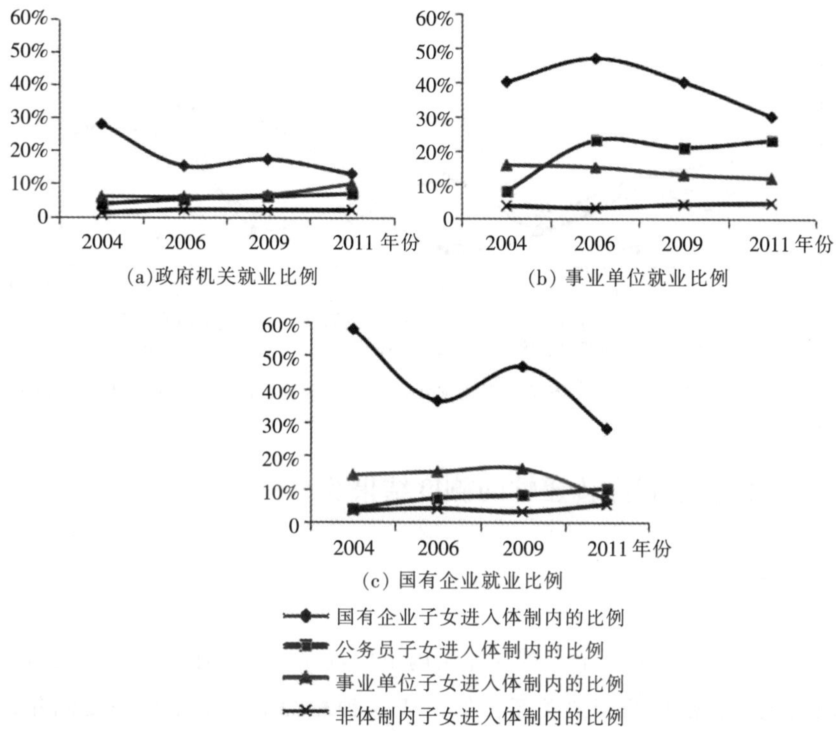

图 4-2　不同家庭背景的子女在各体制内单位就业比例统计(2004—2011 年)

图 4-3 针对不同家庭背景的子女在担任领导职务或为高级专业人才的比例分布情况进行了统计。从职位来看，父母属于体制内单位的被访子女在后期发展中具有明显优势。体制内职工的子女有更多可能获得高级（领导）职位，这些子女在 1991—2011 年期间担任领导职务或为高级专业人才的平均比例达 10.9%，而非体制内职工的子女在同期获得类似高级职位的比例仅 5.4%。此外，如果子女进入体制内单位就业，其不同家庭背景所带来的职位晋升方面的差异会降低，但体制内职工子女还是相对占有优势，特别是随着时间推移，进入 2009 年后，体制内职工子女会更多地进入高级岗位。从这个统计来看，不仅更多体制内职工子女能够进入体制内单位，而且在后期的发展会更好。

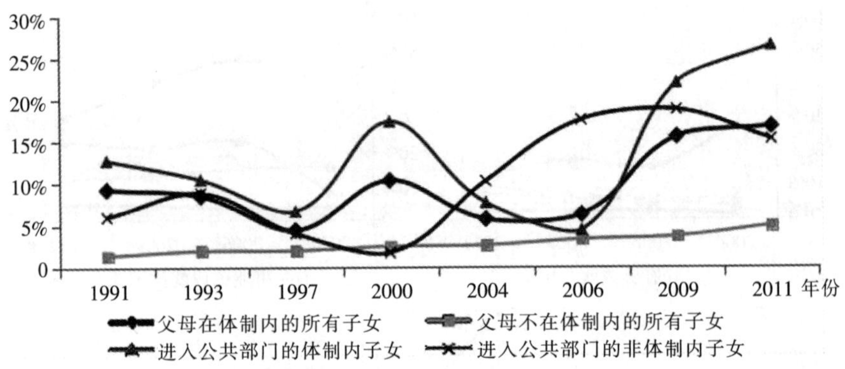

图 4-3 不同家庭背景的子女在体制内担任领导职务或为高级专业人才的比例(1991—2011 年)

4.3 体制内就业代际传递性的测度结果及分析

4.3.1 模型选择

以上统计分析揭示了子女进入体制内单位就业以及担任高级职务的可能性与其父母的职业有密切的相关关系，但由于这种相关关系会受到子女的年龄、性别、受教育程度等因素的干扰，我们需要在控制住可能对子女职业选择产生影响的其他因素的情况下，通过回归模型来分析父母与子女的职业代际传递行为。

我们旨在考察父母的职业类型及职位高低对于其子女的职业选择行为的影响。显而易见，子女并不能选择自己出生的家庭以及父母的职业背景，并且父母的职业选择远早于其子女的职业选择时间，不会受到子女职业选择行为的反向影响，父母的职业类型可视为外生，因而在考察父母的职业类型对其子女职业选择的影响时，模型的内生性问题较弱，我们可以直接使用以下 Logit 模型来进行回归分析：

$$\text{Logit}\ (Y_{ij}) = \alpha + \beta_1 X_{ij} + \beta_2 Z_{ij} + \mu$$

式中：i 代表“子女—父母”配对样本，j 代表调查年份，因变量 Y_{ij} 为“被访子女 i 在第 j 年是否在体制内单位就业（guoyou）”以及“子女是否担任领导职务或从事高级技术工作”，主要自变量 X_{ij} 为“被访子女的父母是否在体制内单位就业（goodjob）”，Z_{ij} 是控制变量，包括子女的年龄（trueage）、性别（male）、户口性质（urban）、受教育程度（primary，college）以及父亲受教育程度（college_f）等。

4.3.2　子女在体制内单位就业的分年度回归

我们首先将体制内单位就业作为一个整体来分析父母与子女职业类型的代际传递性。因变量为“子女是否在体制内单位就业（guoyou）”，主要自变量为“父母是否在体制内单位就业（guoyou _ p）”。表 4-3 列示了针对 1991—2011 年共 8 期数据的分年度横截面回归结果以及面板回归结果。由于父母的职业类型很少随时间发生变化，不适宜使用固定效应面板回归，我们在此使用随机效应面板模型进行分析。

表 4-3　父母就业单位性质对子女在体制内单位就业概率影响的 Logit 回归（按年份）

	1991 年	1993 年	1997 年	2000 年	2004 年	2006 年	2009 年	2011 年	Panel(RE)
guoyou _ p	2.279***	2.449***	2.584***	2.026***	1.848***	2.155***	1.741***	1.034***	3.905***
	(0.150)	(0.163)	(0.205)	(0.227)	(0.351)	(0.308)	(0.323)	(0.267)	(0.204)
控制变量									
trueage	0.038***	0.057***	0.032*	0.030*	−0.027	0.0093	−0.022	0.007	0.040***
	(0.012)	(0.012)	(0.017)	(0.017)	(0.029)	(0.024)	(0.027)	(0.023)	(0.011)
male	−0.299*	0.005	−0.242	0.170	0.408	0.194	−0.419	−0.354	−0.172
	(0.153)	(0.171)	(0.201)	(0.227)	(0.365)	(0.358)	(0.295)	(0.274)	(0.152)
urban	0.818***	0.961***	0.526***	0.805***	0.887***	0.485	0.363	0.478 *	1.472***
	(0.149)	(0.165)	(0.197)	(0.215)	(0.331)	(0.317)	(0.298)	(0.258)	(0.167)
college	1.414***	1.259***	1.262***	1.883***	1.878***	0.755 *	1.130***	1.617***	1.567***
	(0.443)	(0.432)	(0.396)	(0.350)	(0.465)	(0.416)	(0.329)	(0.267)	(0.229)
primary	−1.153***	−1.408***	−1.525***	−2.316***	−1.661	−0.825	—	−1.450	−2.093***
	(0.209)	(0.272)	(0.365)	(0.723)	(1.033)	(0.565)	—	(1.036)	(0.256)
college _ f	−0.260	−0.405	−0.002	−0.649	−0.422	0.600	−0.098	1.199***	0.140
	(0.372)	(0.374)	(0.521)	(0.478)	(0.815)	(0.653)	(0.705)	(0.458)	(0.327)
Constant	−2.786***	−3.739***	−2.919***	−3.459***	−2.322***	−2.723***	−1.424**	−2.472***	−5.175***
	(0.286)	(0.327)	(0.430)	(0.431)	(0.779)	(0.674)	(0.716)	(0.682)	(0.345)
pseudo-R2	0.306	0.323	0.273	0.23	0.243	0.245	0.195	0.259	
样本数	1656	1588	1233	1250	473	442	436	555	7701

注：1）表中列出的是回归系数值，括号内为标准差，*、**、*** 分别代表在 10%、5%、1% 水平上显著；2）表中模型使用的是 1991—2011 年数据，因变量为“子女是否在体制内单位就业（guoyou）”。

从表 4-3 来看，可以发现三点：一是体制内单位就业存在明显的职业代际传递效应。从面板数据的回归来看，父母是否在体制内单位就业对于其子女在体制内单位就业的可能性有正向影响，且在 1%的统计学水平上高度显著，这证明在中国的体制内单位就业市场中存在明显的职业代际传递性。二是体制内单位的职业代际传递效应在 2000 年以后逐年递减。从回归结果来看，1991 年主要自变量 guoyou_p 的回归系数为 2.279，2000 年仍维持在 2.026，而到了 2011 年则显著下降到 1.034，传递效应明显减弱。这可能是由于一系列的制度改革造成的，例如 90 年代中期开始大规模的国有企业改革，到 2000 年后大量劳动力退出体制内单位就业；2004 年实行统一的公务员招考制度增加了体制内子女进入体制内单位就业的难度[①]。这一趋势与我们统计描述中的结果也一致。三是虽然职业代际传递效应有所降低，但其仍然在高位徘徊。根据估计结果来看，到 2011 年其系数降到了 1.034，但可计算优势机会比（Odds Ratio）仍然高达 2.787，与在体制外单位就业父母的子女相比，体制内的子女还是有非常高的可能性进入体制内单位就业。

4.3.3 父母就职单位性质对子女体制内就业的影响机制：人力资本 VS 社会资本

在 1991—2000 年的 CHNS 调研问卷中，只询问了被访个体是否在“政府及国有企事业单位”上班，将体制内单位作为一个整体看待；从 2004 年起，问卷中增加了“就业单位具体类别”的问项，将体制内单位细分为“政府机关、事业单位和国有企业”这三个部门。我们将分部门分析体制内就业的代际传递，这有助于发现体制内就业代际传递的内在机制。假定进入体制内就业要么需要类似的、特定的人力资本，要么需要特定的“关系”——社会资本。情况 1：父母在体制内就业有助于培养子女形成同样的人力资本，子女就依靠特定的人力资本进入体制内就业，并且在政府、事业单位和国企间没有明显的差别；情况 2：父母在体制内就业有助于积累部门内的社会资本，帮助子女进入本部门就业，这样形成的就业就具有部门内独立性。

① 从结果来看，这一趋势存在波动，例如 2006 年数据回归的系数值仍然较高，但这一局部年份的系数波动并不影响我们对整体趋势的判断。

表 4-4 列示了父母就职单位性质对子女在体制内单位就业的职业代际传递影响的 Logit 面板回归结果。考察的自变量为“父母是否在体制内单位就业”以及“父母是否在政府机关、事业单位或国有企业就业”。模型 1～2 的因变量为“子女是否进入体制内单位就业”；模型 3～8 的因变量分别为“子女是否进入政府机关、事业单位或国有企业就业”。

表 4-4　父母就业单位性质对子女在体制内单位就业影响的 Logit 面板回归（分部门）

	模型 1	模型 2	模型 3	模型 4	模型 5	模型 6	模型 7	模型 8
	guoyou	guoyou	gov	gov	shiye	shiye	guoqi	guoqi
guoyou _ p	2.80***		1.13***		1.81***		2.15***	
	(0.372)		(0.364)		(0.439)		(0.552)	
gov _ p		1.72***		1.98***		0.840		0.186
		(0.481)		(0.463)		(0.572)		(0.627)
shiye _ p		2.29***		0.121		3.19***		0.180
		(0.460)		(0.525)		(1.099)		(0.546)
guoqi _ p		3.45***		0.87 *		0.083		3.78***
		(0.544)		(0.499)		(0.596)		(0.568)
控制变量	有	有	有	有	有	有	有	有
样本数	1974	1980	1977	1983	1977	1983	1977	1983

注：1）表中列出的是回归系数值，括号内为标准差，*、**、*** 分别代表在 10%、5%、1% 水平上显著；2）表中各模型均选取 2004—2011 年数据，采用随机效应面板模型。

模型 1、2、3、5、7 的结果均显示，只要父母在体制内单位工作，无论其是在政府机关、事业单位，还是国有企业，其子女进入体制内单位就业的可能性均高于体制外职工的子女，且在 1%的水平上高度显著，表明各个体制内部门在就业方面都存在非常显著的代际传递性，这与表 4-2 的统计描述以及表 4-3 的整体回归结果是一致的。

模型 4、6、8 揭示了一个重要现象，即不同体制内单位的职业代际传递现象主要表现为在本部门内部传递，体制内就业跨部门的职业代际传递溢出效应并不存在。具体而言，与体制外职工子女的就业情况相比，政府机关职工的子女进入政府机关就业的可能性显著上升，而进入事业单位或国有企业就业的概率变化在统计上并不显著；类似地，事业单位职工的子女进入事业单位的概率显著上升，而进入政府机关或国有企业就业的概率无显著变化；国有企业职工子女在就业选择上也存在相同现象。由于现阶段我国很多事业单位的工作与政府部门类似，不少大型国有垄断企业也带有行业管理性质，这三类体制内部门的工作要求有较多相似性。但不同体制内部门职工的子女并没有相对于体制外职工子女表现出在体制内跨部门就业的优势，这很可能说明子女实现的体制内单位就业是基于父母社会资本，而不是基于个人的人力资本。这一结果显示体制内就业代际传递的机制更多是基于情况 2 的，即基于社会资本而非人力资本。

模型 4、6、8 的结果进一步验证了以上结论。结果显示，各体制内部门内部的职业代际传递效应存在着部门差异，国有企业、事业单位和政府机关的部门内就业的代际传递性依次递减。国有企业就业具有最强大的代际传递性，这与现实我们觉察到的“油田子弟”“电力子弟”“铁路子弟”“银行子弟”优先等现象一致[①]。但政府部门的这种代际传递性仅是相对较低，其绝对值依然非常高，即现有的公务员招聘制度并没有杜绝部门内的代际传递[②]。政府部门就业有相对较低的代际传递性可能与其公开、严格的招考制度有关系。越是公开招考，越是需要特定人力资本的部门，代际传递性反而越小。这就说明人力资本在体制内就业代际传递中发挥的作用是十分有限的。

4.3.4 父母职位高低对子女体制内就业机会及职位晋升的影响

除了考察父母的工作单位性质对子女就业的影响外，另一个比较令人关注的问题是领导干部的子女是否更容易进入体制内单位就业并获得晋升机会？即父母的职位高低会不会影响子女进入体制内单位就业，以及担任领导职务或获得高级职称？

表 4-5 利用 2004—2011 年 CHNS 数据，通过 Logit 面板回归模型对上述问

---

① 《人民日报》2014 年 5 月 21 日发表了题为《国企招聘不能搞家族化》的文章，批评了石油行业存在的子女接班现象。

② 《人民日报》2012 年 5 月 20 日发表了标题为《各地萝卜招聘引公务员世袭质疑》的文章，描述了当前公务员招考制度的缺陷。这一制度的漏洞在于，命题人可能是考生的父母或者命题人的领导是考生的父母。这就直接导致了所谓的“萝卜招聘”。

题进行了分析。分为 5 个模型：模型 1 的因变量为“子女是否进入体制内单位就业”；模型 2～4 将因变量“子女在体制内的就业部门”细分为政府机关、事业单位、国有企业这三类；模型 5 的因变量为“子女是否担任领导职务或成为高级专业人才”。在各个模型中，考察的自变量均为“父母是否担任领导职务或为高级专业人才（goodjob _ p）”。

表 4-5　父母职业性质对子女在体制内单位就业概率影响的 Logit 回归（分部门）

	模型 1	模型 2	模型 3	模型 4	模型 5
	guoyou	gov	shiye	guoqi	goodjob
goodjob _ p	1.914***	0.820**	1.193***	1.072**	1.105***
	(0.391)	(0.398)	(0.365)	(0.445)	(0.388)
控制变量	有	有	有	有	有
样本数	1982	1985	1985	1985	1990

注：1）表中列出的是回归系数值，括号内为标准差，*、**、*** 分别代表在 10%、5%、1% 水平上显著；2）表中各模型均选取 2004—2011 年数据，采用随机效应面板模型。

表 4-5 中模型 1～4 的结果显示，对担任领导职务或拥有高级职称的父母来说，其子女进入体制内单位就业——无论是政府机关、事业单位还是国有企业——的可能性比家庭背景普通的子女均要高，且其差异在 1%的统计水平上高度显著。模型 5 进一步表明，在控制住被访子女的年龄、性别、户口、受教育程度以及其父亲受教育程度的情况下，领导或高级专业人才的子女在职场中有着更高的晋升优势，其获得晋升成为领导或拥有高级职称的概率也显著比家庭背景普通的子女高。

通常来说，与普通家庭相比，各单位的领导或高级专业人才具有强大的社会资本，会帮助子女获得体制内的工作机会并得到职位晋升。甚至不少地区出现了领导子女“火箭”式升迁的现象，这一问题也成为当前社会关注和不满的热点[①]。

以上结果表明，与普通家庭出身的子女相比，领导干部的子女不仅进入政府

① 《南方日报》2013 年 4 月 23 日刊发了《干部子女当然可以“正常”升迁》的文章，重点批判了干部子女的非正常快速升迁现象。《中国青年报》2013 年 7 月 31 日发表了《湖南整治公务员违规进人》的文章，文中提到了湘潭 19 岁大学毕业生一年半就升为副局长的案例。这些现象都与我们的回归结果一致，说明了现实中公共部门子女非正常晋升问题的严重性。

机关及国有企事业单位等体制内单位的机会更高，而且有更大可能性在日后获得内部晋升或评高级职称。这对非体制内单位普通职工的子女的就业和职业发展而言，造成了双重的不公平。

4.3.5 稳健性分析：分城乡和地区回归

为了考察体制内单位就业的代际传递效应是否存在地区差异，并佐证以上回归分析结果的稳健性，我们拟将样本按子女户口性质（城镇和农村）以及居住地域（东部省份和中西部省份）进行分组回归。按通常的中国地域划分标准，将CHNS调研范围的辽宁、江苏、山东、北京和上海划分为东部省份，将黑龙江、河南、湖北、湖南、贵州、广西划分为中西部省份。以“子女是否进入体制单位就业（guoyou）”为因变量，回归结果详见表4-6。

表4-6 分城乡及地区回归结果

	模型1	模型2	模型3	模型4
	城镇样本	农村样本	东部省份	中西部省份
guoyou _ p	3.488***	4.269***	3.594***	4.574***
	(0.288)	(0.285)	(0.316)	(0.276)
控制变量	有	有	有	有
样本数	2110	5591	2382	5319

注：1）表中列出的是回归系数值，括号内为标准差，*、**、***分别代表在10%、5%、1%水平上显著；2）表中选取1991—2011年数据，采用随机效应面板模型。

表4-6的回归结果显示，不管在城市、农村、东部和中西部地区，体制内单位就业都存在比较严重的职业代际传递性，这与之前的回归结果是一致的。具体来看有如下三点：一是全国各地体制内单位就业都存在严重的代际传递现象。从回归结果看，体制内单位就业在城乡与地区之间的代际传递性虽有差别，但都体现出和父母就业单位性质非常高的正相关性。二是农村地区体制内单位就业的代际传递性比城镇地区更为严重，这就说明农村非体制内单位职工子女想要进入体制内单位就业是非常困难的，体现了农村社会流动性是非常弱的，也说明农村体制内单位的“进人机制”更不透明，更为不规范。三是欠发达省份的体制内单位就业的代际传递性更为严重。从回归结果看，中西部地区体制内单位就业的代际

传递性比东部省份更高，这可能是由于中西部地区工作机会更少，使得体制内单位就业更为“吃香”，导致了更高的代际传递性。总而言之，体制内单位就业呈现出整体非常强的代际传递性，在农村和欠发达地区问题更为严重。这就引出另一个问题，是不是随着经济发展这种代际传递性会消失？此处的结果并不能说明这一论断，因为东部地区的代际传递性也非常高，很难相信，随着经济发展这种代际传递性就会大幅度减弱或者消失。

除此之外，以下两个方面也可以说明我们的回归结果是稳健的：（1）我们对1991—2011 年的长期数据进行了分析，数据的时间跨度和个体数量较为充分，并不是一个特殊结果。（2）我们从分年度、分部门类型、分职业性质、分地区等多个角度对于父母与子女的职业代际传递性进行了实证分析，均得到了相似的结果，并没有出现特例，结果应该是可靠的。

4.4　对体制内就业代际传递性的进一步思考

利用 1991—2011 年 CHNS 数据，我们研究了中国体制内单位就业的代际传递性，着重分析了是否存在代际传递及传递特征，主要有如下四个发现。

第一，中国体制内单位就业存在明显的代际传递。不管从不同年份还是不同部门来看，体制内单位的就业都存在严重的代际传递。虽然近年来代际传递的程度有所降低，但依然在高位徘徊。特别是国有企业内一直存在较高的代际传递。这很可能代表了中国当前存在着较为严重的阶层固化，需要引起注意。

第二，中国体制内单位的代际传递性是部门内的代际传递。通过数据分析，我们发现体制内单位的代际传递基本是部门内的代际传递，也就是公务员更多在政府部门内传递，国企员工更多在国企内传递①。如果体制内单位就业所需的人力资本是相似的，那么就算体制内单位职工的子女依靠人力资本进入体制内单位，那么也应该体现出部门间的传递，但分析结果表明这种职业代际传递行为仅是在部门内部传递。这就很可能预示了体制内单位的职业代际传递依靠的是父辈的社会资本而不是子女自身的人力资本。这明显破坏了社会的公平性。

① 政府部门是一个更为特殊的部门，政府部门的子女可以更容易进入其他公共部门，但其他公共部门却只能在部门内部代际传递。这可能说明政府部门是当前最具社会资本的公共部门，可以安排子女进入其他公共部门。

第三，对于体制内单位的普通职工来说，虽然其子女进入体制内单位就业的可能性高于体制外职工的子女，但并不能保证子女日后获得更快晋升的机会。也就是说，父母的体制内身份对于普通职工子女而言主要是起到“敲门砖”的作用，日后的职业发展主要依靠自身努力。

第四，领导干部的子女更有优势进入体制内单位就业，并且获得晋升的机会显著高于普通家庭的子女。领导干部和高级专业人才掌握了较多社会资源和决策权，其子女不仅进入政府机关及国有企事业单位等体制内单位的机会更高，而且有更大可能性在日后获得内部晋升或评高级职称，这对非体制内单位普通职工的子女的就业和职业发展而言，造成了双重的不公平。

值得说明的是，我们并没有探讨体制内单位就业代际传递性的具体机制，这也就没法明确回答这种代际传递的属性是否依赖父母的社会资本。但我们认为这种体制内单位的高代际传递性，其存在就是一个非常严重的问题，既不公平也没有效率可言。一方面，无论机制如何，高的代际传递都预示着高的阶层固化。就算是这一代际传递来源于人力资本投资，也很可能存在人力资本投资的不公平。过程的公平，无法掩盖不公正的结果。另一方面，当前中国体制内单位的运行效率，包括政府和国有企业，都受到了诸多诟病，现有的职业代际传递既未体现出公平也未体现出效率。当我们发现更多的寒门学子被挡在公共部门就业之外时，当极少数平民子女进入体制内单位而缺少晋升机会时，社会必将丢失公平也错失效率。

现有的体制内单位就业招聘机制需要改革。体制内单位的就业都存在较高代际传递性，但政府部门的代际传递性相对最低，这与现有的公务员考试制度可能有着较高的相关性。虽然考试选拔可能不是最好的方式，也存在诸多问题，但起码这是一个公开、公平的选拔方式。因此，可以继续深化公务员考试制度改革，公平地让适合体制内单位就业的个体进入体制内单位。提及事业单位和国有企业职员的选拔，目前很多单位和企业还没有考试机制，或者有形式上的考试，并非真正的公平选拔，导致实际上的子弟优先。在当前代际传递比较严重的情况下，实施公开、公平的考试制度是一个次优的选择。当然，想要尽可能控制体制内单位就业不公平的代际传递，消除招聘和晋升过程中的不公平痼疾，还需进一步研究中国体制内单位就业代际传递的内在机制，这也是我们下一步的研究内容之一。

第5章　行业垄断与企业劳动报酬差距

自1988年以来，我国行业收入差距呈逐年上升的趋势，到2012年行业基尼系数和泰尔指数分别达到了0.257和0.038，我国已经成为国际上行业收入差距较大的国家之一（陈宗胜 等，2010；张帆，2013；王敬勇，2013）。不断扩大的行业收入差距引发了社会广泛关注，尤其是垄断行业的高收入问题更是遭到各界的诟病。近年来，“天价抄表工”“烟草公司高管住房公积金畸高”“大庆千人抗议不包分配”等一系列事件均引发了轩然大波，垄断行业的不合理收入问题已经严重影响到了收入分配的公正性。任重和周云波（2009）的测算结果更是表明，垄断是导致我国行业收入差距最重要的原因，对行业收入差距的贡献率已经超过了60%。因此，研究行业垄断和企业劳动报酬差距之间关系、提出缩小行业收入差距的政策建议，对促进社会公平、形成合理有序的收入分配格局均具有重要意义。

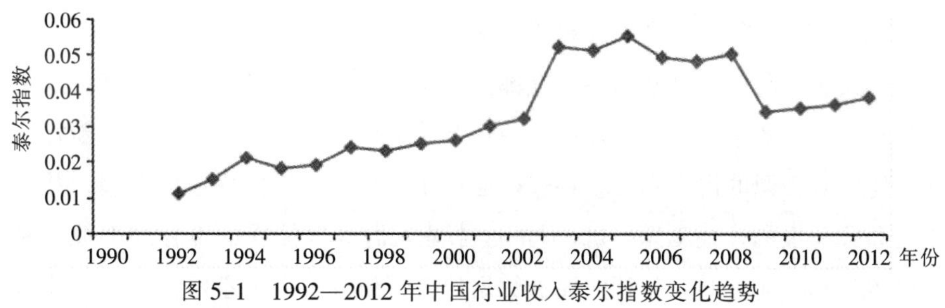

图5-1　1992—2012年中国行业收入泰尔指数变化趋势

注：1992—2010年数据来源于王敬勇（2013），2011—2012年数据为作者根据相同方法测算的结果。

目前，关于垄断行业高收入问题的研究已经涌现了不少文献。总体来看，这些文献主要围绕以下三个方面：

（1）关于垄断行业的界定问题。何谓垄断行业？目前并没有一个明确的定义。一般来讲，垄断是相对于完全竞争而言的，是指某个行业由一个或者少数几个企业操纵的市场状态。企业合谋、规模经济和行政管制均能够形成垄断，但就我国而言，其主要形式是行政垄断（岳希明 等，2010）。确定垄断行业的方法大致有两种：一种是通过主观划分，如 Démurger 等（2009）将电力、金融、房地产等行业划为垄断行业，傅娟（2008）把煤气及水的生产和供应、交通运输等归为垄断行业；另一种则是通过对一些客观指标的计算来划分，这些指标包括勒那指数、HHI、行业集中率等，如刘凤伟等（2007）和刘渝琳等（2012）采用毛利率均值和标准差来区分垄断和竞争行业。这两种划分方法各有优劣，均具有可取之处，都是研究者普遍采纳的方法。但是，就研究结果来看，两者之间的差异并不大。

（2）关于垄断行业与非垄断行业之间的收入差距问题。垄断行业的企业劳动报酬要显著地高于非垄断行业，这一点已经基本取得共识。但是，垄断行业和非垄断行业之间的差距到底有多大？惠宁和郭淑娟（2012）通过实证研究发现，垄断行业要比非垄断行业的平均收入水平高出相当于全社会各行业平均收入水平的60％～70％。余东华等（2013）则指出，以电力、电信、烟草、金融等行业为代表的垄断行业要比其他行业的平均工资高出 2～5 倍，如果将行业的隐性收入和福利因素考虑进来，这一差距可能达到 5～10 倍。岳希明等（2010）利用 2005 年全国 1％人口抽样调查数据发现，垄断行业月工资和小时工资分别是竞争行业的 1.45 倍和 1.65 倍，二者之间差距明显。

（3）关于垄断行业高收入不合理部分的研究。如果说垄断行业的高收入是由于其具有更高的效率带来的，那么这一现象无可厚非。关键是现有的垄断行业很多都是凭借对资源的占有和行政特权，通过非市场化手段攫取超额利润，并将之转化为高劳动报酬（金玉国，2005），这才是人们难以接受的不合理部分。武鹏（2011）基于 2003—2008 年行业面板数据的实证研究发现，垄断行业要比非垄断行业的平均劳动报酬高出 12445 元，相当于社会平均工资的 70％，其中，不合理的部分相当于平均收入水平的 25％。王天夫等（2010）的研究表明，行业间的收入差距占到了整体个人收入差距的13%以上，进入垄断行业能够很大程度上保证拥有更高的收入。这一结论与罗楚亮和李实（2007）的结论一致，即行业垄断比盈利能力有着更为重要的影响。岳希明 等（2010）则更鲜明地指出，垄断行业与竞争行业之间的收入差距50%以上是不合理的，并且，如果将福利部分考虑进来，这一比重将会更高。

以上文献为我们的研究提供了很好的借鉴，但是还存在以下三点不足：一是大部分研究均是基于宏观经济数据的分析，来自企业微观层面的证据偏少；二是大部分研究要么只基于企业劳动报酬进行研究，要么仅基于企业工资进行研究，极少将企业福利因素单独进行考察，而将三者同时进行考察的文献则少之又少；三是关于垄断行业和非垄断行业之间的劳动报酬差距，以及其中不合理部分的研究结果目前还存在较大差异，显然还需要做更进一步分析。鉴于此，我们试图弥补以上文献的不足：第一，我们将利用大型中国企业层面微观数据——“中国工业企业数据库”对行业垄断和企业劳动报酬差距之间的关系进行实证分析，为这一领域提供微观层面的证据；第二，我们的分析将不仅仅限于企业劳动报酬总额，还将对企业工资、企业福利进行考察，这样做更有利于考察深层次的原因；第三，我们将通过严格的统计和实证分析方法，回答“行业垄断导致的企业劳动报酬差距究竟有多大”这一基本问题，并在此基础上运用Oaxaca-Blinder分解方法测算其中不合理部分的比例。

5.1　行业垄断影响企业劳动报酬差距的理论分析

现实中，不同企业之间劳动报酬存在较大差距是不争的事实，那么，影响企业劳动报酬差距的因素有哪些？我们着重考察行业垄断和企业劳动报酬差距之间的关系，毫无疑问，行业垄断是其中的一个重要的因素。行业垄断给企业创造了一个非完全竞争的环境，企业可以凭借垄断轻易地获取到超额的经济利润，再通过一定的方式将之转化为企业的高劳动报酬。租金分享理论指出，当垄断企业依靠垄断攫取到超额经济租时，企业内部参与产品生产和经营的员工和管理者都会有强烈地动机要求分享这部分租金，并且往往能够成功地达成这一目的（Neven et al.，1996；Akerlof，1982）。然而，究竟是什么原因促使这一分享得以实现？Hicks（1935）认为，在缺乏竞争的前提下，企业经营者部分放弃利润最大化、转而追求多重目标可能会获得更大的效用。在我国，垄断行业大多由国有及国有控股企业组成，其管理层大都由行政任命确定，并且，由于缺乏竞争而导致预算约束弱化，从而导致管理层的经营目标也相应多元化。具体而言，我国国有垄断企业管理层的目标包括：利润最大化、维护其领导权威、满足上级偏好的晋升目标和为自己谋求额外收入的消费目标（惠宁 等，2012）。正是在这些目标的激励之下，管理层乐于而且有能力运用自身的权力来共同分享这部分租金①。然而，这种预算约束弱化而引致的高劳动报酬并非与企业高效率相挂钩，其高劳动报酬主要来源于政府保护下的垄断，而不是市场竞争的结果（傅娟，2008），凭借垄断优势，垄断企业内部的管理者和员工只要付出一般的努力程度，就可以获取比非垄断企业更高的收益，这既有违公平原则，又与效率原则相背离，是完全不合理的收入部分（武鹏，2010）。

然而，效率工资理论指出，在遵循利润最大化的前提下，一定程度上的高劳动报酬支付最终将有利于企业业绩的提升（Solow，1979）。一方面，企业的生产效率取决于员工的努力程度，而员工的努力程度又取决于其所能获得的报酬，通过高劳动报酬给付激励最终将有利于企业获取更高的利润。Krueger 和 Summers（1988）研究发现，高劳动报酬往往出现在高利润行业，因此，企业利润和企业劳动报酬息息相关。另一方面，企业规模越大，其代理链条就越长，用于目标激励的报酬给付也相应越多（Brown et al.，1989）。这也就是说，企业规模也是影响企业劳动报酬差距的重要因素。

当然，除行业垄断、企业利润、企业规模之外，不少学者发现一些其他因素也对企业劳动报酬有一定的影响。新古典经济学理论认为，资本产出比与企业劳动报酬之间存在着密切的关系（Bentolina et al.，2003；白重恩 等，2009）。罗长远（2008）和 Jayadev（2007）则指出，经济全球化对企业劳动报酬有着重要影响，因此，企业外向度也是影响企业劳动报酬的重要因素。武鹏（2010）和惠宁 等（2012）的研究表明，资产负债率和产品销售率对企业劳动报酬差距也存在着显著影响。另外，根据企业成长理论，随着企业的成长，由企业内部员工控制的隐性知识将逐渐成为企业竞争优势的主要来源，其内部分配也将逐步向劳动

① 管理层权力理论认为，管理层有能力运用权力进行寻租，影响甚至操纵企业内部薪酬的制定。

者倾斜（Barney，1986），即随着企业年龄的增长，企业劳动报酬水平将提高。值得注意的是，根据张原等（2008）和叶林祥等（2011）的研究，企业所有制和地区因素也是影响企业劳动报酬差距的重要因素。

5.2　行业垄断影响企业劳动报酬差距的模型构建

为了考察行业垄断对企业劳动报酬差距的影响，我们在以上理论分析的基础之上，并充分借鉴既有文献（岳希明 等，2010；武鹏，2011；惠宁 等，2012），设定如下计量回归模型：

$$\begin{aligned} Pay = {} & \beta_0 + \beta_1 mono + \beta_2 profit + \beta_3 lnsize + \beta_4 lnkty + \beta_5 export + \\ & \beta_6 liability + \beta_7 lnsale + \beta_8 age + \gamma \sum Owned + \\ & \lambda \sum District + \varphi \sum Year + \varepsilon \end{aligned} \tag{5-1}$$

$$\begin{aligned} lnPay = {} & \beta_0 + \beta_1 mono + \beta_2 profit + \beta_3 lnsize + \beta_4 lnkty + \beta_5 export + \\ & \beta_6 liability + \beta_7 lnsale + \beta_8 age + \gamma \sum Owned + \\ & \lambda \sum District + \varphi \sum Year + \varepsilon \end{aligned} \tag{5-2}$$

第一个模型主要是为了回答“行业垄断导致的企业劳动报酬差距究竟有多大”，第二个模型则主要是为了进行 Oaxaca-Blinder 分解而设立的。其中，Pay 和 lnPay 为被解释变量，分别代表人均劳动报酬（labor）、人均工资（wage）和人均福利费（welfare）及其对数形式。人均劳动报酬为年应付工资、年应付福利费、劳动失业保险费、养老医疗保险费和住房公积金之和与年平均就业人数之比；人均工资为年应付工资与年平均就业人数之比；人均福利费为年应付福利费、劳动失业保险费、养老医疗保险费和住房公积金之和与年平均就业人数之比。值得注意的是，自 2007 年开始，财政部要求所有的上市公司要执行新的会计准则，即可以不设置应付福利费科目了，统一到应付职工薪酬科目核算，这就导致了部分企业在 2007 年年应付福利费为 0 或缺失，可能会造成我们对福利部分的低估①。但是，尽管这样，我们对福利部分的研究还是相当有意义的。

① 另外，由于数据限制，我们也无法获取企业发放给职工的隐性收入，如各种补贴、实物收入、在职消费等。

mono为垄断虚拟变量，如果一个企业属于垄断行业则赋值为1，否则赋值为0。关于垄断行业的确定，我们借鉴武鹏（2011）和岳希明等（2010）的研究，将煤炭开采和洗选业、石油和天然气开采业、烟草制品业、石油加工、炼焦及核燃料加工业、电力、热力的生产和供应业、燃气生产和供应业、水的生产和供应业划归为垄断行业[①]。

profit为人均利润，以企业年度利润总额与年平均就业人数之比来表示。lnsize为企业规模的对数，用资产总额代表企业规模。lnkty为资本产出比的对数，用企业资产与工业增加值之比来表示。export代表外向度对企业劳动报酬的影响，如果出口交货值大于零则赋值为1，否则赋值为0。lnsale为产品销售率的对数，以企业销售产值与工业总产值之比表示。age为企业年龄，具体计算方法为“企业调查年份－开业年份＋1”。Owned为代表所有权性质的一组向量，具体地，我们将这些企业分为国有企业、集体企业、法人企业、民营企业、港澳台企业和外资企业。District为代表区域的一组虚拟变量，按照企业所在省份分为东部地区、中部地区和西部地区。Year为代表年份的一组哑变量。

5.3 行业垄断对企业劳动报酬差距影响的实证检验

5.3.1 数据说明

我们所使用的数据来源于中国工业企业数据库，该数据库是基于国家统计局进行的“规模以上工业统计报表统计”取得的资料整理而成，涵盖了全部国有和规模以上（年主营业务收入≥500万元）非国有工业法人企业。2005—2007年[②]，中国工业企业数据库分别包含了271789、301902和336696个企业样本，三年共计910387个初始样本，每个企业样本提供的变量超过了100个，目前该数据库是国内最为全面和权威的企业层面数据，极具代表性。我们主要基于以下原则对初始样本进行了处理：（1）删除主要变量存在缺失值的样本。（2）剔除错

① 由于中国工业企业数据库的行业代码仅包括06—46部分，故没有将铁路运输业、航空运输业、管道运输业、邮政业、电信和其他信息传输服务业、银行业、证券业、保险业纳入分析。

② 之所以选择2005—2007年的数据，主要是因为这一期间数据的变量较为齐全，2008年和2009年的数据部分变量缺失，故没有将后面的数据纳入进来。具体参见有关中国工业企业数据库的介绍。

误记录和逻辑关系明显不符的样本。(3) 剔除营业状态为非正常营业的样本。(4) 剔除了兼并重组和业绩较差的样本，并剔除了资产负债率小于 0 或者大于 1 的样本。(5) 剔除年平均就业人数少于 8 人的企业。(6) 为了防止关键变量受异常值的影响，我们在关键变量 1%和 99%百分位处进行了 Winsorize 处理。基于以上原则处理之后，我们最终获得了 828215 个样本观测值。样本分布情况如表 5-1 所示。

表 5-1　样本分布情况（样本总量：828215 个）

		观测样本数	占比(%)	39 个行业样本分布情况								
				行业代码	观测样本	占比(%)	行业代码	观测样本	占比(%)	行业代码	观测样本	占比(%)
所有制性质	国有	36245	4.38	06	17110	2.07	21	9954	1.20	35	64787	7.82
	集体	42175	5.09	07	501	0.06	22	21531	2.60	36	31826	3.84
	法人	212644	25.67	08	6689	0.81	23	13642	1.65	37	34698	4.19
	民营	404866	48.88	09	4689	0.57	24	10509	1.27	39	48117	5.81
	港澳台	63461	7.66	10	7148	0.86	25	5527	0.67	40	27550	3.33
	外资	68824	8.31	11	47	0.01	26	56604	6.83	41	11346	1.37
垄断	垄断	45182	5.46	13	42889	5.18	27	14380	1.74	42	16173	1.95
	非垄断	783033	94.54	14	16158	1.95	28	3947	0.48	43	1463	0.18
地区	东部	619586	74.81	15	10239	1.24	29	9277	1.12	44	14383	1.74
	中部	122418	14.78	16	428	0.05	30	38265	4.62	45	1373	0.17
	西部	86211	10.41	17	70093	8.46	31	58496	7.06	46	6045	0.73
规模	大型	11031	1.33	18	37061	4.47	32	18160	2.19	/	/	/
	中型	123196	14.87	19	19124	2.31	33	15585	1.88	/	/	/
	小型	693988	83.79	20	18200	2.20	34	44201	5.34	/	/	/
合计		828215	100	/	/	/	/	/	/	/	/	/

注：所有权性质的划分根据企业资本金中占比最大的资本类型确定；垄断和非垄断行业的划分根据前文对变量指标选取确定；地区根据企业所在省份确定；规模大小根据相关规定标准确定；行业为根据《国民经济行业分类》(GB/T4754—2002) 标准确定。

5.3.2　主要变量的描述性统计

表 5-2 为主要变量的描述性统计，第一部分为基本变量的描述性统计，第

二部分为企业劳动报酬按照企业性质分组均值的差异检验和单因素方差分析。从垄断行业和非垄断行业之间的比较来看，处于垄断行业的企业平均劳动报酬、平均工资和平均福利均要高于非垄断行业，并且在统计上非常显著。这说明，位于垄断行业的企业确实获得了更高的劳动报酬。从地区性质分组来看，位于不同区域的企业平均劳动报酬、平均工资和平均福利也存在显著差距，以劳动报酬为例，东部地区最高，西部地区次之，而中部地区最低。从不同所有制企业来看，外资企业和国有企业的平均劳动报酬最高，港澳台企业次之，而民营企业最低，并且在统计上非常显著，这说明所有制对企业劳动报酬差距的影响不容忽视。

表 5-2　主要变量的描述性统计

Part A：基本变量描述

	Name	Variable	Observations	Mean	Std. Dev.	Min	Max
被解释变量	人均劳动报酬对数	lnlabor	828215	2.837	0.606	−5.298	10.502
	人均工资对数	lnwage	828215	2.648	0.561	−5.298	10.182
	人均福利对数	lnwelfare	828215	0.902	1.128	−8.267	9.207
解释变量	垄断哑变量（垄断行业＝1）	mono	828215	0.055	0.227	0	1
控制变量	人均利润	profit	828215	26.311	663.083	−3684.75	331068.9
	企业规模对数	lnsize	828215	9.799	1.429	2.485	20.151
	资本产出比对数	lnkty	828215	0.892	1.063	−13.947	13.048
	外向度	export	828215	0.253	0.435	0	1
	资产负债率	liability	828215	0.537	0.259	0	1
	产品销售率对数	lnsale	828215	−0.028	0.122	−8.216	3.235
	企业年龄	age	828215	9.325	9.276	1	408

Part B：企业劳动报酬按照企业性质分组均值的差异检验和单因素方差分析

变量	按垄断性质分组检验			按地区性质分组检验			
	Non-monopoly	Monopoly	组间差异 t 值	East	Middle	West	组间差异 F 值
labor	20.655	32.529	−49.725***	21.996	18.031	20.966	331.34***
wage	16.616	23.966	−43.632***	17.654	14.378	16.192	478.99***
welfare	4.038	8.564	−44.997***	4.342	3.653	4.774	82.65***

续表

变量	按所有权性质分组检验						
	Owned _ sta	Owned _ col	Owned _ leg	Owned _ pri	Owned _ hmt	Owned _ for	组间差异 F 值
labor	29.572	20.173	21.529	18.367	23.090	32.559	1233.30***
wage	20.985	15.704	16.978	14.935	19.494	25.812	1346.20***
welfare	8.587	4.469	4.550	3.431	3.596	6.747	662.81***

注：*** 表示在 1%的水平上显著。

5.3.3 实证结果及分析

表 5-3 为行业垄断对企业劳动报酬差距影响的回归结果。总体来看，各模型的联合显著性均很高，这说明我们设定的计量模型具有较强的解释力。在估计结果（1）中，我们没有考虑企业利润、规模等特征的影响，位于垄断行业的企业平均劳动报酬要比位于非垄断行业的企业高出 12670 元之多①，并且这一结果非常显著。这说明，位于垄断行业的企业确实获得了更高的劳动报酬，这一水平相当于全部工业企业平均水平的 60%。在估计结果（2）中，我们控制了企业人均利润和企业规模，这时由行业垄断造成的企业劳动报酬差距迅速下降为 8004 元，并且在 1%的显著性水平下高度显著。这也印证了效率工资理论下的激励亦是解释不同企业之间劳动报酬差距的重要原因。在估计结果（3）中，我们进一步将其他相关因素考虑进来，发现垄断变量的系数进一步下降为 7827 元。具体来看，由于行业垄断所导致的企业劳动报酬差距大约相当于工业行业平均水平的 36.74%。由此可见，行业垄断确实是导致企业劳动报酬差距的重要原因。

下面，我们单独考察行业垄断对企业工资差距的影响。如估计结果（4）所示，不考虑企业利润、规模等因素时，位于垄断行业的企业平均工资要比位于非垄断行业的企业高出 8754 元，这一结果在 1%的水平上显著。在估计结果（5）中，我们将与效率工资理论相关的两个因素也考虑进来，和对平均劳动报酬的回归结果一样，垄断变量的系数大幅下降至 5502 元。这意味着，垄断行业和非垄断行业之间的工资差距中大约有 37%可以由效率工资理论所解释，充分表明，

① 工业企业数据库的财务数据单位为千元。

在工资决定方面效率工资理论的确具有较强的解释力。值得注意的是，当我们进一步将其他因素考虑进来之后，垄断系数的变化并不大，如估计结果（6）所示。尽管如此，行业垄断导致的企业工资差距依然达到了 5465 元，相当于工业行业平均水平的 25.65%，这一影响不容忽视。

为了进一步考察行业垄断对企业福利差距的影响，我们依照相同的方法和步骤对劳动报酬中的福利部分进行了回归。需要指出的是，正如我们前面在变量说明中所提到的，由于部分企业应付福利费科目并入到了应付职工薪酬科目，很可能导致我们对福利部分的低估。但是，从回归结果来看，垄断行业和非垄断行业之间的人均企业福利差距依然达到了 3914 元。这表明，垄断行业不仅获得了更高的工资收入，也获得了更高的福利收入。有意思的是，当我们将企业利润、规模因素考虑进来之后，垄断系数仅下降了 1412 元，远远小于其对工资差距的影响。这说明，相对于工资决定来说，效率方面的因素对企业福利差距的解释程度相对较小。当把其他因素均考虑进来之后，由行业垄断导致的企业福利报酬差距也达到了 2361 元，相当于工业行业平均水平的 11.08%。这表明，垄断企业高福利问题进一步拉大了企业之间的劳动报酬差距。

表 5-3　行业垄断对企业劳动报酬差距的影响

变量	(1) labor	(2) labor	(3) labor	(4) wage	(5) wage	(6) wage	(7) welfare	(8) welfare	(9) welfare
mono	12.670*** (49.38)	8.004*** (35.38)	7.827*** (34.48)	8.754*** (48.44)	5.502*** (34.93)	5.465*** (34.57)	3.914*** (36.11)	2.502*** (24.10)	2.361*** (22.66)
profit		0.035*** (491.53)	0.035*** (490.30)		0.026*** (517.53)	0.026*** (516.31)		0.009*** (285.70)	0.009*** (284.82)
lnsize		2.852*** (82.27)	3.329*** (85.71)		1.868*** (77.38)	2.185*** (80.76)		0.984*** (61.85)	1.145*** (64.20)
lnkty			−1.703*** (−34.13)			−1.076*** (−30.96)			−0.627*** (−27.37)
export			−0.483*** (−3.95)			−0.063 (−0.74)			−0.420*** (−7.49)
liability			0.039 (0.21)			0.445*** (3.43)			−0.406*** (−4.74)
lnsale			3.068*** (7.89)			2.139*** (7.90)			0.929*** (5.21)

续表

变量	(1) labor	(2) labor	(3) labor	(4) wage	(5) wage	(6) wage	(7) welfare	(8) welfare	(9) welfare
age			0.058*** (10.31)			0.010*** (2.59)			0.048*** (18.54)
所有制	YES	YES	YES	YES	YES	YES	YES	YES	YES
地区	YES	YES	YES	YES	YES	YES	YES	YES	YES
年份	YES	YES	YES	YES	YES	YES	YES	YES	YES
常数项	13.53*** (67.51)	−13.87*** (−36.94)	−17.26*** (−43.15)	10.950*** (77.57)	−7.001*** (−26.77)	−9.315*** (−33.43)	2.577*** (30.44)	−6.871*** (−39.86)	−7.948*** (−43.28)
R-squared	0.013	0.243	0.244	0.015	0.262	0.263	0.006	0.100	0.102
F 值	1078.63	22147.20	15735.81	1223.72	24459.64	17345.64	498.36	7701.57	5513.82
Observations	828215	828215	828215	828215	828215	828215	828215	828215	828215

注：***、**、* 分别代表在 1%、5%和 10%的水平上显著，回归系数括号内为相应的 t 值。企业所有权性质以民营企业为基准，地区虚拟变量以西部地区为基准，年份哑变量以 2005 年为基准。

5.4　行业垄断影响企业劳动报酬差距的 OB 分解分析

5.4.1　Oaxaca-Blinder 分解原理及步骤

垄断行业和非垄断行业之间的企业劳动报酬存在巨大差距，这一点已经通过实证检验。但是，这一差距在多大程度上是合理的？因为只有垄断行业高收入中不合理的部分才是人们非议的重点，也是必须加以规范的部分。因此，我们利用 Oaxaca-Blinder 分解方法①，将垄断行业平均劳动报酬和非垄断行业平均劳动报酬之差分解为合理部分和不合理部分，并计算各自的比重。该方法的计算具体分为两个步骤：第一步是分别估计垄断行业和非垄断行业的企业劳动报酬决定方程：

$$\ln Pay_m = \alpha_m + \beta_m X_m + \varepsilon_m \tag{5-3}$$

① Oaxaca（1973）和 Blinder（1973）指出，不同群组之间均值差异可以分解为由个体特征差异造成的可解释部分和由特征回报差异所带来的不可解释部分，并把不可解释的这一部分归因于歧视性因素对差异的贡献，即不合理部分。

$$\ln Pay_c = \alpha_c + \beta_c X_c + \varepsilon_c \tag{5-4}$$

其中，下标 m 和 c 分别表示垄断行业和非垄断行业；lnPay 代表企业平均劳动报酬、平均工资和平均福利的对数；X 为解释变量矩阵，由代表企业特征（人均利润、规模等）的变量构成。其具体方程式可以参见模型（5-2）。对模型（3）和（4）的估计可以得到估计系数 $\hat{a}_m$、$\hat{a}_c$、$\hat{\beta}_m$、$\hat{\beta}_c$。完成第一步之后，第二步即为对垄断行业企业平均劳动报酬和非垄断行业企业平均劳动报酬之差（$\overline{\ln Pay_m} - \overline{\ln Pay_c}$）进行分解，结果如下：

$$\begin{aligned}\overline{\ln Pay_m} - \overline{\ln Pay_c} &= (\hat{a}_m - \hat{a}_c) + (\hat{\beta}_m \overline{X_m} - \hat{\beta}_c \overline{X_c}) \\ &= (\hat{a}_m - \hat{a}_c) + \hat{\beta}_m (\overline{X_m} - \overline{X_c}) + (\hat{\beta}_m - \hat{\beta}_c) \overline{X_c}\end{aligned} \tag{5-5}$$

“—”表示均值，右边第一项表示回归方程常数项对劳动报酬差距的贡献，第二项是企业特征属性差异对劳动报酬差距的贡献，第三项为企业特征属性回报率差异对劳动报酬差距的贡献。其中，第二项代表劳动报酬差距中能够由企业特征属性差异说明的部分，通常被认为是合理的部分。其他两项则表示为由企业特征属性之外的其他因素所导致的，是由歧视造成的，因此被认为是不合理的部分。以上的分解被称为标准分解（Standard Decomposition）。当进行如下分解时，被称为逆向分解（Reverse Decomposition）：

$$\begin{aligned}\overline{\ln Pay_m} - \overline{\ln Pay_c} &= (\hat{a}_m - \hat{a}_c) + (\hat{\beta}_m \overline{X_m} - \hat{\beta}_c \overline{X_c}) \\ &= (\hat{a}_m - \hat{a}_c) + \hat{\beta}_c (\overline{X_m} - \overline{X_c}) + (\hat{\beta}_m - \hat{\beta}_c) \overline{X_m}\end{aligned} \tag{5-6}$$

由于使用了不同的回报率和企业特征属性均值，标准分解和逆向分解的结果通常存在一定的差异，有时差异还很大，这通常被称为指数问题。但是，究竟哪种分解结果更为准确？这取决于哪一组的回报率更加接近竞争性的劳动力市场回报率（岳希明 等，2010）。就我们而言，非垄断行业企业的回报率可能要更加接近于竞争性的劳动力市场，利用非垄断行业回报率进行逆向分解的结果可能更加理想。因此，我们对 Oaxaca-Blinder 的分解结果将主要基于逆向分解结果进行分析。尽管如此，多数文献在进行分解时均报告了两种分解结果，我们也遵循此惯例。

5.4.2 Oaxaca-Blinder 分解结果及分析

基于以上步骤，我们首先分别对垄断行业企业和非垄断行业企业的劳动报酬方程进行了回归[①]，然后，根据式（5-5）和式（5-6）对整个样本进行正向分解和逆向分解，分解结果如表 5-4 所示。总体来看，垄断行业和非垄断行业之间的企业劳动报酬差距中不合理的部分达到了 27.00%，工资差距中不合理的部分为 23.07%，而福利差距中不合理的部分最高，达到了 40.41%。正向分解的结果中这一数值更大，分别为 46.91%、41.25%和 56.42%。但无论如何，福利差距中不合理部分的比例最高，这也和我们现实生活中的感受相一致，即垄断行业的高福利中有很大一部分是不合理的。这表明，要抑制过大的行业收入差距，必须高度重视垄断行业中企业高福利问题。

由于在前面的回归分析中我们发现企业所有制和区域因素对劳动报酬差距有着重要影响，我们进一步按所有权性质和区域分组进行了分解。从按所有权性质分组分解结果来看，无论是劳动报酬差距、工资差距还是福利差距，国有企业之间的不合理部分比重均要高于非国有企业。单就国有企业而言，位于垄断行业的国有企业和位于非垄断行业的国有企业之间的劳动报酬差距中不合理部分达到了 59.63%，工资差距中不合理部分达到了 44.36%，福利差距中不合理部分的比重达到了 66.26%，均比总体样本中不合理部分要高出 20～30 个百分点。这表明，即使同为国有企业，处于垄断行业的国有企业平均劳动报酬还是要比处于非垄断行业的国有企业不合理地高出 60%左右。这进一步印证了叶林祥等（2011）的结论，即只有行业垄断和国有企业相结合才会导致日益扩大的劳动报酬差距。这也意味着，要解决垄断行业高收入问题，必须高度重视垄断行业中的国有企业劳动报酬决定行为。单就非国有企业而言，其劳动报酬差距中不合理部分的比例仅为 16.63%，工资差距部分更低，仅为 14.40%，只有福利差距部分依然达到了 27.34%。这表明，非国有企业之间工资差距更多地体现了效率水平，行业垄断仅仅能够带来更高的福利水平。

从按照地区分组分解的结果来看，垄断行业和非垄断行业之间企业劳动报酬差距、工资差距、福利差距中不合理部分的比重均呈现出“西部 > 中部 > 东部”的态势。这说明垄断行业高福利带有明显的地域特征，东部的竞争程度要明显高于中西部的竞争程度，其高劳动报酬一定程度上体现了企业效率和市场竞争的结

① 限于篇幅，各自的劳动报酬方程回归结果没有报告，如果有需要可以向作者索取，下同。

果，而中西部地区企业劳动报酬差距则更多的是由于不合理部分造成的。

表 5-4　垄断行业和非垄断行业企业劳动报酬差距的分解结果　（单位：%）

			劳动报酬		工资		福利	
			标准分解	逆向分解	标准分解	逆向分解	标准分解	逆向分解
总体		合理部分	53.09	73.00	58.75	76.93	43.58	59.59
		不合理部分	46.91	27.00	41.25	23.07	56.42	40.41
		合计	100	100	100	100	100	100
按所有权性质分组分解	国有企业	合理部分	35.46	40.37	41.43	55.64	31.59	33.74
		不合理部分	64.54	59.63	58.57	44.36	68.41	66.26
		合计	100	100	100	100	100	100
	非国有企业	合理部分	65.25	83.37	69.78	85.60	77.60	72.66
		不合理部分	34.75	16.63	30.22	14.40	22.40	27.34
		合计	100	100	100	100	100	100
按地区分组分解	东部地区	合理部分	75.14	65.24	79.87	80.91	68.65	60.48
		不合理部分	24.86	34.76	20.13	19.09	31.35	39.52
		合计	100	100	100	100	100	100
	中部地区	合理部分	45.76	37.77	41.64	46.53	31.68	23.91
		不合理部分	54.24	67.23	58.36	53.47	68.32	76.09
		合计	100	100	100	100	100	100
	西部地区	合理部分	28.90	23.02	22.61	34.14	15.27	21.83
		不合理部分	71.10	76.98	77.39	65.86	84.73	78.17
		合计	100	100	100	100	100	100

5.5　对行业垄断影响企业劳动报酬差距的进一步思考

我们基于中国工业企业数据库研究了行业垄断和企业劳动报酬差距之间的关系，重点回答了“行业垄断导致的劳动报酬差距究竟有多大”和“垄断行业和非垄断行业之间企业劳动报酬差距中不合理部分是多少”两个基本问题。就第一个问题而言，我们通过实证研究发现：（1）垄断行业企业不仅获得了高工资收入，而且获得了高福利。垄断行业和非垄断行业企业劳动报酬差距达到 12670 元，这一水平相当于全部工业企业平均水平的 60%，其中，工资差距和福利差距也分别达到了 8754 元和 3914 元。(2) 当考虑企业利润、规模等因素之后，行业垄断导致的企业劳动报酬差距、工资差距和福利差距分别达到了 7827 元、5465 元和 2361 元，分别相当于工业行业平均水平的 36.74%、25.65%和 11.08%。(3) 效率工资理论在除行业垄断外的劳动报酬差距部分具有较强的解释力。就第二个问题而言，我们通过 Oaxaca-Blinder 分解发现：第一，垄断行业和非垄断行业之间企业福利差距中的不合理部分比重最高，达到了 40.41%，劳动报酬差距和工资差距中不合理部分的比例也分别达到了 27.00%和 23.09%。第二，按所有权性质分组分解的结果显示，国有企业之间的劳动报酬差距、工资差距和福利差距中不合理部分的比重分别为 59.63%、44.36%和 66.26%，垄断行业内的国有企业高劳动报酬是导致日益扩大的劳动报酬差距的重要原因。非国有企业之间的工资差距更多地体现了效率因素，行业垄断仅能带来较高的福利水平。第三，按地区分组分解的结果表明，垄断行业和非垄断行业之间的企业劳动报酬差距、工资差距、福利差距中不合理部分的比重均呈现出“西部 > 中部 > 东部”的态势。

基于以上研究结论，我们认为需要进一步思考的问题包括：

第一，如何严格执行《中华人民共和国反垄断法》，给市场创造公平竞争的良好环境。严格禁止企业通过垄断协议、滥用市场支配地位、滥用行政权力排除和限制竞争等行为来获取不正当的收益，维护市场的公正性。由于企业通过非市场手段攫取的高额“经济租”，并将之转化为高劳动报酬是完全不合理的部分，也是人们非议最多的部分，必须严格加以规范。

第二，如何更好地打破劳动力市场上的就业壁垒，促进劳动力在各行业之间自由流动。尽管垄断行业能够获得较高的劳动报酬，但是如果能够通过劳动力市场上的公平竞争进入或退出这些行业，那么垄断行业高收入中不合理的部分将会大大降低。然而，目前在国有垄断行业存在或明或暗的就业壁垒，就业寻租现象较为普遍，导致部分岗位并没有匹配最适宜的劳动者，并且严重扰乱了收入分配秩序。因此，打破垄断行业人事招聘黑箱，对于规范收入分配秩序具有积极意义。

第三，如何进一步提高国有垄断企业利润上缴比例，并实现这部分利润全民共享。目前，国家已经调高了部分国有垄断企业利润上缴比例，最高比例到 2020 年达到 30%。但是，这一比例依然过低，尤其是国有垄断企业，其获得的高利润并非通过市场竞争获得，而是依靠国家赋予的垄断特权，因此，其上缴的比例应进一步提高，防止其将之转化为企业职工内部收益。另外，上缴的国企利润绝大部分应实现全民共享，将上缴的国有资本收益更多地用于保障和改善民生，而不是大部分又返回到了国有企业。

第四，如何分类优化国有企业收入权配置。一是要区分垄断国有企业和非垄断国有企业的收入权。对于垄断国有企业，由于利润更多地来自行政垄断，其经营管理人员的薪酬应该得到一定的限制，抑制过高的企业内收入差距，并且必须严格控制经营者的职务消费标准。对于非垄断国有企业，由于其利润来源更多的是体现市场竞争的结果，其高管薪酬应该更多地与市场接轨。二是对于垄断国有企业在国内市场获得的利润和在国外市场上获得的利润应做区分，因为在国内市场获得的利润更多是行政垄断的结果，而在国外市场获得的利润则可能更多地体现了市场竞争的结果。因此，对于国企高管通过合理经营，在国外市场上获得的利润应该拿出部分来对其进行激励，更多地体现市场原则。

第五，政府补贴是否应更多考虑企业的平均劳动报酬水平，防止其将所获得的补贴转化为职工内部收益。一个企业的平均劳动报酬水平越高，政府对其发放补贴时就越应该慎重。对于确实符合规定的补贴，国家应该在发放补贴后对其资金使用情况进行严格的监督和审计，确保政府对企业的补贴用到实处。

第6章 农村金融排斥与城乡收入差距

金融排斥是社会排斥的一个子集，反映金融资源分配的“不公平”和“低效率”，并能引发“马太效应”，进一步加剧收入分配的不公平。改革开放以来，我国以“效率优先，兼顾公平”的发展思路使社会经济步入了高速发展通道。但是随着改革效率的大幅提升，“不公平”问题越来越多，其中收入不公平、金融资源分配不公平尤为突出。过去十年我国的基尼系数一直高于国际警戒线0.4，城乡居民收入比达到3.3倍之多。金融机构的趋利性更是导致金融资源在分配时对经济落后农村地区实施数量配给、成本配给和风险配给，导致农村地区受到严重的金融排斥。

城乡收入差距在我国收入不平等中的贡献最大，而经典的“库兹涅茨”假说认为在金融发展初期，由于富人比穷人更易获得金融服务，而导致收入差距进一步扩大。金融资源分配的“不公平”直接或间接导致城乡收入分配的不公平。因此，我们致力于回答两个问题：现阶段我国农村金融排斥如何影响城乡收入差距？在多大程度上影响城乡收入差距？

城乡收入差距居高不降的原因究竟何在？长期以来，大量文献一直在对城乡收入差距的决定因素进行研究，李实（1999）、钟甫宁（2010）等认为农村劳动力的流动影响城乡收入差距；蔡昉（2003）、陈斌开（2009）等则将中国的城乡收入差距纳入制度经济学的分析框架；也有学者注意到城市化是城乡收入差距扩大或缩小的重要影响因素（陆铭 等，2004；周云波，2009）。然而劳动力流动、制度框架和城市化本就是城乡收入差距的伴生现象，且这些因素具有时滞效应。换言之，将中国的城乡收入差距归结于这些因素尚未真正解释收入差距出现的原因。因此，我们有必要对造成城乡收入差距的根源和机制进行进一步研究。

McKinnon（1996）和Shaw（1973）首次注意到发展中国家的金融抑制和信贷配给使得经济增长放慢，McKinnon认为在金融抑制的条件下，经济不发达导致金融资源短缺，形成信贷配给，造成两极分化，最终制约经济发展，形成恶性循环，加重收入差距。Galbis（1977）、Stiglitz（1997）、Greenwood和Javanovic（1990）等均证明了相似观点，为揭示我国城乡收入差距的根源奠定了基础。

我们从金融排斥视角研究中国城乡收入差距出现的原因。事实上，国家长期实施赶超型经济发展战略，将大量资源尤其是金融资源输送给城市地区，在资源稀缺的条件下决定了金融资源配置的城市偏向行为，这种内生于经济发展战略的国家金融必然延伸到农村，强制性地使农村金融服务于经济发展战略，成为国家控制下向工业和城市输送农村经济资源与剩余的管道，农业贷款占总贷款比例从未超过15%，直接造成城乡金融资源分配的不平等。20世纪90年代中后期，我国金融改革全面启动，逐渐暴露出资本的趋利性和金融机构“嫌贫爱富”的本性，由于农村金融市场存在信息不对称、抵押物缺乏、特殊性成本与风险和非生产性融资四大基本问题，金融机构纷纷将农村地区的基层网点撤并，导致农村金融几乎处于完全贫血状态，甚至农村分配到的金融资源也被地方官员引向收益率不高甚至为负的项目，进一步加剧农村金融排斥状况。与此同时的情形是城乡居民之间存在较大的收入差距，并且这种收入差距在进一步扩大。

综上所述，金融资源分配的“不公平”和“低效率”很可能成为中国城乡收入差距持续扩大的重要原因。Claessens和Perotti（2007）通过构建一个分析金融与收入分配的新框架，认为在发展中国家，由于内部人为设置的障碍，弱势家庭和小企业从银行获取的信贷比率过低，这种限制会导致收入分配的不平等。尹希果等研究表明，农户和中小乡镇企业进入金融市场融资不仅面临着进入成本上的约束，同时，金融部门在信贷资金配置上对农户和中小乡镇企业的歧视使得我国扭曲的金融发展中，金融排斥成为拉大城乡收入差距的主要原因；刘渝琳和白艳兰论证了由于金融深化的“门槛效应”，使得许多农村低收入居民没有动力、兴趣和能力去运用更多的金融资源，“不均衡效应”进一步使居民收入差距逐步拉大；王修华和邱兆祥的实证研究显示，农村金融发展通过“减贫效应”缩小城乡收入差距，而通过“门槛效应”和“排斥效应”扩大城乡收入差距。金融发展的门槛效应与非均衡效应实质上是在金融排斥的条件下，金融资源配置的不合理而产生所谓的“门槛”，从而对城乡收入差距产生影响。由此，农村金融排斥对城乡收入差距的影响成为我们研究的重点。

我们的研究为分析我国城乡收入差距的决定因素提供了一个新的视角，与现有文献存在三个方面的不同：首先，我们强调农村金融排斥对城乡收入差距的影响，而不是劳动力流动和城市化等的影响（李实，1999；钟甫宁，2010；陆铭和陈钊，2004；周云波，2009）；其次，我们具体分析农村金融排斥对城乡收入差距的贡献度，而不是一般阐述金融排斥对城乡收入差距的重要性；最后，金融排斥的六大维度中，我们针对目前的具体形势提炼出四大维度、三大指标，并分别实证出这三大指标对城乡收入差距的贡献度，而目前鲜有文献从这一角度进行分析。

本章其余部分安排如下：第一部分给出农村金融排斥影响城乡收入差距的机理分析；第二部分实证农村金融排斥对城乡收入差距的影响并对具体维度进行分解分析；第三部分为我们的结论、政策建议。

6.1　农村金融排斥影响城乡收入差距的机理分析

城乡收入差距不断扩大的主要原因是城乡经济发展不均衡，尤其是农村经济发展缓慢。经济决定金融，金融服务经济，农村金融排斥影响城乡收入差距，主要是通过影响农村经济发展来实现的。借鉴新古典经济学的观点，我们认为农村金融排斥通过影响农村劳动力、资本积累和产业技术水平，然后作用于农村经济的发展，影响城乡收入差距。

6.1.1　地理排斥效应进而扩大城乡收入差距

据数据统计，地理排斥程度取决于金融机构的分布密集状况。金融机构在一个地区撤出金融服务一般是由于低经济增长、社会问题和衰落的环境，而一个地区缺少金融服务则可能遏制中小企业的起步和内向投资，抑制该区域经济发展，由此产生财富自增强和贫困自增强的机制。2011 年末，全国县及县以下农村地区的银行业金融机构网点仅占全国机构网点总量的 3%，全国未设立金融机构网点的“空白乡镇”有 2312 个，这些农村地区连最基本的金融服务都无法获取，形成“区域金融荒漠化”。这种金融地域的长期割裂，直接造成金融和经济的滞后，而城市经济发展较快，使得劳动力由农村地区逐步向城市地区流动。劳动力资源重新配置的结果是农村地区的生产力低下，生产效率不高，农村经济增长缓慢，农民收入得不到提高，收入差距进一步拉大。但有一现象值得关注，随着信息技术的发展，金融服务逐步向虚拟化发展，大有减轻地理排斥之势，但根据我国目前形势，农村地区通过电话和网络申请金融服务的比例还很少，因而不影响这一机理效应。

6.1.2 条件排斥效应扩大城乡收入差距

经济增长需要信贷资源的支持，但目前我国银行信贷资源的配置严重错位，农村资源的配置与农村经济的作用不协调。一个明显的事实是，2011 年，农、林、牧、渔业的总产值占国内生产总值的 9.6%，而同期农、林、牧、渔业国内贷款占全社会固定资产投资来源中国内贷款比例不到 1%，可见资源配置的不合理程度。而造成这种资源配置不合理的原因是金融机构认为农村地区存在财务残缺、缺乏有效抵押品、农业生产风险大等问题，对农业生产活动“惜贷”，甚至将农村资源抽离、输送给经济发达的城市支持房地产等商品经济的发展，农民以净存款人的身份为其他经济部门贡献了金融剩余。理论上讲，资本配置效率若能得到提高，则能调剂资金在不同资金需求主体间的有效流动，增加产出，但实际情形却南辕北辙，条件排斥导致资源配置低效率甚至错位，在城市经济发展的同时，农村经济因得不到信贷资源的支持而发生增长阻滞，农民收入得不到增长，城乡收入差距由此扩大。2006—2011 年城乡信贷资源供给差异如图 6-1 所示。

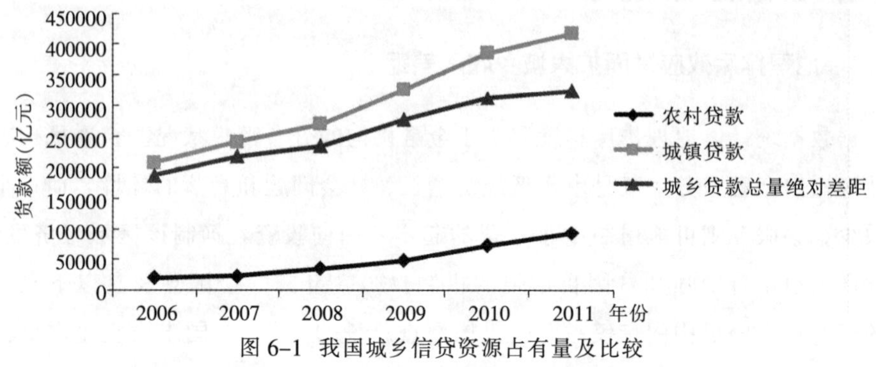

图 6-1 我国城乡信贷资源占有量及比较

资料来源：中国银行保险监督管理委员会“农村金融服务分布图集”。

6.1.3　价格排斥效应扩大城乡收入差距

普惠性金融的发展目标是使所有人都能获取金融服务，因此能够促进机会的公平和激发经济体的潜能，确保基本的金融服务，如贷款、储蓄、汇款、保险和其他风险管理工具的可获得性和质量，能够促进经济的可持续增长。目前农村地区社会保障体系还不太健全，农户储蓄主要是基于预防性需求，存款利率过低加之农户从正规金融机构获得贷款机会较少的现实，对农民的储蓄积极性产生了消极影响，而城市地区居民可以基本享有储蓄、汇款、保险、证券交易等资本积累型金融服务。资本的积累可以缓解经济发展的压力，价格排斥直接造成城乡资本积累程度的不同，致使农村经济发展后劲不足，间接降低农村居民的收入增长，扩大城乡收入差距。

6.1.4　营销排斥效应扩大城乡收入差距

1997 年中央金融工作会议后，金融机构的市场化导向更加明显，在扩大整体金融机构服务种类与金融产品以及服务范围时，却不断收缩农村地区的机构网点。部分商业银行尤其是大型商业银行在进行金融服务营销时注重城市大中型企业、排斥乡镇小微企业，注重城市财务稳定的优质客户、排斥农户，农村金融因营销排斥资金短缺寸步难行。科学技术是第一生产力，不仅第二、三产业的发展需要技术进步，同样，农业生产专业化水平的提高也必须依靠技术进步，农村工业的技术创新和进步是连接农村金融发展、农村经济增长和农民收入增加的桥梁和纽带，物质资本的积累与技术进步的动态融合是我国经济增长的典型事实。农村工业的技术创新需要资金支持才能将成果推广与普及，从而使农业生产缩减成本，获取超额利润。但营销排斥阻断了农村金融的资金来源，即使满足劳动力与资本的积累，农村经济也难以得到长足发展，反观城市工业经济，能够很好地享受技术进步带来的成果，经济增长无后顾之忧。因此，营销排斥导致农村经济发展动力不够，加上其他因素的合力影响，严重制约农民收入增长，从而扩大城乡收入差距。

6.2　农村金融排斥影响城乡收入差距的实证检验

理论分析表明，农村金融排斥主要通过四大排斥效应对城乡收入差距产生影响，但由于我国各省级单位之间经济发展各有特色，金融发展差异化显著，因此，有必要对上述理论进行实证分析。

6.2.1 变量选择

（1）城乡收入差距指标。衡量城乡居民收入差距的指标大概分为两类，一类是我国最常用的城乡居民人均收入比率、基尼系数和洛伦兹曲线等，另一类则是考虑了城乡人口比重的泰尔指数和结构相对系数等。我们选择考虑了城乡人口比重变化的泰尔指数来衡量我国的城乡收入差距（GAP）。

$$\mathrm{GAP}_{it} = \sum_{j=1}^{2}\left(\frac{p_{jt}}{p_t}\right)\ln\left(\frac{p_{jt}}{p_t}\Big/\frac{z_{jt}}{z_t}\right) = \left(\frac{p_{1t}}{p_t}\right)\ln\left(\frac{p_{1t}}{p_t}\Big/\frac{z_{1t}}{z_t}\right) + \left(\frac{p_{2t}}{p_t}\right)\ln\left(\frac{p_{2t}}{p_t}\Big/\frac{z_{2t}}{z_t}\right)$$

上式中，$j=1$ 和 $j=2$ 分别表示城镇和农村地区，z_{1t} 和 z_{2t} 分别表示 t 时期的城镇和农村人口数量，z_t 表示 t 时期的总人口数量，p_{1t} 和 p_{2t} 分别表示 t 时期城镇和农村的总收入（用相应的人口和人均收入之积表示），p_t 表示 t 时期的总收入。

（2）农村金融排斥指标。Kempson 和 Whyley 认为金融排斥包含六大维度：地理排斥（Physical Access Exclusion）、评估排斥（Assessing Exclusion）、条件排斥（Condition Exclusion）、价格排斥（Price Exclusion）、营销排斥（Marketing Exclusion）和自我排斥（Self- Exclusion）。由于评估排斥和条件排斥之间有高度的重叠性，且现阶段我国金融市场属于“卖方市场”，农村地区对金融服务的需求旺盛，但供给不足，因而自我排斥的影响较小。因此我们将农村金融排斥浓缩为“地理排斥、条件排斥、价格排斥和营销排斥”四个维度。

① 地理排斥是指被排斥对象由于交通便利性问题而无法顺利获得金融服务甚至完全不能获取金融服务。农村地区金融机构的人均覆盖度反映了每单位经济主体能够获得的金融服务数量，即金融服务的地理可获取性，因此，地理排斥可用农村地区金融机构的人均覆盖度衡量。农村万人机构覆盖度（INST）＝农村金融机构网点数×10000/农村人口数。

② 条件排斥是指金融机构基于盈利性、流动性和安全性原则，对金融产品的供给设置准入条件，对经济主体制定准入评估体系，从而将某些经济主体排斥在金融服务之外的现象。对我国经济主体而言，最普遍的金融服务和需求最旺盛

的金融服务是贷款，人均贷款水平反映了经济主体对于主流金融产品的可获得性。农村人均贷款水平（PLOAN）＝农业贷款总额/农村人口数。

③ 价格排斥是指金融产品价格过高或过低，将某些经济主体排斥在外的现象。衡量金融产品的定价是否合适，主要关注金融产品是否满足大多数人的需求。城镇居民的金融服务选择较多，如基金、保险和证券投资；而农村居民面临的金融服务选择较少，大部分只有储蓄，我国商业银行对农户小额存款收取高比例管理费，而仅支付象征性利息的行为，使农户不能以合理的价格获得金融品种，从而受到价格排斥。王修华等以利率指标衡量价格排斥，我们则选择更加直接的指标——农村人均储蓄额来衡量。农村人均储蓄额（PDEP）＝农户储蓄总额/农村人口数。

④ 营销排斥是指金融机构的目标营销策略往往将某些经济主体排除在金融服务之外。金融机构的趋利性，使其更愿意为富裕阶层服务，从而使得针对低收入和农村地区的金融服务被忽略。金融从业人员、机构网点和信息手段是影响金融机构营销水平的三大要素。因此，农村金融机构从业人员的拥有情况能较好地反映营销排斥现象。但由于这一指标与金融机构网点数相关性较强，因此，我们将地理排斥与营销排斥共用地理排斥的衡量指标。

（3）其他影响城乡收入差距的控制变量。

① 农村经济增长指标。毫无疑问，经济增长会影响城乡收入差距，我们采用人口平均后能真实反映经济增长的农村人均 GDP 来衡量农村经济增长，农村 GDP 以第一产业总产值替代。

② 农村人均固定资产投资（PINV）。农村固定资产投资直接关系到农村基础设施的建设，间接减少了农村居民的生活成本，在一定程度上也影响了城乡收入差距。

③ 非农业就业比例（EMP）。近年来，农村大量青壮年劳动力不断涌向城镇，然后将务工所得资金投向农村，因此，非农收入已成为农民收入增长的重要方式。

④ 城镇化水平（URBAN）。李宪印、王哲等的研究均表明城市化对缩小城乡收入差距有重要影响，因此也将其纳入模型，我们采用城镇人口与总人口之比表示城镇化水平。

考虑到农村金融排斥与城乡收入差距的非线性关系，为减轻数据异方差带来的影响，我们对所有指标取对数；同时鉴于城乡收入差距受前期影响较大，我们建立如下动态面板模型：

$$\begin{aligned}\ln GAP_{i,t} = & \beta_0 + \beta_1 \ln GAP_{i,t-1} + \beta_2 \ln INST_{i,t} + \beta_3 \ln PLOAN_{i,t} + \\ & \beta_4 \ln PDEP_{i,t} + \beta_5 \ln PGDP_{i,t} + \beta_6 \ln PINV_{i,t} + \beta_7 \ln EMP_{i,t} + \\ & \beta_8 \ln URBAN_{i,t} + \eta_i + \varepsilon_{i,t}\end{aligned}$$

回归模型中，i 和 t 分别表示第 i 个省份和第 t 年；η_i 表示不随时间变化的各省级单位截面的个体差异；$\varepsilon_{i,t}$为随机干扰项。

6.2.2 数据说明

我们计算泰尔指数所使用的人口、城乡收入，农村 GDP 和农村固定资产投资等数据来自《中国统计年鉴》；农村机构网点数和农业贷款数据来自中国银保监会发布的“农村金融服务分布图集”；农户储蓄数据来自《中国金融年鉴》；非农业就业比例数据来自《中国区域经济统计年鉴》；由于西藏部分资料不全面及金融排斥相关指标数据的可得性，我们最终选取 2006—2011 年我国 30 个省（区）的面板数据。由于我们选取数据的时间跨度不长，因此未对数据进行消胀处理。主要变量的描述性统计见表 6-1。

表 6-1 主要变量的描述性统计性质

指标	样本	均值	标准差	最小值	最大值
lnGAP（泰尔指数对数）	180	−2.1280	0.5676	−3.8922	−1.2677
lnINST（农村万人拥有机构网点数对数）	180	0.3023	0.3093	−0.9121	1.0284
lnPLOAN（农村人均贷款对数）	180	8.7524	0.8157	6.8359	11.1812
lnPDEP（农村人均储蓄对数）	180	8.7470	0.8215	6.8135	10.92078
lnPGDP（农村人均 GDP 对数）	180	8.4820	0.4441	7.2585	9.6277
lnPINV（农村人均固定资产投资对数）	180	7.7990	0.9195	4.4485	9.9209
lnEMP（非农业就业比例对数）	180	−0.5198	0.2294	−1.3117	−0.0272
lnURBAN（城镇化水平对数）	180	−0.7336	0.2633	−1.2924	−0.1132

6.2.3　实证过程及分析

由于我们设定的是动态面板数据模型，解释变量的内生性问题会导致参数估计的非一致性，故我们试图寻找合适的工具变量，通过工具变量法来估计参数。从表 6-2 中 GMM 的估计结果来看，系数联合显著性都在 1%的水平上显著；由于 Sargan 检验值一般情况下会拒绝原假设，我们选择 Hansen 检验值，Hansen 检验的 p 值说明工具变量是有效的，即工具变量和误差项不相关；AR（2）检验值说明一阶差分后的残差不存在二阶自相关；因此我们的动态面板模型基本合理。

表 6-2　广义矩模型（GMM）的估计结果

解释变量	DIF1（1）	DIF2（2）	SYS1（3）	SYS2（4）
$\ln GAP_{i,t-1}$	0.625 (0.53)	0.725 (0.46)	0.804*** (0.16)	0.811*** (0.11)
$\ln INST_{i,t}$	−0.622 (0.52)	−0.947** (0.35)	−0.0717 (0.070)	−0.105 * (0.061)
$\ln PLOAN_{i,t}$	−0.283** (0.14)	−0.303*** (0.087)	−0.120** (0.049)	−0.142*** (0.031)
$\ln PDEP_{i,t}$	0.469 (0.28)	0.471 * (0.25)	0.0963 (0.068)	0.134*** (0.032)
$\ln PGDP_{i,t}$	−0.407 * (0.23)	−0.431 * (0.22)	0.0274 (0.035)	0.00142 (0.033)
$\ln PINV_{i,t}$	0.00711 (0.024)	0.0138 (0.021)	0.0129 (0.0083)	0.0110** (0.0051)
$\ln EMP_{i,t}$	−1.796 (1.55)	−1.614 (1.26)	−0.158 (0.16)	−0.257** (0.12)
$\ln URBAN_{i,t}$	1.152 (1.13)	1.034 (0.87)	−0.353 (0.24)	−0.310 * (0.18)
F 检验值	4.01*** (0.002)	11.92*** (0.000)	313.28*** (0.000)	649.30*** (0.000)
Hansen 检验的 p 值	0.850	0.850	0.107	0.107
差分 Hansen 检验的 p 值	—	—	0.212	0.212
AR（2）检验的 p 值	0.189	0.185	0.564	0.466

注：(1)***、**、* 分别表示 1%、5%和 10%的显著性水平，系数下方括号内为稳健标准误。(2) DIF1、DIF2 分别为差分 GMM 法一步估计、两步估计；SYS1、SYS2 分别为系统 GMM 法一步估计、两步估计。

在确保模型设定基本合理后，为了保证GMM估计结果的可靠性和滞后阶的稳健性，防止回归方程估计结果出现“伪回归”现象，继续对面板残差的平稳性进行检验。为提高检验功效，小样本应针对数据生成过程的特点联合多种检验法进行检验。我们主要采用三种经典的面板残差平稳性检验方法：Breitung 检验（Breitung），Hadri LM 检验（Hadri K）和 HT 检验（Harris-Tzavalis），检验时均不包括时间趋势项，根据AIC准则选取的最大滞后期为5，检验结果如表6-3。检验结果表明四个模型的面板残差分别有两种方法检验的 p 值均小于1%，这说明各面板残差均具有平稳性，上述GMM估计结果可信。

表6-3　面板残差的平稳性检验

GMM模型	Breitung 检验	Harris-Tzavalis 检验	Hadri LM 检验
DIF1（1）	−2.9385 (0.0016)	−9.1877 (0.0000)	−1.8164 (0.9653)
DIF2（2）	−2.7190 (0.0033)	−9.1061 (0.0000)	−1.8761 (0.9697)
SYS1（3）	−3.6725 (0.0001)	−9.1373 (0.0000)	−1.9805 (0.9762)
SYS2（4）	−3.4202 (0.0003)	−9.1436 0.0000	−1.9410 (0.9739)

注：括号内为 p 值。

确保动态面板模型设定合理和工具变量有效后，对表6-2中的估计结果进行分析。根据表6-2中4列所汇报的 Hansen 检验 p 值可知，差分GMM与系统GMM工具变量均有效；由于我们在用stata11估计时加入了稳健项robust，因此自动修正了异方差问题；AR（2）检验的 p 值表明差分的误差项存在二阶自相关是不显著的；布伦德尔（Blundell）、邦德（Bond）和温德梅基尔（Windmeijer）通过MonteCarlo模拟实验表明，当因变量一期滞后项系数为0.8～0.9时，差分GMM相对于系统GMM存在估计的不准确性，估计结果有一定的偏差；因此我们通过比较第3列和第4列的各项检验值，最终选择第4列系统GMM模型的一致有效估计量。

结合理论部分，下面对表6-2第4列系统GMM模型回归结果进行分析：

（1）城乡收入差距滞后项视角。从表6-2中可以看出，城乡收入差距滞后项在 SYS1 和 SYS2 估计下，系数都在 0.8 以上，且均在 1%的水平下显著，这说明当期城乡收入差距与前期已形成的差距高度相关，这与我国的现实也非常契合。虽然近年来，政府不断加大“三农”投入力度，农村经济得到一定的发展，农民收入得到提高，但城乡收入差距扩大的趋势未能有效缓解，原因在于前期城乡收入差距基数过大，导致短期内收效甚微。

(2) 农村金融排斥视角。从表 6-2 中第 4 列可以看出，农村地区万人机构覆盖度在 10%水平下显著，系数为负，而农村地区万人机构覆盖度越低，地理排斥越严重，因此地理及营销排斥显著正向影响城乡收入差距。虽然近年来“三农”问题不断得到关注，农村商业银行不断组建，但真正定位三农、扎根三农、服务三农的农村商业银行少之又少，截至 2011 年底，全国金融机构空白乡镇还有 2312 个。在农村金融发展缓慢时，城镇经济一派生机，城乡收入差距不断扩大。

在模型中，条件排斥以农村人均贷款余额衡量，表 6-2 中的 4 列回归结果显示，条件排斥系数均在 5%水平下显著，系数为负，表明条件排斥显著扩大城乡收入差距。目前商业银行在进行信贷资源配置时，为追求利润最大化，不断将支行网点设立在经济发达的城镇地区，忽视农村地区的经济发展。部分服务“三农”的商业银行，也不断将农村资源输送给城市，支农功能严重边缘化。在此背景下，流向农村的信贷资源不足以支撑农村经济发展，而城镇经济却能够有效依靠金融支持得以发展，形成“富人愈富，穷人愈穷”，城乡收入差距愈加扩大的情形。

农村人均存款余额系数显著为正，表明价格排斥程度与城乡收入差距负相关，即价格排斥越严重，城乡收入差距越小。看似不合常理，但这与我国的实际情况也是吻合的。近年来，各级农村信用社存款余额屡破新高，但高储蓄似乎并未转化为高贷款，由图 6-1 可知，农村贷款余额增长速度明显慢于城镇贷款。由此可推测，农村储蓄可能通过一定渠道向城镇转移，大部分转化为城镇贷款，农村存贷“反馈”机制受阻，而价格排斥能够减少农村储蓄额，在一定程度上减慢了农村资源向城市输送的速度，间接缩小城乡收入差距。

(3) 其他影响城乡收入差距的控制变量视角。① 农村经济增长视角。农村经济增长对城乡收入差距的影响不显著。说明经济增长不会自发地有利于穷人，尤其是城市化偏向政策使得经济增长失去收入均等化效应，高增长创造的经济福利并没有通过收入扩散机制让城乡居民平等地分享成果。但经济增长能使农村居民的收入增加，其减贫作用不可否认，缩小城乡收入差距离不开经济增长，今后应推进公平的发展战略来促进经济增长。② 农村人均固定资产投资。从表 6-2 第 4 列系数来看，农村人均固定资产投资在 5%的水平上显著扩大城乡收入差距，系数为 0.0110，这可能是由于农村固定资产投资对城乡收入差距缩小的作用小于城镇固定资产投资对城乡收入差距扩大的作用，因此，就最终结果而言，可能表现出农村固定资产投资反而扩大城乡收入差距。③ 非农业就业比例。现阶段由于农业发展受到限制，不少农村地区的劳动力外出务工，从事二、三产业的农村劳动力显著增加，一方面可以发挥劳动力的劳动生产率，另一方面增加了农民的非农收入，间接缩小了城乡收入差距，李实和盛来运等也持相似观点；但利普顿（Lipton）认为，年轻劳动力的流失使留守者可能在收到汇款之后倾向于消费，由于劳动力的流失，在增加非农收入的同时反而降低了农业收入，这一观点我们无法论证。④ 城镇化水平。在模型中，城镇化水平显著缩小城乡收入差距，陆铭和陈钊认为城市化对城乡收入差距同时存在“正面效应”和“负面效应”，显然前者效应更大。

但是，基于表 6-2 的结果，我们不能直接量化金融排斥对于城乡收入差距的影响，需要借助基于回归方程的分解分析方法进行进一步的研究。

Oaxaca-Blinder 分解法是回归方程分解分析法的先驱，该方法只分解了收入均值的差异，并未涉及单个解释变量对被解释变量的贡献度。随后，Fields 和 Yoo，以及 Morduch 和 Sicular 基于回归方程识别和量化各影响因素的贡献度，Fields 和 Yoo 使用半对数形式的线性收入决定函数，并使用变异系数平方来衡量差距程度。由于我们采用双对数模型，因此采用张晓波和张宏霖的分解方法，具体公式如（6-1）～（6-2）：

$$Y = a + \sum \beta_i X_i + \varepsilon \tag{6-1}$$

那么可以推导出：

$$\sigma^2(Y) = \sum \beta_i \mathrm{cov}(Y, X_i) + \sigma^2(\varepsilon) \tag{6-2}$$

其中，σ^2（Y）表示因变量 Y 的方差，β_i 表示多元回归方程中各自变量的系数，cov（Y，X_i）表示因变量 Y 与自变量 X 的协方差。基于表 6-2 中第 4 列系统 GMM 模型两步估计结果，根据公式（6-2），对回归方程进行分解分析，分解结果如下：

表 6-4　各因素对城乡收入差距的解释程度　（单位：%）

因　素	平均解释程度	最高解释程度	最低解释程度
城乡收入差距滞后项	80.07	82.44	79.76
农村万人机构覆盖度（地理及营销排斥）	1.00	1.95	0.29
农村人均贷款余额（条件排斥）	10.75	10.95	8.59
农村人均存款余额（价格排斥）	−14.35	−15.08	−12.91
农村经济增长	−0.04	−0.04	−0.02
城镇化水平	12.88	13.57	12.22
非农业就业比例	8.17	8.58	7.82
农村人均固定资产投资	−0.89	−1.33	−1.13
模型总体解释程度	97.59	99.80	94.62

表 6-4 的分解结果表明，城乡收入差距滞后项、地理及营销排斥、条件排斥、价格排斥、农村经济增长、城镇化水平、非农业就业比例及农村人均固定资产投资这 8 个变量，平均解释了城乡收入差距的 97.59%，其中最高年份达到 99.8%。这进一步说明模型总体可靠，选取的变量能解释绝大部分城乡收入差距产生的根源。

从表 6-4 可以看出，前期城乡收入差距是当前城乡收入差距居高不下的主要原因。但这并不意味着我们的改革无效，从分解分析的结果来看，前期城乡收入差距对当期城乡收入差距的解释度是逐渐下降的①，这说明缩小城乡收入差距的改革是一个必要的长期过程，不能一蹴而就。我们主要关注影响城乡收入差距扩大或缩小的当期因素的贡献度，为总体改革提供初步思路。

从表 6-4 还可以看出，农村金融排斥平均解释了城乡收入差距的 26.1%，其中地理及营销排斥、条件排斥显著扩大城乡收入差距，平均解释度分别为 1%、

① 我们详细分解了 2007—2011 年影响城乡收入差距各因素的解释度，鉴于篇幅，分年的详细数据未在文中列出。

10.75%，价格排斥显著缩小城乡收入差距，解释度为14.35%。表明现阶段我国农村地区分布的金融机构网点数量还不够，不能够满足农村地区居民对金融服务的需求，农村经济发展也未能得到充足的信贷资源，得不到“新鲜血液”，自身“造血”机制自然不能充分发挥；同时，农村居民应该充分调动自有资金，合理配置自身现有资源，助力农村经济发展，提高自身收入水平，若是依靠存款利息壮大自身资本，则很可能沦为城镇经济发展的“输液人”。

非农业就业比例平均解释城乡收入差距的8.17%，对当期缩小城乡收入差距发挥了举足轻重的作用。李实和盛来运的研究表明非农业就业比例对缩小城乡收入差距起到巨大作用，我们的分解结果再次证明了相似观点。城镇化水平对城乡收入差距的平均解释度为12.88%，这与Lucas和郭剑雄等认为城市化水平对城乡收入差距作用显著的观点一致。这也可以解释我国目前为什么要推进城镇化改革的进程，但城镇化水平的体现不能仅仅是人口城镇化，还应包括土地城镇化，如此才能使城镇化水平在缩小城乡收入差距方面发挥更加重要的作用。

6.3　农村金融排斥影响城乡收入差距的进一步思考

我们在分析金融排斥影响城乡收入差距机理的基础上，运用我国2006—2011年30个省级单位动态面板数据，实证分析了金融排斥对城乡收入差距的影响。研究表明，目前农村金融排斥中地理及营销排斥、条件排斥显著扩大了城乡收入差距，价格排斥却能缩小城乡收入差距；进一步，基于回归方程分解分析，我们将各因素对城乡收入差距的贡献度一一分解，基于各因素的贡献度，我们认为以下问题值得进一步深入思考和探讨。

第一，如何实现金融资源配置的“效率”与“公平”有机结合。我们发现，我国信贷资源在配置时更注重效率而非公平，大部分信贷资源被配置到城市，导致农村地区出现金融荒漠化，使农村的经济发展落后于城市，城乡收入差距进一步扩大。近年中央金融政策不断向“三农”倾斜，以此为契机，各大商业银行应加大针对“三农”特性的产品创新，将农村资金反哺于农村，助力农村经济发展；构建多元化的金融市场，可将农村信用社、村镇银行、小额贷款公司等小型金融机构打造成服务社区、服务县域、服务“三农”的金融体系，真正做到“效率”与“公平”兼顾。

第二，如何充分调动农村现有资源，增加农村居民家庭的生产性固定资产的积累。我们发现价格排斥呈现出缩小城乡收入差距的效应，原因在于农村居民的存款较少用于自身，而是大部分输送给城市，价格排斥的存在，使得这一通道堵塞，间接放慢城镇经济的发展，缩小城乡收入差距。因此，农村居民应充分利用各项农业与非农收入，提高现有资金配置效率，增加生产性固定资产的积累，降低后期农业生产成本，间接提高农民收入；乡镇党委应鼓励农村居民利用地域优势，结合实际情况，宜工则工，宜农则农，拉动农业产业化，推进农村工业化，继续促进农村居民增加收入；同时应加快完善农村居民的保障制度，降低其生活的不可预测性成本。

第三，考虑进一步增加机构网点的数量，同时增加服务人员数量。我们证明地理及营销排斥显著拉大城乡收入差距。因此，今后加强对农村地区金融服务的首要任务则是加大农村金融机构的铺设力度，规范农业银行、邮政储蓄银行和农信社等支农金融机构的经营与运作，并制定相应的激励措施鼓励现有金融机构承担社会责任，防止资金外流。同时，还可根据农村地区的具体情况，设置移动村镇银行或增设电子机具等设备。

第四，如何进一步提高农村居民的非农收入比重。我们发现非农业就业比例能显著缩小城乡收入差距，其平均解释度达 8.17%，表明目前我国农村劳动力不断流向生产效率较高的第二、三产业的状况，增加了农村居民的工资性收入，且占农村居民总收入的比例在不断上升，对缩小城乡收入差距发挥着非常重要的作用。但随着经济增长方式从劳动密集型向资本密集型和技术密集型的转变，使农村居民的技术知识可能面临被淘汰的风险。因此，今后在转变增长方式的同时，还应该按照我国当前资源禀赋的特点，继续大力发展劳动密集型产业。同时深化户籍制度改革，以农村劳动力流向第二、三产业为契机，大力发展城市人口，推进城市化进程。最后，还应该大力推广学校教育、职业教育、成人教育等为主要形式的教育，提高农村劳动力向非农产业转移就业的能力，实现农村剩余劳动力合理有效流动，以达到缩小城乡收入差距的目的。

第7章　“新农保”对中国农村老人的影响

为破除城乡二元结构、逐步缩小城乡差距，国务院于2009年9月颁发了《关于开展新型农村社会养老保险试点的指导意见》，新型农村养老保险（以下简称“新农保”）在全国10%市县开始启动，除北京、上海、天津、重庆4个直辖市外，在全国27个省区开展首批新农保试点县320个[①]，全国覆盖面达11.8%，当年参保人数7277.3万（程令国 等，2013）。2010年全国27个省、自治区共838个县和4个直辖市的大部分县纳入新农保试点，2011年试点县扩大到1914个县，覆盖面达到67%。到2012年8月31日，新农保已在全国2583个县级行政区全部启动试点，基本实现制度全覆盖。与此同时，新农保参保人数从2010年初的3326万人增加到2012年底的4.6亿人，年均增长140%。最新数据显示，截至2013年底全国新农保、城居保参保人数已达到4.98亿。[②]

新农保采取在户籍地自愿参保原则，参保对象为年满16周岁（不含在校学生）、未参加城镇职工基本养老保险的农村居民。新农保试点的基本原则是“保基本、广覆盖、有弹性、可持续”。与个人缴费为主的自我储蓄型“老农保”不同，新农保参保基金由“个人缴费＋集体补助＋政府补贴”构成，其中个人缴费标准分为100～500元5个档次，中央财政对中西部地区按中央确定的基础养老金标准给予全额补助，对东部地区给予50%的补助（国务院，2009）。新农保养

① 详见网址：http：//www.iic.org.cn/D_newsDT/newsDT_read.php？id＝41901.

② 详见网址：http：//finance.people.com.cn/n/2014/0226/c1004-24468266.html.

老金待遇采取基础养老金和个人账户相结合的模式。其中，基础养老金由国家标准 55 元加上地方政府可能加发部分（加发标准根据当地经济发展水平调整）组成；个人账户以个人缴费为主，逐年进行累积。对于达到 60 岁退休年龄的农村老人，其每月获得的养老金构成包括 55 元的基础养老金、地方政府可能加发部分和领取个人账户累计全部储蓄除以 139 的个人账户养老金。新农保制度是完善我国农村社会保障体系的重大部署，对逐步实现农村居民老有所养具有重要作用。

目前，已有不少学者对新农保相关问题进行了研究，常见于以下三个方面：一是关于新农保制度的可行性、存在问题及对策研究。这一方面偏重于对理论和案例的研究。新农保制度是解决“三农”问题的重要举措（崔红志，2012），对统筹城乡发展、逐步实现基本公共服务均等化具有重要意义（国务院，2009），建立普惠农民群体的社会养老保障体系尤为重要。与旧农保相比，新农保在制度上进行了创新（Shen et al.，2010），扩大了覆盖范围（苏东海 等，2010），但在实施过程中也发现了若干问题，例如，导致农村居民间收入差距的“逆向”调节（陶继坤，2010），法律支柱缺失，参保意愿不强烈（刘善槐 等，2011），中低收入群体参保、年轻人参保积极性普遍不高（鲁欢，2012）。针对上述问题，主要对策建议包括建立各级财政补贴资金保障机制、加强政策配套、完善个人账户制度和强化政府主导等（刘善槐 等，2011；李冬妍，2010）。二是关于新农保参保意愿和影响因素研究。这一方面的研究成果较多，主要利用调研数据通过实证分析得出结论。个人特征、家庭特征、社会特征等可以看作影响农民参保的主要因素（石绍宾 等，2009），例如年龄（苏东海 等，2010）、文化程度、现存子女数量（肖应钊 等，2011）、新农保认知程度、家庭收入（黄阳涛 等，2011）和政府行为（高君，2010；罗遐，2012）等。三是关于新农保政策的实施效果评估。这一方面的研究目前尚缺乏严肃的学术论证和系统性的政策评估（程令国 等，2013），其主要原因在于缺乏合适的评估方法和大型的实地调研数据，且新农保政策效果体现存在一定的时滞性。陈华帅等（2013）利用 Tobit、固定效应面板模型等方法对新农保对于家庭代际经济支持的“挤出效应”进行测算，老人领取养老金每增加一元，其子女提供的代际支持将大约减少 0.8 元。程令国等（2013）通过构建一个新古典家庭决策模型，评估了新农保对农村居民养老模式的影响，通过实证发现尽管新农保的实施期限不长，但对我国传统养老模式仍产生了重要影响。

以上文献大大加深了我们对“新农保”的认识，但尚存以下不足：第一，在数据利用方面，缺少大型的实地调研数据作为支撑，大部分实证分析仅仅基于一个或几个县市的调研数据，样本时间通常只有一期，样本较少且不具有普遍代表性；第二，在内容研究方面，有关新农保实施绩效的研究较为单薄（陈华帅 等，2013），且缺乏对新农保实施绩效的系统性评估，大部分研究仅仅局限于某一方面的评估（例如，代际支持、居住意愿、健康等）；第三，在方法使用方面，主要基于理论测算（邓大松 等，2010），实证分析通常采用 Probit、Logit、因子分析等传统方法，这对克服样本的“选择性偏误”具有一定的局限性，估计结果往往“有偏”。

与已有文献相比，我们的贡献可以归纳为如下三个方面：一是我们利用最新的“中国老年健康影响因素跟踪调查”（Chinese Longitudinal Healthy Longevity Survey，以下简称“CLHLS”）2008—2011/2012 年两期面板数据①，可以从时间上确定关键变量的因果关系，在一定程度上减轻内生性问题，同时，数据样本量大，能够更好地控制不同地区参保老人的异质性，非常具有代表性；二是我们不仅从参保老人的经济来源、代际支持、居住模式、照料模式等方面对参保绩效进行总体评估，而且对参保时间、年龄、地区等因素进行分组，系统评估新农保政策实施的具体效果差异，弥补现有文献通常只针对单方面效果进行评估的不足；三是我们的实证关键在于选取合适的方法——倾向得分匹配方法（Propensity Score Matching，PSM）和 Bootstrap 法。在诸多方法中，OLS 估计的结果一般有偏；工具变量法要么难以收集，要么与内生变量存在一定的强弱相关关系，而在虚拟变量下，GMM 估计的使用也具有局限性。PSM 法既能控制参保样本的“自我选择”问题，又能进一步克服样本可能存在的偏误，对“新农保”政策的绩效评估更加准确、真实。

本章余下结构安排如下：第一部分是介绍我们的研究方法——倾向得分匹配法和 Bootstrap；第二部分是数据说明及描述性统计；第三部分是实证结果与分

① 需要强调的是，程令国等（2013）也利用 CLHLS 数据进行相关研究，但是其使用的数据范围是 2008 和 2011 两期数据，而我们使用的是最新的 2008 和 2011/2012 年两期数据，数据范围存在明显差别。

析；第四部分是稳健性检验；第五部分是主要结论及讨论。

7.1 测度“新农保”对农村老人影响的研究方法

对新农保政策效果评估之前，应对样本是否参加新农保加以区分。我们将样本区分为两类：参保组——参加新农保的老人；控制组——未参加新农保的老人。利用 Rosenbaum 等（1983）提出的 PSM 方法，而没有直接比较参保组与控制组之间差异的原因在于，是否参加新农保并不是随机分配，老人参保以后带来的绩效改善即使相对未参保老人表现得更好，也不能判断是由参加新农保而直接导致的结果，即存在样本的选择性偏误。我们无法观测到老人在没有参保之前的绩效是否已经得到改善，这被称之为“反事实情形”。PSM 基本思想在于，在评估新农保政策的实施效果时，通过找到与参保组尽可能相似的控制组来控制样本选择性偏误和内生性问题，利用控制组最大程度模拟参保组老人的“反事实情形”，这样就能得到真实的政策效果（Fu et al.，2007）。

7.1.1 基本原理

PSM 方法通过计算倾向得分值（Propensity Score）来选择配对样本，克服传统方法不足[①]。通过一些特殊方法将多个维度特征浓缩成倾向得分值，从而使多维匹配成为可能。倾向得分值定义为，在给定样本可观察的特征 X 的情况下，老人选择参加新农保的条件概率，如下式所示：

$$P(X_i) = \Pr[rd_i = 1 \mid X_i] = E[rd_i \mid X_i] \tag{7-1}$$

其中，rd_i 代表一个指标函数，若老人参加了新农保，则 $rd_i=1$，否则 $rd_i=0$。假设某一老人倾向得分 $P(X_i)$ 已知，则新农保得到的平均处理效果（Average Effect of Treatment on the Treated）为：

$$\begin{aligned} \text{ATT} &= E[Y_{1i} - Y_{0i} \mid rd_i = 1] = E\{E[Y_{1i} - Y_{0i} \mid rd_i = 1, p(X_i)]\} \\ &= E\{E[Y_{1i} \mid rd_i = 1, p(X_i)]\} - E\{E[Y_{0i} \mid rd_i = 0, p(X_i)]\} \\ &= \frac{1}{N_A}\sum_{i\in A} Y_A^i - \frac{1}{N_A}\sum_{j\in B}\lambda(p_i, p_j)Y_B^j \end{aligned} \tag{7-2}$$

① 传统的配对方法常常导致配对维数越多，配对效果越差，即使通过配对以后，两组样本的特征仍然存在显著性差异，最终也无法解决研究中的内生性问题。

其中，Y_{1i}和Y_{0i}分别表示同一个老人在参加新农保和不参加新农保两种情况下产生的绩效。N_A代表参加新农保的样本数，A代表匹配后的参保组，Y_A^i代表参保组中第i个老人观测到的结果，Y_B^j代表控制组中第j个老人观测到的结果，λ（p_i，p_j）表示p_i和p_j的权重函数，p_i代表参保组老人i的预测概率值，p_j代表控制组老人j的预测概率值。根据匹配方法不同，权重函数的选择也不同①，我们选择最常用的匹配方法——最近邻域匹配法（Nearest Neighbor Matching）。对于参保组中的第i个观测值，即$i \in T$，假设它有N_i^C个匹配对象，若$j \in C$（i），则设定权重为$w_{ij}=\frac{1}{N_i^C}$，否则$w_{ij}=0$。设参保组共有N^T个观测对象，则根据Becker等（2002）可以将平均处理效果表示为[19]：

$$\tau^M = \frac{1}{N^T}\sum_{i \in T} Y_i^T - \frac{1}{N_T}\sum_{j \in C} w_j Y_j^C \tag{7-3}$$

其中，权重w_j定义为$w_j = \sum_i w_{ij}$。

7.1.2 估计P（X_i）

在实证分析中，由于倾向得分往往不可观测，通常采用Logit或Probit等概率模型进行估计。运用Logit模型估计表达式为：

$$P(X_i) = \Pr[rd_i = 1 \mid X_i] = \frac{\exp(\beta X_i)}{1+\exp(\beta X_i)} \tag{7-4}$$

其中，$\frac{\exp(\cdot)}{[1+\exp(\cdot)]}$代表逻辑分布的累计分布函数，$\beta$为参数向量。获得（7-4）式的估计值后可以进一步得到样本老人可能参加新农保的概率值$\hat{p}$（X_i），这便是样本中各老人可能参保的PS值，将（7-4）式计算结果带入(7-2)式，最终得到参保与非参保带来的实际政策差异。

7.1.3 获取Bootstrap稳健标准误

在计算ATT的统计推断过程中，可能面临一个困难，即参保组相对控制组样

① 由于是一个连续变量，这使我们很难找到两个倾向得分值完全相同的样本，从而无法实现参保组和控制组之间的匹配。文献中提出用多种匹配方法来解决这一问题，常见的方法有最近邻域匹配、半径匹配（Radius Matching）和核匹配（Kernel Matching）。

本较少，为克服参保组可能由于样本数量带来的偏误对结论产生影响，我们采取 Bootstrap（自抽样）统计法来获得相关变量的稳健标准误[①]。首先，在原始样本中随机抽取 n 个观察值，并根据最近邻域匹配获得样本的平均政策效果 ATT_1；然后，重复抽样 K 次（$K=500$），得到 ATT_1，ATT_2，…，ATT_K；最后，计算 K 个平均政策效果的标准差（s. d.），即可得到稳健标准误（s. e.）。

7.2 测度“新农保”对农村老人影响的样本和变量选取

7.2.1　数据来源与变量定义

我们的数据来源于美国杜克大学与北京大学联合组织的“中国老年健康影响因素跟踪调查”（CLHLS），这一大型跟踪调查项目分别于 1998、2000、2002、2005、2008 和 2011/2012 年进行调查。该调查采用多阶段分层抽样方法，在中国具有代表性的 23 个省、市、自治区随机抽取一半县、市或地区进行入户调查。主要调查对象覆盖所有老年人群（65 岁以上）。我们利用 CLHLS 最新的 2008 年和 2011/2012 年两期数据，其中，2008 年数据包含老人 16954 人，2011/2012 年数据包含老人 9765 人。[②] 利用 2008—2011/2012 年两期数据合并成一个面板，对 2008 年接受调查的老人存活到 2011/2012 年并再次接受调查的样本予以保留，最终得到样本 8425 个，分布在 23 个省、市、自治区，具有广泛的地域性和大样本性质。

我们基于以下原则对样本进行筛选：（1）剔除享受职工离/退休制度待遇样本 1747 个[③]；（2）剔除参加城镇职工医疗保险或城镇居民医疗养老保险样本 444 个[④]；（3）剔除在 2008/2009 年调研之前就已经参保的样本 247 个[⑤]；（4）根据

① Bootstrap 法并不需要预先假设统计量的分布特征，详见（Abadie et al.，2006）。

② 其中，2011 年调查中样本老人共 7328 人，占比 75%；2012 年调查中样本老人共 2437 人，占比 25%。

③ 新农保主要面向农村居民，享受离退休制度的人员不适用于新农保。

④ 国务院《关于开展新型农村社会养老保险试点的指导意见》（国发〔2009〕32 号）规定：“年满 16 周岁（不含在校学生）、未参加城镇职工基本养老保险的农村居民，可以在户籍地自愿参加新农保。”因此，参加城镇职工基本养老保险的农村居民不是新农保参保对象。另外，由于城镇居民医疗保险制度到 2008 年已经在城镇地区达到全覆盖，这一类样本也不再符合新农保参保对象。

⑤ 根据《2008 年全国社会保险情况》显示，2008 年前全国已经有 464 个县开展了有地方财政支持的新农保试点，参保农民达到 1168 万人，详细情况请见网址：http：//www. gov. cn/gzdt/2009-06/12/content _ 1338252. htm。

调查问卷问题 F2-4 “您是否参加养老保险?” 和 F2-7 “如未参加养老保险，原因是”，剔除 F2-4 选择回答 “是”，但 F2-7 选择回答 “1 不合算；2 无必要；3 缴不起”，共 16 个样本；(5) 修正样本参保日期发生在该县试点启动日期之前的样本，并对样本中的异常变量进行修正、剔除①。

经过以上调整后，我们最终得到有效样本 5778 人，其中参保组 934 人，控制组 4844 人。从县区统计来看，2008—2011/2012 年两期调查新农保试点县 394 个，未试点县 236 个，共计 657 个县，分布在我国典型的 23 个省、市、自治区。从参保时间统计来看，参保在 1 年以内的老人共 657 人，在 1～2 年的老人 448 人，参保 2 年以上的老人 146 人。从样本老人年龄统计分布来看，60～80 岁之间的老人 1756 人，80～100 岁之间的老人 3205 人，100～120 岁老人 817 人。从性别分布来看，女性占比要比男性占比高 20%。具体见表 7-1 所示。

表 7-1　2011/2012 年 CLHLS 调研样本分布及人数统计

省份	县区数量统计			已经参保时间统计				老人年龄分布统计			性别分布（%）	
	试点	未试点	县区总数	1 年以内	1～2 年	2 年以上	参保样本数	60～80 岁	80～100 岁	100～120 岁	女性	男性
北京	1	9	10	0	2	0	2	11	23	3	0.42	0.22
天津	0	5	5	0	0	0	0	8	14	0	0.22	0.16
河北	3	14	17	0	0	1	1	11	21	4	0.42	0.21
山西	8	8	16	6	5	5	16	24	17	4	0.47	0.31
辽宁	3	34	37	2	0	0	2	39	81	34	1.66	1.00
吉林	4	19	23	0	0	0	0	16	23	19	0.64	0.36
黑龙江	3	18	21	0	0	0	0	21	24	13	0.69	0.31
上海	2	7	9	0	0	0	0	5	10	11	0.36	0.09
江苏	27	23	50	10	37	6	53	161	259	70	5.40	3.08
浙江	25	21	46	3	38	13	54	124	292	39	4.33	3.55
安徽	11	26	37	15	1	3	19	85	154	56	3.18	1.92
福建	11	9	20	5	1	0	6	15	39	5	0.71	0.31
江西	6	20	26	2	2	6	10	38	70	11	1.32	0.74

① 例如，根据样本判断养老金异常的情况，并进行更正；将参保年份缺失的样本去除 130 人；等等。由于实际处理较为复杂，具体涉及情况并不一一赘述。

续表

省份	县区数量统计			已经参保时间统计				老人年龄分布统计			性别分布（%）	
	试点	未试点	县区总数	1 年以内	1～2 年	2 年以上	参保样本数	60～80 岁	80～100 岁	100～120 岁	女性	男性
山东	28	8	37	182	67	27	276	265	431	117	7.86	6.21
河南	22	30	52	51	50	7	108	150	284	71	5.21	3.53
湖北	6	22	28	2	29	25	56	84	103	15	2.18	1.32
湖南	19	27	46	16	11	13	40	102	172	31	3.24	2.04
广东	13	13	26	26	4	4	34	63	174	34	2.86	1.83
广西	17	31	48	64	59	3	126	292	498	124	9.36	6.46
海南	0	1	1	0	0	0	0	52	81	29	1.52	1.28
重庆	22	1	23	46	14	17	77	53	106	31	2.09	1.19
四川	20	36	56	14	14	6	34	109	291	94	5.24	3.31
陕西	11	12	23	4	6	10	20	23	38	2	0.83	0.35
总计	394	236	657	448	340	146	934	1756	3205	817	60.21	39.78

注：2008—2011/2012 年 CLHLS 调研最终整理得到连续出现的老人为 5778 人，其中，参保组 934 人，未参保组 4844 人；表中的比重均为比值，在四舍五入下可能存在加总不为 1 的情况。

在现有研究成果基础上，我们将测度新农保政策效果的因变量主要分为五类指标：第一类是反映老人经济来源的指标，包括“主要生活来源依赖自己或配偶”“主要生活来源依赖子女”及“主要生活来源社会支持”，采取虚拟变量形式定义；第二类指标是代际转移支付金额，主要分为“近一年子女给父母金额”和“近一年父母给子女金额”，采取绝对值形式；第三类是获得代际支持的可能性，包括“父母获得子女代际支持可能性”和“子女获得父母代际支持可能性”，采取虚拟变量形式定义；第四类是老人居住模式，包括“想独居或与配偶居住”“想与子女居住”和“想住养老院”；第五类是有关老人的照料模式，主要包括“老人日常生活照料”和“老人生病时照料”。

我们考察的主要自变量为“被访老人是否参加新农保”，主要根据调查问卷的 F2-4“您是否参加养老保险?”以及 F6-4“您目前有哪些社会保障和商业保险?”来确定。根据前人研究成果，我们选择的影响“被访老人是否参加新农保”

和新农保实施绩效的基期变量，包括：（1）人口学特征，包括男性（女性＝0）、汉族（少数民族＝0）、年龄、有配偶（无配偶＝0）、受教育程度、退休前职业（技术或管理类＝1，其他＝0）和居住在农村（城镇＝0）；（2）社会经济条件，包括每年（调整）家庭收入（对数）[①]、老人有房产（无房产＝0）和相对贫穷（相对富裕＝0）；（3）家庭支持，包括存活儿子数、存活女儿数、老人每年获得的代际支持（对数）、每周老人获得的照料时间（对数）和与家人同住（不同住＝0）；（4）健康状况，包括生活自理能力（ADL）[②]、健康自评[③]、生活满意度自评[④]和参加新农合医疗保险（未参加＝0）。控制变量主要选择居住地域（东部＝1；中西部＝0）。

7.2.2 描述性统计

表 7-2 列出了 2008—2011/2012 年两期调研样本参保组与非参保组主要变量的描述性统计结果。其中，前两列为 2008 年参保前参保组和控制组的特征描述，后两列列示了 2011/2012 年参保后参保组与控制组相比较的特征描述，根据统计结果，可以对前后两组之间的差异及参保前后的主要变化情况进行比较。

① 家庭收入是指被访老人家庭在过去一年的收入之和，参加新农保而获得的养老金也包含在参保老人的家庭收入中，这主要针对 2011/2012 年参保组，因此要对家庭收入进行调整，需要将家庭收入中扣除夫妻双方获得的养老金收入，否则可能高估或低估新农保的政策效果（陈华帅 等，2013）。

② CLHLS 调查问卷详细询问了老人的生活自理能力（ADL），包括洗澡、穿衣、上厕所、室内活动、吃饭、大小便等六个方面，如果老人在六个方面均能自理，则视“ADL 完好”（ADL＝1）；若至少有一项需要借助他人帮助才能完成，则视为“ADL 受损”（ADL＝0）。

③ 健康自评根据问卷 B1-2“您觉得现在您自己的健康状况怎么样?”来确定，自评健康“1 很好；2 好”，则赋值 1，其他为 0。

④ 生活满意度自评根据问卷 B1-1“您觉得现在的生活怎么样?”来确定，方法同“健康自评”。

表 7-2 主要变量描述性统计

	2008 年调研样本				2011/2012 年调研样本			
	参保组		控制组		参保组		控制组	
因变量：	均值	标准差	均值	标准差	均 值	标准差	均值	标准差
1. 经济来源								
主要生活来源依赖自己或配偶	0.243***	(0.429)	0.205	(0.404)	0.154	(0.361)	0.137	(0.344)
主要生活来源依赖子女	0.711	(0.454)	0.724	(0.447)	0.723	(0.448)	0.733	(0.443)
主要生活来源社会支持	0.046***	(0.210)	0.071	(0.257)	0.120	(0.325)	0.113	(0.317)
2. 代际转移支付金额(元)								
(1)近一年子女给父母金额	1785.401	(2027.899)	1936.569	(2956.603)	1974.187	(2805.724)	2172.776	(4036.526)
其中：近一年儿子给父母金额	1059.470	(1504.592)	1142.582	(2279.366)	1034.760	(1689.698)	1189.790	(2851.096)
近一年女儿给父母金额	555.568	(826.747)	607.374	(1312.825)	667.791	(1305.473)	672.741	(1474.161)
(2)近一年父母给子女金额	110.960	(561.537)	158.845	(1796.517)	225.534	(1805.634)	208.562	(1829.370)
其中：近一年父母给儿子金额	40.375	(415.791)	71.787	(1579.047)	95.074	(1086.402)	83.465	(980.446)
近一年父母给女儿金额	15.412	(148.214)	24.147	(457.422)	27.223	(404.646)	47.383	(1456.140)
3. 获得代际支持可能性								
(1)父母获得子女代际支持	0.920***	(0.272)	0.870	(0.336)	0.834***	(0.372)	0.773	(0.419)
其中：父母得到儿子代际支持	0.828***	(0.378)	0.754	(0.431)	0.718***	(0.450)	0.635	(0.481)
父母得到女儿代际支持	0.734***	(0.440)	0.677	(0.468)	0.634***	(0.482)	0.595	(0.491)
(2)子女获得父母代际支持	0.215***	(0.411)	0.178	(0.383)	0.219***	(0.414)	0.180	(0.384)
其中：儿子得到父母代际支持	0.007	(0.225)	0.003	(0.218)	0.058	(0.234)	0.055	(0.227)
女儿得到父母代际支持	0.035	(0.185)	0.041	(0.199)	0.046	(0.210)	0.039	(0.194)
4. 老人居住模式								
想独居或与配偶居住	0.451**	(0.498)	0.413	(0.492)	0.420***	(0.494)	0.355	(0.479)
想与子女居住	0.511	(0.500)	0.527	(0.499)	0.512	(0.500)	0.524	(0.499)
想住养老院	0.010**	(0.098)	0.021	(0.145)	0.019	(0.138)	0.020	(0.139)

续表

	2008年调研样本				2011/2012年调研样本			
	参保组		控制组		参保组		控制组	
因变量：	均值	标准差	均值	标准差	均 值	标准差	均值	标准差
5. 老人照料模式								
(1)日常生活照料								
配偶或自己照料	0.015	(0.122)	0.010	(0.099)	0.089**	(0.285)	0.069	(0.253)
子女照料	0.077	(0.267)	0.082	(0.274)	0.209	(0.407)	0.233	(0.423)
雇人照料	0.001*	(0.033)	0.005	(0.070)	0.011	(0.103)	0.017	(0.130)
(2)生病时照料								
配偶或自己照料	0.319***	(0.466)	0.258	(0.437)	0.282***	(0.450)	0.214	(0.410)
子女照料	0.618***	(0.486)	0.678	(0.467)	0.687**	(0.464)	0.719	(0.450)
雇人照料	0.002***	(0.046)	0.016	(0.126)	0.012**	(0.108)	0.023	(0.150)
主要自变量：								
参加新农保(否=0)	0.000	(0.000)	0.000	(0.000)	1.000	(0.000)	0.000	(0.000)
年龄	81.279***	(10.541)	83.835	(11.114)	84.390***	(10.516)	86.903	(11.095)
乡村(否=0)	0.784***	(0.412)	0.731	(0.443)	0.558*	(0.497)	0.591	(0.492)
子女给父母代际支持金额(元)	1785.401	(2027.899)	1936.569	(2956.603)	3016.116***	(3295.858)	2172.776	(4036.526)
过去一年实际领取养老金(元)	0.000	(0.000)	0.000	(0.000)	1068.624***	(1650.149)	0.000	(0.000)
调整后去年全家收入(元)	10224.960**	(12702.830)	11308.750	(15005.440)	17776.530	(23168.940)	18105.200	(23461.300)
自评生活满意度较好(否=0)	0.611***	(0.488)	0.517	(0.500)	0.597***	(0.491)	0.513	(0.500)
生活自理能力完好(受损=0)	0.906	(0.292)	0.902	(0.297)	0.742**	(0.438)	0.703	(0.457)
参加新农合医疗保险(否=0)	0.756***	(0.430)	0.628	(0.483)	0.925***	(0.263)	0.807	(0.395)
样本量	934	4844	934	4844				

注：问卷中各变量均有“其他选项”，0—1变量中各选项比例加总不一定等于1；2008—2011年期间加入新农保的样本为“参保组”，2008—2011年期间未加入新农保的样本为“控制组”，下同；*、**、***分别表示1%、5%、10%的显著水平，表示给定年份参保组和控制组各变量是否存在显著差异(t检验)。

表 7-2 显示，在老人的经济来源方面，无论是 2008 年样本还是 2011/2012 年样本，老人的主要经济来源仍然是依靠子女，但是相比 2008 年，2011/2012 年参保组老人依靠社会支持比控制组提高 3.2%。在代际转移支付金额方面，与 2008 年相比，2011/2012 年参保组与控制组老人在过去一年获得子女代际支持金额分别增加 188.8 元和 236.2 元，而参保组老人近一年给子女的代际支持分别增加 114.6 元和 49.7 元，这表明子女倾向于给未参保老人更多的经济支持且参保老人相比未参保老人经济上更加独立。值得注意的是，儿子对老人是否参保在代际支持方面表现更为敏感（陈华帅 等，2013）。参保前后，参保老人获得儿子的代际支持不升反降，而控制组却呈现相反结果。在获得代际支持可能性方面，参保老人在 2008 年加入新农保之前比控制组老人得到子女的代际支持高出 5 个百分点，达到 92%，且在统计上显著。在老人居住模式方面，相比 2008 年，2011/2012 年参保组老人想住养老院提高近 1 个百分点，但控制组老人却相下降 0.1%。在老年照料模式方面，参保老人日常照料主要依靠自己，而生病照料主要依靠子女，2011/2012 年参保组和控制组这一比例差距进一步扩大。

从表 7-2 结果的主要自变量可以发现，在 2008 年参保时点之前，参保组比控制组参保年龄平均小 2.6 岁，居住在乡村的比例多 5.3%，获得的子女代际金额少 151.2 元，家庭收入少 1083.8 元，参加新农合医疗保险高 12.8 个百分点。由于新农保参保采取非强制性原则，从统计结果来看，参保老人更倾向于年龄小、家庭条件较差地区的老人，这表明老人是否参加新农保具有明显的“自我选择”性。

7.3 “新农保”对农村老人影响的实证结果与分析

7.3.1 样本匹配效果

为了应用 PSM 方法进行新农保的政策效果评估，首先根据模型（4）需要对样本进行影响新农保参保的 Logit 回归（详见附录 1），从而获得 PS 值，然后根据最近邻域匹配在控制组中选择匹配组。图 7-1 中的（a）和（b）子图分别呈现了参保组和控制组 PS 值在匹配前后的核密度图。匹配前参保组和控制组 PS 值概率分布存在非常明显的差异，即控制组中既包含满足参保资格、想参保但无法进行参保的老人，也包含了本身不想参保或者不满足资格但想参保的老人。显然，如果不通过匹配，而直接比较参保组和控制组带来的效果，所得到的统计推断结果必然是存在偏误的，OLS 和传统的回归方法往往忽略了这一点①。从（a）图中不难看出，参保组倾向得分值分布偏右，平均得分高于控制组。控制组在倾向得分较低部分迅速达到顶峰后急转直下，而参保组分布更加平缓，在两者相交后，参保组分布始终高于控制组。通过匹配后的（b）图可以发现，在完成匹配后，两组样本 PS 值的概率分布已经非常接近，表明影响老人是否选择参保的因素非常接近，也表明两组老人最终的差异由是否参加新农保导致。

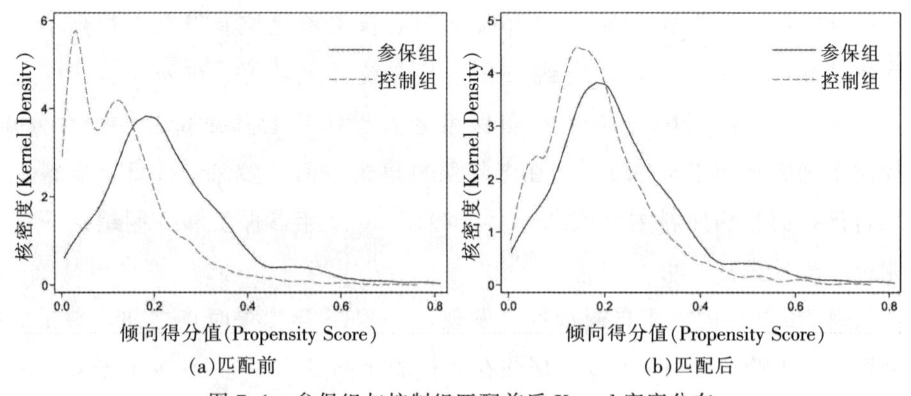

图 7-1　参保组与控制组匹配前后 Kernel 密度分布

7.3.2　新农保总体实施效果评估

通过最近邻域匹配为参保组在控制组中找到匹配组后，计算各维度变量的平均净效果 ATT 来进行新农保总体实施效果评估。匹配前后新农保实施效果变化如表 7-3 所示。

① OLS 或传统回归方法相比 PSM 法的缺点在于：第一，PSM 法的使用包含两个较强假设——平行假设（Balancing Assumption）和共同支撑假设（Common Support Condition）；第二，模型的内生性问题造成 OLS 估计有偏。

表 7-3　新农保总体实施效果评估

变量名称	样本	参保组	控制组	ATT	标准误	T 检验
1. 经济来源						
主要生活来源依赖自己或配偶	匹配前	0.154	0.178	−0.023	0.013	−1.81*
	匹配后	0.154	0.140	0.014	0.014	0.98
主要生活来源依赖子女	匹配前	0.723	0.727	−0.004	0.015	−0.28
	匹配后	0.723	0.787	−0.064	0.171	−3.77***
主要生活来源社会支持	匹配前	0.120	0.088	0.032	0.010	3.26***
	匹配后	0.120	0.071	0.049	0.012	4.09***
2. 代际转移支付金额（元）						
（1）近一年子女给父母金额	匹配前	1974.187	2030.995	−56.808	115.630	−0.49
	匹配后	1974.187	3353.191	−1379.003	133.945	−10.30***
其中：近一年儿子给父母金额	匹配前	1034.760	1156.803	−122.042	83.597	−1.46
	匹配后	1034.760	1933.810	−899.050	93.093	−9.66***
近一年女儿给父母金额	匹配前	667.791	632.628	35.163	46.139	0.76
	匹配后	667.791	998.371	−330.579	55.186	−5.99***
（2）近一年父母给子女金额	匹配前	225.534	177.307	48.227	59.558	0.81
	匹配后	225.534	238.734	−13.199	64.572	−0.20
其中：近一年父母给儿子金额	匹配前	95.074	74.351	20.723	42.593	0.49
	匹配后	95.074	107.922	−12.848	42.293	−0.30
近一年父母给女儿金额	匹配前	27.223	33.975	−6.753	33.986	−0.20
	匹配后	27.223	35.238	−8.015	13.961	−0.57
3. 获得代际支持可能性						
（1）父母获得子女代际支持	匹配前	0.834	0.830	0.004	0.013	0.31
	匹配后	0.834	0.963	−0.129	0.013	−9.88***
其中：父母得到儿子代际支持	匹配前	0.718	0.706	0.012	0.016	0.79
	匹配后	0.718	0.843	−0.124	0.017	−7.47***
父母得到女儿代际支持	匹配前	0.634	0.645	−0.011	0.016	−0.70
	匹配后	0.634	0.758	−0.124	0.018	−6.81***
（2）子女获得父母代际支持	匹配前	0.219	0.182	0.037	0.013	2.79***
	匹配后	0.219	0.218	0.002	0.016	0.11

续表

变量名称	样本	参保组	控制组	ATT	标准误	T 检验
其中：儿子得到父母代际支持	匹配前	0.058	0.053	0.005	0.008	0.69
	匹配后	0.058	0.062	−0.004	0.009	−0.45
女儿得到父母代际支持	匹配前	0.046	0.040	0.006	0.007	0.94
	匹配后	0.046	0.045	0.001	0.008	0.08
4. 老人居住模式						
想独居或与配偶居住	匹配前	0.420	0.390	0.029	0.017	1.77*
	匹配后	0.420	0.415	0.005	0.019	0.27
想与子女居住	匹配前	0.512	0.524	−0.012	0.017	−0.72
	匹配后	0.512	0.520	−0.008	0.019	−0.41
想住养老院	匹配前	0.019	0.020	0.000	0.005	−0.09
	匹配后	0.019	0.014	0.006	0.005	1.09
5. 老人照料模式						
（1）日常生活照料						
配偶或自己照料	匹配前	0.089	0.037	0.052	0.007	7.64***
	匹配后	0.089	0.060	0.028	0.010	2.74***
子女照料	匹配前	0.209	0.151	0.058	0.012	4.72***
	匹配后	0.209	0.224	−0.016	0.016	−1.00
雇人照料	匹配前	0.011	0.010	0.001	0.003	0.16
	匹配后	0.011	0.007	0.004	0.004	1.07
（2）生病时照料						
配偶或自己照料	匹配前	0.282	0.243	0.038	0.015	2.60***
	匹配后	0.282	0.267	0.015	0.017	0.84
子女照料	匹配前	0.687	0.691	−0.004	0.016	−0.26
	匹配后	0.687	0.707	−0.019	0.018	−1.09
雇人照料	匹配前	0.012	0.018	−0.006	0.004	−1.39
	匹配后	0.012	0.009	0.003	0.004	0.69

注：***、**、* 分别表示1%、5%、10%的显著水平；标准误为稳健标准误，通过自抽样法(Bootstrap) 反复抽样500次得到。

在经济来源方面，匹配前新农保政策的实施使参保老人比未参保老人在生活来源依靠自己或配偶方面降低 2.3 个百分点，并且在 10％显著水平下显著，但是经过匹配后，我们发现真实的情况是参保使老人依赖自己或配偶的可能性提高 1.4％，尽管在统计上并不显著。参保老人匹配后依赖子女的概率降低 6.4％，且在 1％显著水平下通过检验。有趣的是，参保老人获得的社会支持在参保后提高 4.9 个百分点，参保前提高 3.2 个百分点，都在 1％显著水平下通过检验，这表明经过匹配后，参保老人相比未参保老人获得的社会支持更高。新农保在经济来源方面使参保老人减少了对子女的依赖，而增加了社会支持①。

在代际转移支付金额方面，近一年子女给父母的金额在匹配前都不显著，而经过匹配以后，结果都在 1％显著水平下通过检验，这体现了 PSM 的优势，使结果更加真实、可靠。新农保使参保老人相比未参保老人近一年获得子女的金额支持减少约 1379 元，其中儿子的代际支持减少 899 元，女儿减少 331 元。儿子是传统农村家庭养老的主要负担者，老人参保可以显著降低儿子养老的负担。匹配后虽然参保老人近一年给子女的金额减少，但是在统计上并不显著。值得注意的是，表 7-2 显示参保老人每年平均获得的养老金 1069 元，明显小于子女少支付给老人的代际支持金额，这也验证了陈华帅等（2013）的结论。与此同时，在获得代际支持可能性方面也呈现出类似的结论。

在老人居住模式方面，匹配后参保老人相比未参保老人选择独居或与配偶住的可能性提高 0.5％；想与子女居住的可能性降低 0.8％；想住养老院的可能性提高 0.6％。这一结果虽然间接表明参保政策在一定程度上提高了老人的独居意愿和实际独居率，但结果在统计上并不显著。

在老人照料模式方面，新农保政策能够使老人日常生活照料主要依靠配偶或自己的可能性提高 2.8％，且在 1％显著水平下通过检验。无论是日常照料还是生病照料，参保老人都降低了对子女的依赖性，并提高了雇人照料的可能性，但是在统计上并不显著。新农保在日常生活照料方面看似提高了子女照料的可能性 5.8％，但经过匹配后，实际带来的政策效果是降低了子女照料 1.6 个百分点。在农村，老人一般都与儿子居住，但是通常儿子对老人的照顾很粗心，而儿媳对

① 根据问题设置，社会支持主要指当地政府或社团给老人的支持和补贴。

老人的照顾也不会太上心，这促使在经济上有一定独立性的老人更倾向于自己或雇人照料，而新农保恰恰有助于进一步提高老人的经济独立性。

7.3.3 新农保具体实施效果评估

为探讨新农保对不同群体老人是否参保带来的具体影响，在接下来的分析中，我们从年龄、地区、参保时滞三个方面进行划分，用以评估新农保带来的具体实际政策效果。

（1）年龄和地区效果评估。表 7-4 呈现了新农保在参保老人年龄和地区间的实施效果具体差异。从年龄差异来看，年龄相对小的老人相比年龄相对大的老人依赖子女程度下降 5.5%，而社会支持相应提高 3%，且都通过相应检验。在代际转移支付金额方面，年龄相对大的老人获得的代际转移金额下降更多，且年龄相对大的老人对子女的代际支付倾向于降低，而年龄相对小的老人倾向于提高。年龄差别在老人居住模式方面体现的差异并不大，相对来说，年龄大的老人在一定程度上更加独立，但在统计上并不显著。年龄相对小的老人在 5%显著水平下增加独立照料 3.7%，而年龄相对大的老人在统计上并不显著。

从地区差异来看，中西部地区在经济来源和代际支持方面效果明显强于东部地区，即在中西部地区，新农保更倾向于在经济上增加老人的独立性，降低对子女经济上的依赖。但是，在老人的居住模式和照料模式方面，新农保政策更加倾向于提高东部地区老人独居的可能性和改变照料模式，尤其是降低东部老人在生病时的子女照料可能性 5.2%。这种差别很可能是由于地区经济发展程度不均衡导致的。整体来看，对于年龄较大、地区经济状况不好的参保老人而言，更倾向于与子女同住或让子女照顾。

表 7-4　年龄和地区对新农保实施效果评估

	A. 年龄相对大		B. 年龄相对小		C. 东部地区		D. 中西部地区	
	ATT	*T* 值	ATT	*T* 值	ATT	*T* 值	ATT	*T* 值
1. 经济来源								
主要生活来源依赖自己或配偶	−0.004	−0.40	0.027	1.17	0.031	1.43	0.010	0.56
主要生活来源依赖子女	−0.037	−1.84*	−0.092	−3.64***	−0.065	−2.52**	−0.087	−3.82***
主要生活来源社会支持	0.037	2.08***	0.067	4.13***	0.030	1.68*	0.077	4.86***
2. 代际转移支付金额(元)								
(1)近一年子女给父母金额	−1256.926	−6.38***	−1195.350	−6.69***	−1827.664	−7.68***	−1104.212	−7.91***
其中:近一年儿子给父母金额	−790.489	−6.56***	−976.499	−7.25***	−1337.236	−7.76***	−785.061	−8.54***
近一年女儿给父母金额	−342.155	−4.74***	−174.965	−2.29**	−344.904	−3.84***	−231.830	−3.63***
(2)近一年父母给子女金额	12.089	0.14	4.894	0.05	−110.179	−0.92	60.396	0.64
其中:近一年父母给儿子金额	−34.587	−1.00	33.191	0.46	−103.076	−1.10	92.394	1.42
近一年父母给女儿金额	−9.111	−1.72*	6.746	0.28	−6.163	−0.68	2.340	0.09
3. 获得代际支持可能性								
(1)父母获得子女代际支持	−0.138	−6.74***	−0.120	−7.07***	−0.094	−5.49***	−0.163	−8.59***
其中:父母得到儿子代际支持	−0.119	−4.54***	−0.121	−5.55***	−0.064	−2.85***	−0.189	−7.87***
父母得到女儿代际支持	−0.157	−5.58***	−0.100	−4.23***	−0.104	−3.89***	−0.162	−6.47***
(2)子女获得父母代际支持	−0.032	−1.60	0.019	0.80	−0.014	−0.55	−0.004	−0.21
其中:儿子得到父母代际支持	−0.034	−3.01***	0.020	1.50	−0.004	−0.30	−0.003	−0.23
女儿得到父母代际支持	−0.002	−0.23	0.005	0.45	0.013	1.00	−0.015	−1.51

续表

	A. 年龄相对大		B. 年龄相对小		C. 东部地区		D. 中西部地区	
	ATT	*T* 值	ATT	*T* 值	ATT	*T* 值	ATT	*T* 值
4. 老人居住模式								
想独居或与配偶居住	0.010	0.38	0.004	0.16	0.057	1.96**	−0.002	−0.10
想与子女居住	−0.017	−0.60	−0.013	−0.51	−0.057	−2.00***	0.003	0.12
想住养老院	0.007	0.96	0.009	1.31	0.017	2.05	−0.003	−0.44
5. 老人照料模式								
(1)日常生活照料								
配偶或自己照料	0.023	1.63	0.037	2.48**	0.042	2.45**	0.031	2.53**
子女照料	−0.004	−0.14	0.001	0.05	−0.020	−0.83	−0.001	−0.06
雇人照料	0.003	0.43	0.003	0.71	0.002	0.36	0.002	0.43
(2)生病时照料								
配偶或自己照料	0.012	0.72	0.016	0.61	0.051	1.86 *	−0.002	−0.11
子女照料	−0.006	−0.34	−0.037	−1.41	−0.052	−1.86 *	0.005	0.22
雇人照料	0.003	0.40	0.003	0.83	0.000	0.00	0.000	0.00

注："年龄相对大"定义为年龄大于样本中位数的老人，"年龄相对小"定义为年龄小于样本中位数的老人；在2008年调研样本中，年龄中位数为83.4岁，在2011/2012年调研样本中，年龄中位数为86.5岁；***、**、* 分别代表1%、5%、10%的显著水平；标准误为稳健标准误，通过自抽样法(Bootstrap)反复抽样500次得到。

(2)参保时滞效果评估。由于新农保参保政策具有一定的时滞性，在参保时间达到半年以上才能体现政策效果（陈华帅 等，2013），因此我们着重对参保时滞效果进行了检验。由表 7-5 结果可知，在经济来源方面，随着参保时长的提高，老人对子女的经济依赖越来越低，对社会支持的依赖相应提高。在代际转移支付金额和可能性方面，父母获得的代际支持呈现由不显著到显著，再到不显著的过程，这表明参保时滞在老人获得的代际支持方面可能存在倒 U 形曲线关系。在老人居住模式方面，新农保刚实施时，提高老人独居意愿达到 21.5 个百分点，降低与子女居住意愿达 19 个百分点，随着参保时间的增长效果下降。在老人照料方面，新农保在日常照料方面效果更明显，尤其是对子女照料的依赖性。

表 7-5 新农保实施参保时滞的效果评估

	A. 参保时间 0～1 年		B. 参保时间 1～2 年		C. 参保时间≥2 年	
	ATT	T 值	ATT	T 值	ATT	T 值
1. 经济来源						
主要生活来源依赖自己或配偶	0.049	0.91	0.052	0.95	0.055	0.58
主要生活来源依赖子女	−0.073	−1.23	−0.169	−2.87***	−0.200	−2.00**
主要生活来源社会支持	0.020	0.59	0.117	4.43***	0.138	3.20***
2. 代际转移支付金额（元）						
(1) 近一年子女给父母金额	−365.725	−1.21	−645.665	−2.30**	−408.959	−0.87
其中：近一年儿子给父母金额	−312.446	−1.47	−379.982	−1.78 *	−674.795	−2.05**
近一年女儿给父母金额	184.127	1.58	−136.065	−1.40	79.658	0.36
(2) 近一年父母给子女金额	133.963	1.06	130.179	1.11	43.575	0.42
其中：近一年父母给儿子金额	117.446	1.13	38.568	1.62	7.260	0.08
近一年父母给女儿金额	34.929	1.28	4.665	0.16	7.123	0.31
3. 获得代际支持可能性						
(1) 父母获得子女代际支持	−0.073	−2.08**	−0.201	−5.65***	−0.184	−2.89***
其中：父母得到儿子代际支持	−0.060	−1.18	−0.223	−4.37***	−0.230	−2.85***
父母得到女儿代际支持	−0.056	−0.97	−0.186	−3.10***	−0.103	−1.02
(2) 子女获得父母代际支持	−0.017	−0.33	−0.061	−1.04	0.058	0.60
其中：儿子得到父母代际支持	0.039	1.56	−0.055	−1.64	−0.016	−0.25
女儿得到父母代际支持	0.036	1.92 *	−0.033	−1.21	−0.001	−0.02

续表

	A. 参保时间 0～1 年		B. 参保时间 1～2 年		C. 参保时间≥2 年	
	ATT	*T* 值	ATT	*T* 值	ATT	*T* 值
4. 老人居住模式						
想独居或与配偶居住	0.215	3.27***	0.018	0.27	0.088	0.79
想与子女居住	−0.190	−2.88***	−0.029	−0.44	−0.064	−0.57
想住养老院	−0.004	−0.26	−0.005	−0.42	0.021	1.74*
5. 老人照料模式						
(1) 日常生活照料						
配偶或自己照料	−0.016	−0.68	0.086	4.30***	0.077	2.25**
子女照料	−0.179	−4.84***	−0.159	−3.69***	−0.226	−3.03***
雇人照料	−0.016	−2.01**	0.009	1.74*	0.021	1.74*
(2) 生病时照料						
配偶或自己照料	0.038	0.62	0.073	1.21	0.155	1.52
子女照料	−0.011	−0.17	−0.063	−1.00	−0.184	−1.69*
雇人照料	−0.024	−2.30**	0.012	2.01**	0.014	1.42

注：***、**、*分别代表1%、5%、10%的显著水平。

同样，我们还对性别、婚姻状况、ADL、参加新农合、收入等方面进行了分组对比分析，毫无例外地在整体上都表明新农保政策的实施在一定程度上提高了老人经济上的独立性和独居意愿，降低了对子女的依赖，只是存在具体的分组差异。但由于篇幅有限，我们不在此对结果进行一一呈现。

7.3.4 稳健性检验

为了进一步检验结论的正确性，我们同时还进行了稳健性检验，主要采取以下两种方法：

第一，虽然 CLHLS 采取多阶段分层抽样方法，但是试点县的选取不一定是随机的，可能与各地的经济发展水平、地方政府财政等方面密切相关，这容易导致参保组和控制组样本存在系统性差异。为克服这一可能存在的问题，我们将非试点县的 2442 个样本删除，然后只针对试点县内未参保老人进行匹配，匹配结果如图 7-2 所示。最终政策评估得到的结果与前文结果基本一致。

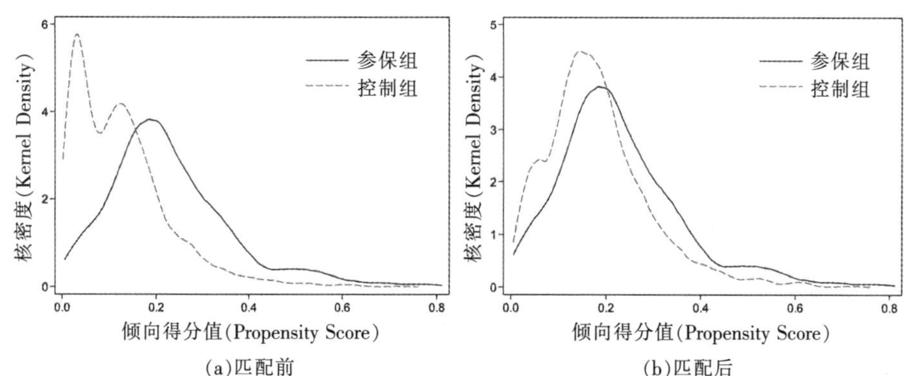

图 7-2　剔除非试点县的参保组与控制组匹配前后 Kernel 密度分布

第二，在原有最近邻匹配的基础上，进一步采用半径匹配法和核匹配法进行稳健性检验，得到的结果与采用最近邻匹配得到的结果高度一致，表明我们的结果可信。

7.4　对“新农保”对农村老人影响的进一步思考

我们利用“中国老年健康影响因素跟踪调查”（CLHLS）最新的 2008—2011/2012 两期面板数据，使用 PSM 方法从经济来源、代际转移支持金额和可能性、居住模式及照料模式等五个方面对是否参加新农保带来的政策效果进行系统评估，同时还对农村老人年龄、地区、参保时滞等方面进行分组，系统检验不同分组带来的具体政策效果差异。结果显示：从总体来看，新农保政策对老人的经济来源、代际转移支付、居住模式和照料模式等方面都产生了显著影响，不仅提高了参保老人的经济独立性和居住独立性，而且老人在实现自我生活照料方面有了一定提高，在一定程度上减轻了子女的负担；具体来看，子女对老人的代际支持可能存在参保时滞效果的倒 U 形曲线，参保时间、年龄、地区等因素带来的新农保绩效存在差异。评估结果如表 7-6 所示。我们采取删除非参保县样本和增加匹配方法进行进一步检验，检验显示该结果稳健。结果表明，新农保对农村老人生活福利的改善有着积极的促进作用，虽然没有改变农村原有依赖子女照顾的“传统模式”，但是对逐步实现农村居民“老有所养，老有所依”具有重要推动作用。

表 7-6 “新农保”政策效果评估结果

	总体评估	具体分组评估				
		年龄差别	地区差别	参保时滞	性别	婚姻
(1)经济来源	1%显著水平下依赖子女可能性下降 6.4%，同时依赖社会支持可能性上升 4.9%，虽然匹配后增加了经济来源独立性，但在统计上不显著	年龄相对小的老人效果更明显。相比年龄相对较大的老人依赖子女下降 5.5%，社会支持提高 3%	中西部地区较东部地区降低对子女的依赖 2.2%，社会支持增加 4.7%	随着参保时间延长，参保时间超过 2 年比 1～2 年依赖子女下降 3.1%，社会支持提高 2.1%。参保 1 年以内组不显著	男性较女性依靠子女下降 2.1%，社会支持提高 0.7%	有配偶相比无配偶依靠子女下降 2.4%，社会支持提高 0.6%
(2)代际转移支付金额	匹配前，代际转移不明显。匹配后近一年子女给父母金额下降 1379 元，其中儿子减少 899 元，女儿减少 331 元。父母给子女代际转移虽然降低，但不显著	年龄相对大的老人获得代际转移支付比年龄相对小的老人降低 62 元，前者主要降低女儿依赖，后者主要降低儿子依赖	东部较中西部获得子女代际支持下降 723 元，其中儿子支持下降 552 元，女儿 113 元。可能与地区经济发展程度有关	近一年子女给父母的代际支持呈现由不显著到显著，再到不显著。可能存在参保时滞的倒 U 形曲线	女性较男性获得子女支持下降 128 元，儿子提高 98 元，女儿下降 70 元	有配偶较无配偶获得子女代际支持下降 492 元；儿子下降 452 元；女儿下降 60 元。无配偶老人给女儿支持下降 16 元
(3)代际支持可能	子女向父母代际转移同上。且匹配前子女得到父母代际支持提高 3.7%，但实际结果并不显著	同上。对于年龄相对大的老人，儿子获得代际支持下降 3.4%	中西部效果更明显。获得子女支持较东部下降 6.9%；儿子 13.5%；女儿 5.8%	1～2 年获得子女的代际支持效果在获得子女、女儿支持方面呈倒 U 形曲线关系	女性较男性获得子女代际支持可能性下降 0.8%，儿子提高 2.1%，女儿下降 1.5%	无配偶相对有配偶获得子女代际支持下降 2.5%，女儿下降 2.3%

续表

	总体评估	具体分组评估				
		年龄差别	地区差别	参保时滞	性别	婚姻
(4)老人居住模式	一定程度上可以增加老人独自居住意愿的独立性，但匹配后在统计上并不显著	年龄相对大的老人在一定程度上更独立（−1.7%＜−1.3%；1%＞0.4%），但是在统计上不显著	东部地区想与子女居住可能性下降5.7%，独居上升5.7%。中部地区不显著	新农保刚实施时（1年以内），增加独居可能性明显。提高老人独居意愿21.5%，降低与子女居住意愿19%	男性老人在10%显著水平下居住养老院的可能性提高1.8个百分点，其他结果在统计上不显著	无配偶老人在10%显著水平下居住养老院可能性提高1.4%。其他结果不显著
(5)老人照料模式	主要对日常生活照料作用明显，匹配后在1%显著水平下增加老人独立照料的可能性2.8%。子女照料减少而雇人照料增加，但不显著	年龄相对小的老人在5%显著水平增加独立照料3.7%	日常照料：东部依靠自己比中西部提高1.1%。生病时：东部靠自己提高5.1%，靠子女下降5.2%	随着实施年限增加，主要提高自己照料（日常显著；生病不显著），降低子女照料，提高雇人照料（日常：−1.6%＜0.9%＜2.1%）	主要影响老人日常生活照料。5%显著水平下，男性较女性主要依靠自己或配偶照料可能性提高1个百分点	有配偶较无配偶在日常照料中主要依靠自己提高2.4%；无配偶老人生病时更依靠自己，比没参加新农保提高1.6个百分点

注：限于篇幅，我们并未将性别和婚姻的评估过程列示，此处只将主要结果汇报。

同时，我们发现新农保政策效果与地区间的经济发展密切相关。一方面，政府要加强对公共服务均等化财政投入，逐步缩小城乡间的收入差距；另一方面，仅仅将新农保定位为“广覆盖、保基本”是远远不够的，应逐步建立“与经济发展及各方承受能力相适应”的养老金制度（程令国 等，2013）。因此，国家未来对农村老人的政策重点仍然是加大财政投入和转移性支付，加快建立统一的城乡居民基本养老保险制度，缩小地区间可能产生的参保制度差异，使农村老人获得更普惠的社会保障制度。另外，我们主要使用的方法是 PSM 和 Bootstrap 法，克服样本选择性偏误和内生性问题，从而得到政策上的实际“净效果”。应用 PSM 对新农保政策的“系统性”评估具有“天然”的优势，能弥补现有单方面研究的不足，并能对相关领域的研究提供一定的指引作用。

第 8 章　经济制度变迁与包容性增长

长期以来，经济增长与收入分配始终是各国经济研究的核心命题，能否保证经济长期可持续增长与收入分配公平正义，也是衡量各国经济制度是否有效的重要标准。大量事实证明，改革开放以来的渐进式制度变革显著提高了我国资源配置效率和资本积累总量，成为我国经济高速增长的核心源泉（林毅夫，1994）。但同时，制度变迁也使得我国的贫富差距不断拉大、收入分配日益不公。据统计，2009 年我国 10%顶级收入群体拥有的财富占国民收入总额比重已达 30%，2014 年居民收入基尼系数（0.469）已远超国际警戒线。当前，我国经济增长已步入新常态，经济下行压力明显加大，如何保持经济适度增长和保障收入分配的公正性，是全面深化改革的重中之重。因此，我们既要分别研究制度变迁的经济增长效应和收入分配效应，也需要将二者置于一个统一的框架下分析制度变迁的整体效应，为下一步深化改革提供思路。

经济增长是永恒的主题，目前学界主要是聚焦于测度制度变迁的经济增长绩效，包括以下几方面：(1) 市场化改革，有学者以经济自由化为经济制度代理变量，认为一国政府的政策制度越趋于自由化，也越能促进该国的经济增长 (Lewer et al.，2011)；(2) 产权制度改革，合理的产权制度能够有效保护私有财产不被攫取，强化私人投资预期，从而促进金融发展和经济长期增长 (Amerndola et al.，2013)；(3) 贸易自由化程度，贸易开放通过外资流入、产品进出口、技术创新以及经济全球化等途径显著提升东道国的经济发展水平 (Narula et al.，2012)。此外，还有学者研究了政治制度对经济增长的影响

(Acemoglu et al.，2012)。可以发现，大多研究主要从单一视角来测度制度变迁的经济绩效，这一研究范式既无法把握制度变迁的整体性，其测度的经济增长绩效也有可能是有偏的。

收入分配是包容性增长的重要方面，也有研究测度了经济制度变迁对收入分配的影响，但研究结论也始终莫衷一是。市场化改革对收入分配的影响是学者们关注的重点领域，有研究认为市场化改革使得收入差距迅速拉大（吕冰洋 等，2012)；也有研究认为收入分配是政治经济制度变迁和不同利益集团博弈的复杂后果，市场化改革并不一定必然导致收入差距扩大（边燕杰 等，2002)。在经济全球化时代，贸易开放也被认为是造成中国收入差距扩大的主要原因（Klump et al.,2008)，但也有观点认为贸易扩大总体上改善了中国的收入不平等状况（文娟 等，2009)，还有观点认为贸易开放对收入分配的影响会因不同经济发展阶段而存在差异（Kim et al.，2012)。另外，也有部分学者从微观层面研究了税制改革、医疗、养老保险等具体制度改革的收入分配效应（陈华帅 等，2013)，但均未形成共识，经济制度变迁的收入分配绩效还有待进一步深入研究。综上所述，现有研究存在测度制度变迁局部效应者多、整体效应者寡的问题。自亚洲开发银行 2007 年提出“包容性增长”理念之后，该理念已逐渐成为世界各国经济增长模式的新共识，包容性增长指数的测算也使得评估制度变迁的整体效应成为可能。实际上，经济增长可持续与收入分配公平正义正是包容性增长的核心要义。为此，我们将在现有研究基础上从经济增长与收入分配两方面对包容性增长的内涵进行“塑造”，并尝试构建包容性增长指数来测度制度变迁的整体与局部效应，为下一步改革提供总体思路。

8.1 经济制度变迁与包容性增长的理论分析

基于张宇等（2011）和刘元春（2003）的观点，我们认为 1978 年以来中国的经济制度主要包括三个层次内涵：一是确定以公有制为主体、多种所有制经济共同发展的基本经济制度；二是打破以往计划经济，建立以市场机制为核心的社会主义市场经济体系；三是通过全面改革外贸体制以及其他相应的制度措施，用外向型发展模式代替进口替代的内向型发展模式，也即独立自主的对外开放战略。这三方面经济制度的变迁共同影响经济增长的可持续性和收入分配的包容性。

8.1.1　基本经济制度变迁的经济增长和收入分配效应

我国的基本经济制度是公有制为主体，多种所有制经济共同发展。生产资料公有制是社会主义的本质特征之一，公有制为主体是社会主义的内在要求，基本经济制度变迁主要体现为在保持公有制为主体的情况下，非公有制经济的发展壮大。公有与非公有制经济的共同存在能够建立起一种市场竞争机制，有利于资源在不同行业、地区的优化配置和有机结合，提升经济系统效率，从而促进经济增长（周新成，2010）。从收入分配效应来看，马克思主义认为生产关系决定分配关系。在社会主义公有制下，生产资料的公有使得由劳动创造的价值大部分被劳动者享有，因而收入分配差距较小。因此，随着社会主义基本经济制度的不断完善，其收入分配正效应会更加凸显。

8.1.2　社会主义市场经济体系变迁的经济增长和收入分配效应

市场经济体系的变迁主要体现为经济系统中政府与市场力量的相对变化。一般而言，市场自由化程度越高，资本、劳动、管理和技术等生产要素流动性越大，资源配置效率越高，越有利于经济增长，但是纯粹的市场经济不能保证分配公平和社会公平。当市场失灵时，一方面，政府可以通过公共支出进行基础设施建设，从而改善私人投资环境，促进经济增长；另一方面，政府通过税收和教育、医疗、就业和社会保障支出等，可以调节过高收入，提供大量就业岗位和扶贫，从而缩小收入差距。

8.1.3　对外开放战略变迁的经济增长和收入分配效应

对外开放战略的变迁主要体现为贸易自由化水平的变动。毫无疑问，贸易自由化会从规模经济、人力资本积累、技术进步等方式促进经济增长（Greenwood et al.，2013）。从收入分配效应来看，按照斯托尔帕-萨缪尔森定理（Stolper-Samuelson Theorem，S-S 定理）：在长期内，本国出口产品密集使用的生产要素的报酬会提高，而进口产品中密集使用的生产要素的报酬会降低。即，如果一国的高技术劳动力相对丰裕，则贸易开放会提高该国高技术劳动力的收入水平，从而扩大收入差距；反之，则相反。改革开放以来，我国一直是世界制造工厂，低技术劳动力雇佣成本相对较低。因而，国际贸易能够提高低技术劳动力的收入水平，从而缩小收入差距。

8.2 经济制度变迁与包容性增长的实证检验

理论分析表明，经济制度变迁对包容性增长既有正效应，也存在负效应，因而，有必要将包容性增长与经济制度变迁的时间序列联系起来进行更加严谨的实证检验，以弄清中国经济制度变迁的包容性增长效应以及今后制度改革的重点所在。

8.2.1 包容性增长指数的测度

目前，国内外关于包容性增长状况测度方法的文献相对较少但不乏创见。我们借鉴魏婕和任保平（2011）的做法，使用基于隶属度的模糊综合评价法构建中国1980至2012年的包容性增长指数并进行测度。

（1）指标确定与数据来源

包容性增长指数由经济增长的持续性与收入分配的包容性两部分构成。我们共选取了13个指标来综合衡量中国历年的包容性增长指数，指标说明及数据来源如表8-1所示。

表8-1 中国经济包容性增长指数测度的评价指标①

一级指标	二级指标	三级指标	数据来源	指标评价基准值
经济增长的持续性	经济增长速度	人均GDP增长率	世界银行数据库	世界人均GDP增长率
		单位产出能耗比	世界银行数据库	世界平均每1000美元GDP的能源使用量
	经济增长动力	全要素生产率	王小鲁（2009）+作者测算	以1为基准值
		第二、三产业贡献率	《中国统计年鉴》	世界第二、三产业增加值占GDP比重

① 限于篇幅，文中未对指标选取、评价标准及测度过程进行详细说明，感兴趣的读者可与作者联系。

续表

一级指标	二级指标	三级指标	数据来源	指标评价基准值
收入分配的包容性	起点公平（参与经济机会公平）	教育基尼系数	孙百才（2009）＋作者推算	以 0.3 为基准值
		失业率	《中国统计年鉴》	35 个发达国家和地区的平均失业率
		每千名活产儿中 5 岁以下儿童死亡率	联合国千年发展目标指标网站	发达国家每千名活产儿 5 岁以下儿童死亡率的平均值
	过程公平（要素收入公平）	行业工资收入差距	《中国统计年鉴》	以 1 倍为基准值
		银行业利润率	Wind 数据库＋《中国金融统计年鉴》	以 3.5%为基准值
	结果公平（共享发展成果）	居民收入基尼系数	程永宏（2007）＋国家统计局公布数据	以 0.35 为基准值
		城乡收入差距	《中国统计年鉴》	以 1.5 为基准值
		社会保障水平	《新中国 60 年统计资料汇编》＋《中国统计年鉴》	8 个国家社会保障适度水平的平均下限
		贫困发生率	世界银行数据库	以 0%为基准值

注：(1) 全要素生产率是基于 DEA 的曼奎斯特（Malmquist）生产率指数，其中，固定资本存量使用永续盘存法，中国 2008—2012 年的资本折旧率为 8%；(2) 中国 1980—2006 年的教育基尼系数使用孙百才（2009）整理的数据，2007—2012 年数据是作者依据孙百才方法测算得来。

（2）测度结果

数据经过无量纲化处理之后，使用基于隶属度函数的模糊综合评价法确定隶属函数及隶属度。然后基于客观赋权法的因子分析法，计算出中国经济包容性增长指数的各项指标权重，由此可得中国 1980—2012 年经济增长可持续和收入分配可包容的分项指数，以及中国经济整体的包容性增长指数。为检验我们包容性增长指数测度结果的合理性，将我们的测算结果与魏婕和任保平（2011）测度出的包容性增长指数（以下简称“魏氏指数”）和国家统计局统计科学研究所测度的 2000—2012 年地区与民生发展指数（DLI）① 进行对比，如图 8-1 所示。

① 发展与民生指数评价指标体系包括经济发展、民生改善、社会发展、生态建设、科技创新和公众评价（公众评价暂未开展）六大方面，共 42 项指标，因而也可以近似看作中国经济的包容性增长指数。

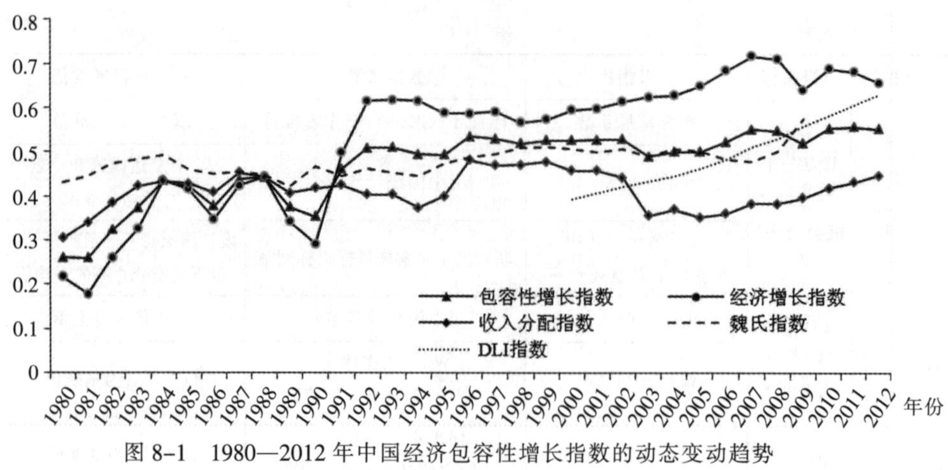

图 8-1　1980—2012 年中国经济包容性增长指数的动态变动趋势

从魏氏指数测度结果来看，1980—2009 年中国经济的包容性增长状况总体变化不大，只呈现一定波动性，但 2008、2009 年包容性增长状况又出现“翘尾”现象，这显然不符合中国经济发展事实，因为 2008、2009 年为后经济危机时期，这一阶段经济增长相对减速，而且无重大收入分配制度改革措施出台。从 DLI 指数测度结果来看，一是测度时间相对较短，二是该指数无波动趋势，是一条单调递增曲线，因而也不符合发展事实。从我们的测度结果看，改革开放之初（1980—1992 年），起点较低、百废待兴，改革开放引致明显的效率提升效应，劳动力与国外资本加速涌进经济系统，因而包容性增长指数大幅上扬；而 1993—2012 年，虽然一系列改革使市场化指数不断提高，但上一阶段技术引进的“边际溢出效应”逐渐递减，全球金融危机以及发展过程中粗放型经济增长方式的弊病逐渐显现，收入差距也不断扩大，包容性增长指数故而呈现缓慢震荡上升趋势。因此，我们的测度结果与中国经济制度变迁历程基本相符，相比魏氏指数和 DLI 指数更加科学合理。

8.2.2　经济制度变迁影响包容性增长的模型设定

（1）计量模型设定与变量说明

在经典的经济增长模型中，产出一般指经济增加值或国民总收入，产出水平由技术进步、资本投入和劳动供给决定。但实际上，经济制度的变革也是一国经济增长的核心要素（Acemoglu，2005）。更进一步地，我们使用扩展的产出概念，认为在制度变革下，不仅产出了经济增加值，也产出了“环境变动”“收入分配变动”，以及“居民幸福感”等诸多后果。鉴于此，我们将包容性增长状况视为“产出”，将制度因素引入 C-D 生产函数，聚焦于经济制度变迁对包容性增长的影响，方程如下：

$$Y(t)=[K(t)]^{\alpha}[L(t)]^{\beta}I(t)\mu(t) \tag{8-1}$$

其中，Y 表示包容性增长指数，K 为固定资本形成总额，L 为就业人数，I 表示制度矩阵，时间 t 随 K、L、I 进入生产函数，μ 为随机干扰项。上式两边对 t 求导，可得：

$$\frac{\mathrm{d}Y}{\mathrm{d}t}=\alpha K^{\alpha-1}\frac{\mathrm{d}K}{\mathrm{d}t}+\beta L^{\beta-1}\frac{\mathrm{d}L}{\mathrm{d}t}+\frac{\mathrm{d}I}{\mathrm{d}t}+\frac{\mathrm{d}\mu}{\mathrm{d}t} \tag{8-2}$$

式（8-2）两边同时除以 Y，整理可得：

$$\mathrm{dln}Y=e_k\mathrm{dln}K+e_l\mathrm{dln}L+e_i\mathrm{dln}I+\varepsilon \tag{8-3}$$

其中，$\mathrm{dln}Y$、$\mathrm{dln}K$、$\mathrm{dln}L$ 和 $\mathrm{dln}I$ 分别表示产出、资本、劳动和制度矩阵的增长率，e 为三者的产出弹性，ε 为随机扰动项。由于我们三种经济制度变迁与包容性增长之间存在当期影响，所以采用 SVAR 模型。根据需要，我们建立一个四变量 SVAR 模型，模型如下：

$$AY_t=\Gamma_0+\Gamma_1Y_{t-1}+\Gamma_2Y_{t-2}+\Gamma_3Y_{t-3}+u_t \tag{8-4}$$

其中，Δln Brfp、Δln Jbzd、Δln Sctx 和 Δln Dwkf 分别表示包容性增长指数（还包括经济增长指数和收入分配指数）、基本经济制度、市场经济体系和对外开放战略这四个内生变量，u_t 为白噪声。

依据上文理论分析，中国经济制度变迁的代理变量如下：（1）基本经济制度变迁以国有化水平（Jbzd）表示，即国有经济增加值占国内生产总值的比重，但由于数据限制，我们以工业总产值中的国有经济增加值表示；（2）社会主义市场经济体系变迁以市场化程度（Sctx）表示，我们以投资的市场化指数，即全社会固定资产投资中“外资、自筹资金和其他投资”三项投资占总投资的比重来表征；（3）对外开放战略以贸易自由化程度（Dwkf）衡量，以出口总额/国内生产总值表示。

（2）SVAR 模型的识别与估计

要对 SVAR 模型进行识别，首先就要对模型中的变量施加约束条件，而经济制度变迁对包容性增长指数的影响是长期的，所以我们对 SVAR 施加长期约束条件。在选定滞后一阶后，[①] 模型使用的 Cholesky 分解次序为 *L*. ln Brfp—*L*. ln Sctx—*L*. ln Jbzd—*L*. ln Dwkf，模型的估计结果如表 8-2 所示。

表 8-2　SVAR 模型估计结构主要结果

自变量 / 因变量	*L*. ln Brfp	*L*. ln Jjzz	*L*. ln Srfp	*L*. ln Sctx	*L*. ln Jbzd	*L*. ln Dwkf
ln Brfp	0.150*** (8.000)			−0.0153 (−0.577)	−0.0132 (−0.494)	0.231*** (5.872)
ln Jjzz		0.249*** (8.000)		−0.0210 (−0.478)	−0.0219 (−0.495)	0.561*** (6.762)
ln Srfp			0.0840*** (8.000)	0.0325** (2.108)	−0.0699*** (−3.851)	−0.152*** (−5.496)
自变量 / 因变量	*L2*. ln Brfp	*L2*. ln Jjzz	*L2*. ln Srfp	*L2*. ln Sctx	*L2*. ln Jbzd	*L2*. ln Dwkf
ln Brfp	0.0542*** (7.874)			0.00554 (0.568)	−0.0600*** (−4.835)	0.186*** (6.703)
ln Jjzz		0.0850*** (7.874)		−0.00871 (−0.569)	−0.0671*** (−3.822)	0.454*** (7.459)
ln Srfp			0.0566*** (7.874)	0.0395*** (3.487)	−0.0981*** (−5.582)	−0.0900*** (−3.691)

模型估计结果表明，经济制度变迁能够显著影响中国包容性增长、经济增长与收入分配状况，但不同类型制度变迁的作用存在时差。市场经济体系与基本经济制度变迁的经济绩效滞后性较强，滞后两期才开始发挥作用，而对外开放战略变迁滞后一期的经济绩效最明显，之后逐渐减弱。

8.2.3　经济制度变迁的脉冲响应分析和贡献率比较

(1) 包容性增长对三种经济制度冲击的脉冲响应分析

整体而言，对外开放战略的冲击对包容性增长的影响最大，呈先升后降态势，并在第 4 期达到最大值 0.018225，这说明对外开放战略确实能够引致明显的

① 滞后阶数确定前，我们对数据进行了平稳性检验，滞后阶数以 Stata12 的 varsoc 命令确定。

效率提升效应，且对包容性增长具有持续性正向影响，是一项能使“国富民强”的长远政策，必须长期坚持。基本经济制度冲击的影响呈现逐渐递减至零的情形，这表明改革开放以来我国由“公有制为主体”向“公有制为主体，多种所有制经济共同发展”的基本经济制度变迁在不断释放“制度红利”，但是“制度红利”会逐渐减弱，这就需要不断巩固和完善基本经济制度。而社会主义市场经济体系冲击的影响则由负转正，当期最大负效应为－0.02502，意味着市场经济体系的变动短期内会扰乱原有的资源配置流向，但随着经济系统对新的、更加流畅的、交易费用更低的资源配置方式的适应，市场体系变迁发挥的作用自然逐渐为正，且影响相对长远。总体来看，目前支撑中国经济系统运行的三种经济制度均能够显著提升我国的包容性增长水平，若形成制度变迁“路径依赖”，则能够尽早体现“中国模式”的制度优越性。

（2）经济增长对三种经济制度冲击的脉冲响应分析

很明显，对外开放战略的冲击在短期内会影响国内企业的盈利状况，但长期来看，外商直接投资的持续流入会明显增加国内企业的 R&D 投入，增加人力资本积累，从而促进经济增长。因此，在当前经济增速放缓时期，尤其要注重发挥对外开放的经济提振效应。基本经济制度的冲击对经济增长的影响第一期就达到最大值 0.019789，表明经济系统对基本经济制度变迁的反应很“灵敏”，也意味着我们不仅要毫不动摇地坚持公有制的主体地位，也要共同发展多种所有制经济，非公有制经济也为我国经济增长做出了巨大贡献。值此“国企混改”之际，我们应进一步促进国有企业公司治理结构现代化，消除各种行业壁垒，让非公有制与公有制经济站在同一起跑线上。

（3）收入分配对三种经济制度冲击的脉冲响应分析

从图 8-4 可知，对外开放冲击对收入分配的冲击效果呈现“先减后增”的情形，但整体冲击效应一直为负。可能的原因在于资本和技术的流入使得中国发生“技能偏向型技术进步”，进而提升技能劳动报酬；另一方面，贸易开放使得国内出口产品供给增加，导致价格相对下降，出口品生产密集的非技能劳动要素报酬自然降低，“一提一降”导致扩大收入差距（戴枫，2005）。图 8-4 显示基本经济制度冲击在短期内显著扩大了收入差距，但随后扩大效应逐渐减弱，这意味着基本经济制度的变迁方向并非不正确，而是过去一段时间国有企业未能较好发挥收入再分配作用，反而因垄断获得高额劳动报酬。在改革之初，腐败与权力寻租是导致收入差距扩大的重要因素。与理论分析相一致，中国特色社会主义市场经济体系能够缩小收入差距，原因在于市场发挥决定作用的同时，政府通过宏观调控措施切实发挥了收入再分配调节作用，也进一步论证了中国特色社会主义市场经济发展道路的科学性。因此，让“市场在资源配置中起决定性作用”的同时，还要“更好发挥政府作用”，这样才能双管齐下，实现效率与公平的和谐统一。

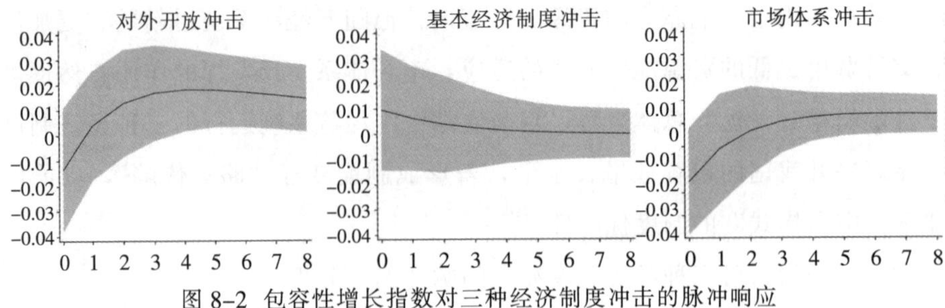

图 8-2 包容性增长指数对三种经济制度冲击的脉冲响应

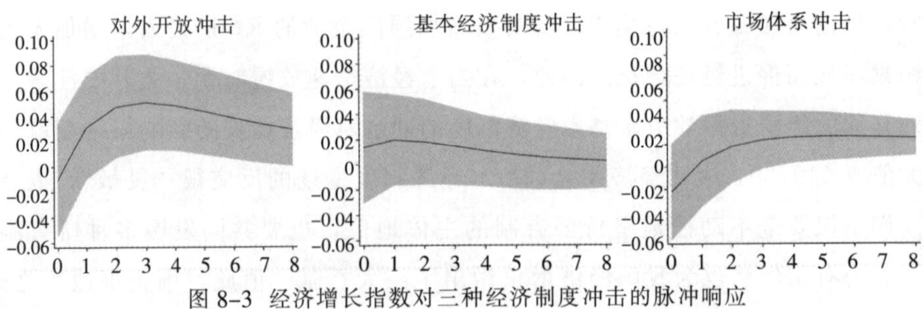

图 8-3 经济增长指数对三种经济制度冲击的脉冲响应

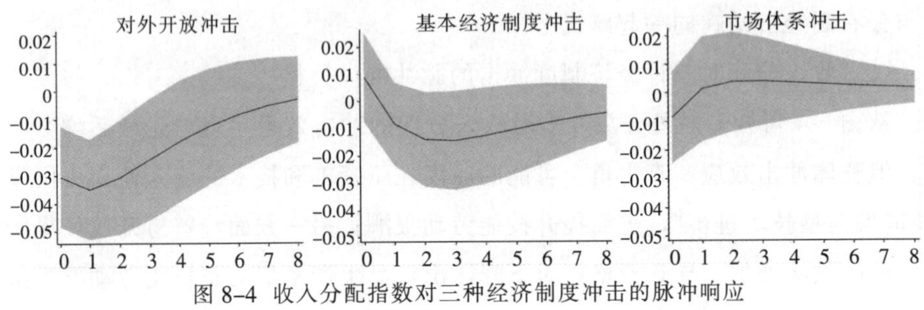

图 8-4 收入分配指数对三种经济制度冲击的脉冲响应

（4）经济制度冲击的相对贡献率比较

为从整体同时观测到多种制度对同一被冲击变量冲击效应的贡献结构，把握各变量冲击的相对重要性，接下来，我们将使用乔利斯基（Cholesky）预测误差方差分解法来观测三种制度冲击分别对包容性增长、经济增长以及收入分配所做的贡献，如图 8-5 所示。

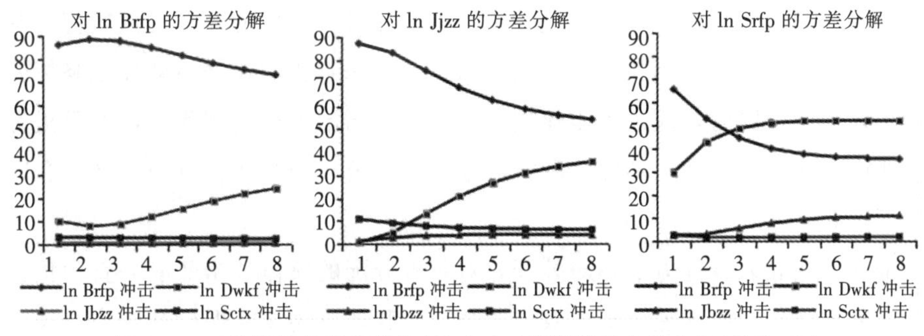

图 8-5　三类指数的乔利斯基(Cholesky)预测误差方差分解(单位:%)

分析图 8-5 的贡献度分解结果可知，除三者自身的贡献外，对外开放战略冲击对三者的作用是最大的，对外开放冲击对收入分配的作用甚至在滞后 3 期以后超过收入分配自身滞后期的作用，稳定状态的贡献度平均达到 51.75%。综上可知，对外开放战略在提升中国经济包容性增长和经济增长水平方面均具有显著正效应，但对外开放也具有收入差距扩大效应，应当引起重视。相比调控收入分配而言，市场经济体系在刺激经济增长方面发挥着不可替代的重要作用，对经济增长影响的最高解释度达到 10.74%。今后，我们应进一步发挥好市场“无形之手”和政府“有形之手”的双重作用，进一步调动中国特色社会主义市场经济的活力，让劳动、资本和技术等一切创造社会财富的源泉充分涌流。

8.3　对经济制度变迁与包容性增长的进一步思考

我们首先对包容性增长的内涵进行了“塑造”，并基于 1980—2012 年的时间序列窗口数据，构建并测算了改革开放 33 年来中国经济的“包容性增长指数”“经济增长指数”和“收入分配指数”，运用结构向量自回归模型（SVAR）检验了中国经济制度变迁对包容性增长的影响。通过分析，我们总结发现：

首先，“中国模式”具有明显的制度优越性。虽然当前我国经济整体包容性增长水平有待提高，但基本经济制度、市场体系以及对外开放战略这三种经济制度变迁均能够显著提升我国的包容性增长水平。对外开放战略的冲击对包容性增长的影响最大，且作用相对持久，是一项能使“国富民强”的长远政策，必须长期坚持。

其次，在经济增长方面，对外开放战略会显著促进经济长期增长。因此，在当前经济增速放缓时期，尤其要进一步注重发挥对外开放的经济提振效应。基本经济制度的冲击对经济增长的影响长期为正，意味着我们要毫不动摇地坚持公有制的主体地位，同时，应进一步促进国有企业公司治理结构现代化，着重提升国有企业内部的经营效率；消除各种行业壁垒，让公有制与非公有制经济站在同一起跑线上。

最后，在收入分配方面，对外开放对收入分配的整体冲击效应一直为负，我们应充分重视这一收入差距扩大效应。今后，我国可尝试在保持其经济增长效应时，通过调整产品进出口结构来尽可能减弱其收入差距扩大效应。中国特色社会主义市场经济体系并非扩大而是缩小收入差距，这主要得益于“市场之手”与“政府之手”的双重调控。另外，国有企业应当进一步提高其利润上缴范围和比例，并将上缴利润用于保障和改善民生，从而缩小收入差距，充分发挥基本经济制度的内生制度优势。

第9章　以社会核心价值观引领收入分配制度改革

改革开放以来，我国经济总量持续攀升，2015年达到10.98万亿美元①，稳居世界第二。伴随这一增长过程的是，“蛋糕”分配问题日益突出，“收入分配”已连续多年成为“两会”最受关注的热点问题之一②。事实上，“分好蛋糕”与“做大蛋糕”同样重要。“公平正义是中国特色社会主义的内在要求”，而不公正的收入分配与社会主义的本质和最终目标明显相违，也使社会公正受到严峻挑战。我们认为，制度是决定收入分配的根本一环，解决收入分配问题的关键在于收入分配制度改革。合理的收入分配制度是社会公正的应有之义，而收入分配制度改革应当基于何种价值标准以及如何深化分配制度改革，是一个值得深入探讨的问题。

9.1　社会核心价值观的内涵、比较及意义

9.1.1　社会核心价值观的形成与科学内涵

任何一个社会都存在多种多样的价值观念和价值取向，要把全社会意志和力量凝聚起来，必须有一套与经济基础和政治制度相适应并能形成广泛社会共识的核心价值观；核心价值观在一定社会的文化中是起中轴作用的，是决定文化性质和方向的最深层次要素，是一个国家的重要稳定器。正如习近平总书记所说：

---

① 国际货币基金组织（IMF）2016年《世界经济展望》数据。

② 在人民网推出的两会“十大热点问题”网络调查中，2008—2015年“收入分配”的关注度分别排名第四、第四、第五、第四、第二、第三、第四、第一。

“人类社会发展的历史表明，对一个民族、一个国家来说，最持久、最深层的力量是全社会共同认可的核心价值观。”

作为一种普遍认同的社会心理、文化形式和理论体系，核心价值观是社会生产力发展的重要产物，其构建必定基于一定的历史背景与现实环境，体现了一个社会、一个国家、一个时代共同的评判标准和价值取向，并随着时空环境的变化而有所不同。改革开放以来，市场经济及社会其他领域都不断快速发展，西方的价值观念和某些不良风气也逐渐深入我国，使人们接触到大量外来文化，其思想观念也发生了深刻变化，自我中心价值观不断膨胀，个人主义、功利主义、拜金主义等非正常价值理念悄然形成，传统的东方价值理念受到严峻冲击。在此背景下，核心价值观这一共识凝聚，是坚定社会主流意识形态的严正要求，是构建社会主义和谐社会的内在必然，是汇聚民力、凝聚民心的重要条件。

党的十八大报告系统地提出了 24 字的社会主义核心价值观，把涉及国家、社会、公民三个层面的价值要求融为一体，深入回答了我们要建设什么样的国家、建设什么样的社会、培育什么样的公民的重大问题。其中“自由、平等、公正、法治”的价值观就是对美好社会的生动表述，是社会层面的核心价值观。戴木才（2016）指出，社会主义核心价值观是全人类共同价值①的具体表现形式，一方面，中华优秀传统文化是涵养社会主义核心价值观的重要源泉，另一方面，全人类共同价值是社会主义核心价值观的重要来源和有益补充；社会主义核心价值观是对全人类共同价值的吸纳和发展，党的十八大提出“三个倡导”，尤其是倡导“自由、平等、公正、法治”的价值理念，充分体现了对全人类“共同价值”的吸纳、发展和提升；社会主义核心价值观与全人类共同价值是辩证统一的。自由、平等、公正、法治自前至后构成层层的目的与手段、内容与形式之结构秩序：自由是平等的目的、内容，平等是自由的手段、形式；自由和平等的统一是公正的目的、内容，公正是自由和平等统一的手段、形式；公正是法治的目的、内容，法治是公正的手段、形式。

---

① 2015 年 9 月 28 日，习近平总书记在纽约联合国总部出席第七十届联合国大会一般性辩论，并在发表题为《携手构建合作共赢新伙伴 同心打造人类命运共同体》的讲话中指出：“和平、发展、公平、正义、民主、自由，是全人类的共同价值，也是联合国的崇高目标。”

9.1.2　我国社会核心价值观与欧美国家基本价值观的比较

我国“自由、平等、公正、法治”的社会核心价值观不同于欧美国家的价值观。在欧洲，1959 年德国社会民主党通过《哥德斯堡纲领》，这一纲领总结了德国近百年的政治经济发展经验，简单地说，德国社会民主坚持“自由、平等、互助”的三个基本价值，认定社会改造是一项持久的改良任务，无法毕其功于一役；这条修正路线不仅影响到欧洲其他国家的社会民主路线，也发展成欧洲价值。在世界的另一端，以美国为首的当今国际垄断资产阶级的民主、自由、人权理论，是对自由资本时代资产阶级的自由、平等、博爱等理论的继承和发展，“自由、平等、博爱”是自由民主国家的基本价值理念。

不同意识形态政党的不同价值观代表不同的阶级利益，对分配（福利）制度改革和西方“福利国家”发展有重要影响。欧洲“自由、平等、互助”的价值观主张实施以“强烈的社会良心”济救贫穷的福利国家制度。例如，瑞典把为每个社会成员谋福利、消除两极分化看作社会集体的责任，因此其社会福利分配中的市场机制受到很大限制。美国则与之不同，其社会福利分配以市场为主、国家为辅，这主要源于以下价值理念：个人价值的追求高于集体利益、社会保障制度只会导致个人对国家的依赖、国家只帮助少数不能自助的人，因此美国的福利保障制度反对以平等和福利为目的的收入再分配政策，实际运行中国家力量欠缺，效率较高而公平不足①。可见，以美国为代表的自由民主国家的价值理念十分强调个人主义、个性张扬，其“博爱”似乎也并未得以切实体现。同样，瑞典的高福利制度也并非可持续：20 世纪 60 年代中期，由于高福利导致的高税收提高了产品成本，瑞典经济开始走下坡路，1976 年社民党下台，“职能社会主义”陷入困境，1984 年重新上台执政后较大程度地调整了福利政策。欧洲其他国家的社会民主党在 20 世纪 70 年代也开始了新的探索，90 年代后期提出“第三条道路”，

① 具体从失业保险制度来看，美国的失业保险制度是发达工业化国家里最不慷慨的之一，根本做不到对失业者提供足够的支持。通常情况下，失业保险只提供六个月。2011 年年底《纽约时报》一项民意测验显示，只有 38%的失业者得到失业救济金，而约 44%的失业者从未领到过；在那些得到资助的人中，70%的人认为在他们尚未找到工作之前，救济金就极有可能到期了；3/4 的人领取的救济金远远少于他们先前的收入。转引自约瑟夫 E. 斯蒂格利茨：《不平等的代价》，张子源译，北京：机械工业出版社，2015 年版。

实质是坚持社会主义的中左价值观，摆脱“专注于国家控制高税收和维护生产者利益的左的思想支配的观念”的束缚。

与此形成鲜明对比的是，在我国“自由、平等、公正、法治”的社会核心价值观中，“公正”既强调社会公平以确保效率，又强调社会正义、保护“最少受惠者”的生存发展权益，坚持集体主义原则，注重正确处理国家、集体、个人三者利益关系，而并不认同不讲求效率的“绝对”互助观；“法治”强调了不完善的市场经济运行过程中不可或缺的“规则公正”，以法治手段、法治形式促进“公正”。还需说明的是，任何社会任何时代的核心价值观，都是具体的、历史的、发展的。在不同国家和民族甚至同一国家和民族的不同历史发展阶段，即使同一核心价值观，也会有它不同的现实内容和表现形式。例如，我国与欧美国家的“自由、平等”价值观就有着不同的内容要求。美国式自由民主受到古典自由主义的重大影响。作为古典自由主义的代表，托克维尔强调自由的平等，欧洲社会民主强调平等的自由，他们二者坚持的都是结果，而不是社会主义的分配过程，因为那无法获得真正的自由。我国核心价值观是在否定不完美的资本主义现实制度之后，对一种更人道、更进步的全人类“共同价值”的诉求和推进。因此，作为人民民主国家的社会核心价值观，“自由、平等、公正、法治”有着独特的国际比较优越性。

9.1.3 社会核心价值观对我国收入分配制度改革的科学指导意义

社会核心价值观具有重要的凝聚功能、导向功能和规制功能。“社会差别只能建立在共同价值基础之上”①，任何一种社会差异的存在都只能基于社会共同的核心价值观。收入分配及分配制度改革也应基于同样的道理：符合社会核心价值观的收入分配才是唯一合理的。

自由，主要强调各类生产要素的存在自由和发展自由，市场主体和生产要素都能够自由进出经济系统并参与经济活动。平等，主要强调参与经济活动的一种或多种要素都能公平地获得报酬，不存在市场分割和身份歧视。自由、平等是整个社会生产过程应当遵循的最基本的价值理念。公正，即公平和正义，它以自

① 取自法国《人权宣言》第一条。

由、平等权利的获得为前提，是收入分配结果的理想状态。“公平正义是中国特色社会主义的内在要求”，也是伟大中国梦的内在要求。法治，主要强调法治对收入分配制度改革的规范与约束作用，要求通过法治建设来维护和保障收入分配的公正性，为实现自由平等、公平正义提供制度保证。

笔者认为，“效率优先、兼顾公平”的协调论分配价值观难以再适用于我国现阶段经济社会的发展，公正才是新时期的分配价值观①，是收入分配的根本原则。马克思主义理论认为，生产决定分配，生产的结构决定分配的结构，参与生产的形式决定分配的形式。因此，不能离开生产孤立地谈分配。相应地，社会核心价值观揭示了社会生产总过程的公平性，而实现公正分配从根本上说正是要确保整个社会生产过程的公平。

9.2　收入分配制度改革要坚持社会核心价值观与权利配置的统一

从现实来看，我国收入分配状况与社会核心价值观明显不完全相符。例如，要素市场垄断和价格扭曲现象较为常见；收入分配格局不理想②，收入差距过大和再分配“逆调节”现象突出；收入分配秩序不合理，隐性收入、非法收入问题较严重③；等等。值得说明的是，仅仅关注缩小收入差距，并不能解决根本问题，改善收入分配格局、规范收入分配秩序，必须进行收入分配制度改革。

在市场经济中，市场交易归根结底是一系列权利束的交换，各类主体拥有的权利综合构成了整个社会制度，个人或组织拥有的不同权利束则是权利配置的结果。权利配置先于市场交易而发生，是市场经济有效运行的前提，它决定着市场交易结果的可能范围，在很大程度上决定了国民收入的分配，尤其是初次分配。而初次分配又在很大程度上决定了一个社会最终收入分配的基本格局。因此，收

---

① 我们认为，公正分配既包括公平分配，也包括正义分配，很多学者“公平分配”或“正义分配”的提法都不够全面。

② 陈宗胜和高玉伟认为，我国收入分配格局经过了“飞碟形”“金字塔形”的基本形态，目前呈现出二元特征明显的“葫芦形”变异现象，这是“中等收入陷阱”的重要特征性现象，与“中间大、下头小、上头更小”的“橄榄形”理想格局相去甚远。在“葫芦形”格局向高级形态“橄榄形”格局转变的过程中，可能会经过“宝塔形”的过渡格局。参见陈宗胜、高玉伟：《论我国居民收入分配格局变动及橄榄形格局的实现条件》，载《经济学家》2015年第1期，第30—41页。

③ 国务院批转的《关于深化收入分配制度改革的若干意见》明确地指出了这一问题，在学界也是共识，王小鲁、罗楚亮等学者专门对此做了相关研究。

入分配制度改革的核心是权利配置。

在改革实践中，权利配置主要表现为普遍的参与权、共享的收入权和充分的保障权。如前所述，分配问题不能离开生产孤立地来看待，社会核心价值观全面地揭示了社会生产总过程的公平性，而“三权”配置同样贯穿于社会生产全过程，尤其是与收入分配密切相关的生产、分配环节。因此，权利配置越符合社会核心价值观，分配就越公正；权利配置不符合社会核心价值观，结果必将与公正分配背道而驰。为确保公正分配的实现，收入分配制度改革应当坚持社会核心价值观与权利配置的统一。

首先，参与权是指所有生产要素都能自由进出经济系统、参与生产活动的权利。它强调劳动、资本等要素市场的机会公平和竞争公平，确保“起点公正”。赵学清（2015）指出，有什么样的资源配置方式，就会有什么样的收入分配方式。生产要素所有权及其自由参与经济活动是市场决定国民收入初次分配的基础，推进收入分配制度改革，首要的是要素市场环境和机制的完善，保证各类生产要素具有普遍的自由参与权。普遍的参与权，遵循了罗尔斯所说的“平等的基本自由原则”和“机会公平原则”[①]，是实现初次分配公平的必要前提，是自由价值观和平等价值观重要内涵的直接体现。

其次，收入权是指生产要素在经济系统中做出了一定贡献，拥有获得相应的要素报酬的权利，尤其强调提高劳动收入份额，扩大中等收入群体。它主要涉及国民收入的初次分配，强调收入分配的“过程公正”。需注意的是，按劳分配是公平分配，符合平等价值观，但它不完全符合“公正”分配的要求，因为按劳分配也可能导致收入差距过大问题[②]；平均主义也不符合平等价值观，更不符合马

① 罗尔斯在其著作《作为公平的正义——正义新论》中论述“正义二原则”时强调，“每一个人对于一种平等的基本自由之完全适当体制都拥有相同的不可剥夺的权利，而这种体制与适于所有人的同样的自由体制是相容的”，这是“公平的正义”的第一个原则；在第二个原则中指出，社会和经济的不平等应该满足两个条件，其中“它们所从属的公职和职位应该在公平的机会平等条件下对所有人开放”的“机会公平原则”是条件之一。参见约翰·罗尔斯：《作为公平的正义——正义新论》，姚大志译，上海：上海三联书店，2002 年版。

② 周新城教授在分析毛泽东提出的“限制资产阶级法权”思想时指出，按劳分配仍然存在着“形式上平等掩盖本质上不平等”的“弊病”，我们应予以充分注意。参见周新城：《论毛泽东分配思想的现实意义——学习〈毛泽东读社会主义政治经济学批注和谈话〉》，载《马克思主义研究》2013 年第 11 期，第 21—28、159 页。

克思主义的要求。还需指出，利用国有或集体性质的生产要素获得的收益，应强调其全民共享性。共享的收入权[①]，体现了社会主义制度的优越性，是实现初次分配公平的必然要求。

再次，保障权是指经济系统保障所有经济个体（包括未参与生产活动的非生产性人员或社会弱势群体）最基本的生存和发展的权利[②]。因为公正分配不仅包括公平分配，还包括正义分配，收入分配“应该有利于社会之最不利成员的最大利益”[③]。充分的保障权主要涉及收入的再分配环节，强调收入分配的“结果公正”，体现了收入分配的根本性原则。它着重强调在实现公平分配的基础上，坚持正义分配，体现了差异性正义原则与同一性正义原则的统一[④]，是实现国民收入最终分配公正的必要保证。综合来看，共享的收入权和充分的保障权，二者都体现了平等价值观与公正价值观的核心内涵和实践价值。

最后，法治是收入分配的利益调节器。要促进“三权”配置的法治化，通过立法和法治不断完善参与权、收入权和保障权的配置，以法治化的工具和手段维护和保障分配公正。它强调要为收入分配提供良好的制度保证，尤其是良好的法治环境。收入分配制度改革与法治建设是相辅相成的，以法治思维破解收入分配制度改革之局，实现规则公正，才能啃好“硬骨头”，更好地实现参与权、收入权和保障权的优化配置。以法治建设推进收入分配制度改革，是依法治国方针的重要体现，是实现收入分配公正的必然路径。

由此，合理的收入分配制度实现了社会核心价值观与权利配置的有机统一。

---

① 共享的收入权，并不否认要保持适当的收入差距作为激励，实现与经济发展阶段相适应的收入分配。在我国当前阶段，尤其要注重实现居民收入增长与经济发展同步、劳动报酬增长与劳动生产率提高同步，以促进经济持续健康增长。

② 鲍尔斯和金蒂斯坚持对经济不平等的批判，认为分配时“应当把达到社会所能接受的生活标准的进路视作一种权利”，“在相当大的一批成员生活在财源无保障和物质贫困的条件下”而表现出的“冷漠和无情”有违于“社会的共同性”，分配公正、经济不平等弱化都离不开社会和政府的经济保障。参见塞缪尔·鲍尔斯、赫伯特·金蒂斯：《民主与资本主义——财产、共同体以及现代社会思想的矛盾》，韩水法译，北京：商务印书馆，2013年版。

③ 罗尔斯在“公平的正义”的第二个原则中进一步指出，社会和经济不平等还应满足“它们应该有利于社会之最不利成员的最大利益（差别原则）”这一条件。参见约翰·罗尔斯：《作为公平的正义——正义新论》，姚大志译，上海：上海三联书店，2002年版。

④ 正义分配应遵循两个基本原则：差异性正义原则和同一性正义原则。参见易小明：《分配正义的两个基本原则》，载《中国社会科学》2015年第3期，第4—21、205页。

社会核心价值观引领下的权利配置，揭示了公正分配的对立统一的两个方面：形式上的“权利平等”和内容上的“实质平等”①，实现了起点公正、过程公正、结果公正与规则公正的统一。坚持社会核心价值观与权利配置的统一，有利于深化以公正分配为原则的收入分配制度改革，“建立以权利公平、机会公平、规则公平为主要内容的社会公平保障体系”，“维护社会公平正义”，促进“共同富裕”与“社会和谐”②。公正分配是一个历史范畴。在我国当前阶段，公正分配的实现应当遵循“权利平等”的逻辑，强调法治保证，在此基础上追求内容上的“实质平等”，以实现公平正义的中国梦。

9.3 优化权利配置以促进分配公正

权利配置是“分蛋糕”的“工具”，“分好蛋糕”还必须讲究“切法”。海尔布罗纳和米尔博格（2012）指出，资本主义的发展历程反映了它不可或缺的三大属性，即资本积累、市场协调和有限政府。我们认为，坚持走中国特色社会主义道路，必须反映劳动激励、市场调节和法治政府三大核心特征。万海远（2016）指出，市场缺失和价格扭曲、资本节制不够和劳动保护不足是收入差距扩大最为根本的因素，并且解决收入分配问题仅靠市场自我调节是不够的，必须加上政府的有效调节，以改变弱势者的不利地位。总之，收入分配制度改革是一项系统性工程，优化权利配置应当实现以上三种机制的有机统一，确保收入分配的起点公正、过程公正、结果公正，加强法治保证，唯此才能从根本上扭转失衡的分配格局和失范的分配秩序，实现公正分配。

以普遍的参与权实现起点公正。核心是完善要素市场环境和机制，实现市场主体在公平统一的市场规则下对劳动、资本等要素享有生产、投资的自由选择权，为国民收入初次分配在市场范围内实现效率与公平的统一奠定良好基础。一是有效保护劳动者平等就业权利，实现充分就业。这里着重强调的是，不同家庭

① 马克思关于分配公正的论述揭示了分配公正具有对立统一的两个方面：形式上的权利平等和内容上的结果平等或实质平等。参见王兆响、张益刚：《社会主义核心价值观视域中的分配公正》，载《山东社会科学》2011 年第 5 期，第 104—108 页。

② 党的十八大报告明确指出，在新的历史条件下夺取中国特色社会主义新胜利，必须牢牢把握“坚持维护社会公平正义”“坚持走共同富裕道路”“坚持促进社会和谐”的基本要求。

背景的劳动者进入国有企业、政府机关、事业单位等体制内单位的机会平等。二是坚持和完善基本经济制度，大力发展非公有制经济[①]，为各类要素的自由参与和公平竞争提供更多机会，充分发掘要素市场价值与发展潜力。三是适当限制垄断行业国有资本过度放大的参与权，逐步加快相关行业国有企业的混合所有制改革，切实处理好国有资本与民营资本等其他资本的行业准入关系问题。四是消除行政垄断和市场障碍，实现要素的自由流通和平等交换，充分发挥市场配置资源的决定性功能；加强监督检查，发挥好政府对市场的“裁判员”功能，保证价格机制的正常运行，维护公平竞争。五是加速二元经济转换和新型城镇化建设，加大金融体制改革和教育培训投入力度，以经济社会体制改革增加社会弱势群体所能占有和使用的要素资源的种类和比例，赋予其更广泛的参与权和更好地获取收入的基础。

以共享的收入权实现过程公正。确保所有参与生产活动的要素资源都能平等地获得要素报酬，并在收入分配中突出对“人权”的侧重[②]，处理好劳动要素与资本要素的分配关系，实现符合市场原则的收入初次分配。一要坚持和完善按劳分配为主体、多种分配方式并存的分配制度，改革现代企业收益分配制度和产权制度，强调资本要素产权与其他要素产权的同等权利，形成广义联合产权制度，实现劳动者对利润的收益权[③]。二要促进发展战略从“制造大国”向“智造大国”转变，实现由物质资本驱动型向人力资本驱动型的转变，这是提高劳动要素

① 针对一些学者对我国公有经济主体地位的质疑，陈宗胜和高玉伟进行了反驳。他们对我国公有经济规模的测度表明，“中国公有制经济的主体地位和公有经济制度都没有发生根本性变化”，并指出我国应当从目前的国家、集体、外资、私企、合伙、个体等多种所有制并存阶段，转而实行公有经济仅需居相对优势或比较优势的“混合经济”，其他所有制经济“还有很大潜力和广阔空间”。参见陈宗胜、高玉伟：《我国公有经济规模测度与深化混合经济改革潜力》，载《经济社会体制比较》2015 年第 1 期，第17—32 页。

② 构建社会主义和谐社会必须坚持以人为本，与“人”相关的权利应予以充分保障，较之于“物权”，“人权”发挥着更为重要的能动性作用，应当处于更突出的地位，因此在收入分配中也应得到更为充分的保障。

③ 这与海尔布罗纳和米尔博格的观点是一致的。他们认为，在员工与雇主之间形成这种“利益攸关”的关系，有助于形成长期高就业的基础，避免自我破坏式的通货膨胀式工资压力。刘长庚和韩雷进一步指出，劳动者利润收益权应是现代企业产权制度改革的重要内容，它能够平等地保护物质资本产权和人力资本产权，使劳动者逐步摆脱雇佣劳动的局限，发挥更加主动的作用；这既可以提高劳动者收入，遏制初次分配中劳动收入占比不断降低的趋势，又可以提高企业自主创新能力，而这二者是推动我国经济社会持续发展需要重点解决的两个问题。

收入占比的根本途径，也是经济持续发展的根本动力。三要设法提高社会弱势群体的财产性收入比重，进一步完善就业与创业政策和机制，扩展居民获取收入的渠道，着力提高中低收入群体收入水平，加速形成并扩大中等收入阶层主体。四要调整政府与企业的分配关系，一方面改革国有企业收益上缴制度，分类提高国有企业利润上缴比例（尤其是垄断性国有企业），并改变上缴收益只在国有企业内部循环的状况，确保其绝大多数进入公共财政领域，让全体居民共享国有资本的发展成果；另一方面要加快落实供给侧结构性改革，适当为劳动密集型的中小企业“减负”。

以充分的保障权实现结果公正。既要重点从财政收入与支出两方面强化政府再分配的正向调节功能，实现“取之于民，用之于民”，又要发挥社会公众的重要作用，促进“三次分配”。从财政收入角度看，不断优化税制结构，减少间接税比重、提高直接税比重，尽快开征财产税或房产税、遗产税和赠予税，强化税收正调节作用；统筹优化政府事权、支出责任和收入划分，确保各级政府更好地履行职能，提高居民生活水平。从财政支出角度看，优化财政支出结构，合理调整消费性支出和投资性支出比重，提高保障性支出比重，减少专项转移支付比重、提高一般转移支付比重，着力改善社会民生；公共政策的制定更加注重向西部和农村地区倾斜，进一步完善惠农政策和促进公共服务均等化，提供优质的公共产品，减少居民支出，提高居民消费能力。另外，要引导社会道德的重建，形成关注贫困、帮扶弱者的优良社会氛围，鼓励社会优势力量分利于民，提高企业社会责任意识，促进三次分配，实现包容性经济增长与社会和谐发展。

以“三权”配置的法治化确保分配公正。以法治化手段作为“三权”配置的有益补充，发挥立法和法治对收入分配的引领、规范和保障作用，为分配公正提供重要的制度保证。一是加强综合执法力度，必要时将市场监管行政执法与刑事司法相结合，提高执法公信力，促进公平竞争；完善市场竞争相关法律，维护公平竞争的市场环境和规范合理的市场秩序。二是健全劳动立法，多渠道完善劳动报酬保障机制。建立健全大众创业体制机制，研究制定并出台《反就业歧视法》，维护社会公众平等就业的权利；重点发挥基层工会组织的作用，建立工会、雇主和政府等多方协商的工资谈判机制，矫正劳资博弈相对能力；完善职工权益保护的法律法规，维护并适当增加职工权益[①]，促进劳资关系和谐，维护社会公平正义。三是清理和规范隐性收入、取缔非法收入。强化国有企业和政府部门的预决算、收支管理信息公开与“阳光化”运行，实现国企高管与政府公职人员薪酬分配的合理化、规范化、透明化，建立法制化的财产申报制度，严肃打击和依法处置权力腐败或寻租行为，努力缩小居民、城乡、行业、地区收入差距。

9.4　对社会核心价值观与收入分配制度的进一步思考

综上所述，“自由、平等、公正、法治”的社会核心价值观有着独特的优越性。它较好地揭示了社会生产总过程的公平性，有利于公正分配的实现。实现公正分配，不断深化收入分配制度改革，核心在于优化权利配置。要综合运用劳动激励、市场调节和法治政府等多种作用机制，实现普遍的参与权、共享的收入权、充分的保障权，促进社会生产总过程的起点公正、过程公正、结果公正。在市场经济相对不完善的情况下，法治的规制功能对于促进分配公正同样必不可少。

收入分配事关经济发展与社会稳定，是人类历史发展的重要环节。不公正的收入分配不能得到社会的认可，严重制约了中低收入群体消费能力和消费水平的提升，不利于经济的持续健康增长与社会民生的改善。然而，实现公正分配、促进共同富裕与社会和谐，收入分配制度改革势在必行而任重道远。

① 若实现劳动者对利润的收益权，则我国现行的《公司法》《会计法》等法律都需做出相应的修改与完善。

第 10 章　创新国有资本权利配置
完善国有企业收入分配

10.1　从权利配置角度研究国有企业收入分配制度具有重要意义

国有企业是社会主义市场经济的重要组成。“坚持公有制为主体，多种经济成分共存”是我国的基本经济制度。十二五规划纲要中，明确提出十二五要继续“完善基本经济制度，深化国有企业改革”。当前，国有企业发展快速稳定，经济绩效迅速提高。2012 年国有企业实现营业收入 42.3 万亿元，同比增长 11%；实现利润 2.2 万亿元（未包括国有金融类企业）。与此同时，国有企业依然面临着许多挑战，总结来看主要面临四方面的问题：一是垄断国有企业对市场经济运作的“干扰”；二是国有企业的收入分配制度，特别是垄断国有企业的收入分配制度存在问题；三是国有企业的资产管理关系有待进一步明确；四是国有企业现代公司治理的实现。针对这些问题，很多经济学者认为国有资本无法达到产权清晰的要求，必然带来这些问题。依据新古典的市场经济理论，国有资本不应该作为参与市场经济的主体。解决这些问题的方法就是“国退民进”。这种观点不仅不符合我国社会主义市场经济的基本制度，在逻辑上也存在两个问题：第一，在垄断行业中，不管是国有还是民营都存在效率损失。充满活力的市场经济需要反垄断，但并不是反国有化。第二，在竞争性行业中，国有企业和民营企业都可以依据竞争力的强弱，赢得市场地位或者失去市场地位。为什么不让市场经济去自由选择哪个企业可以“基业长青”呢？

国有企业的问题很大程度上来源于自身的收入分配制度。垄断国有企业对市场经济的干扰，其实就是国有企业的收入来源问题；清晰的国有资产管理关系就是要明确国有资本的收益权和监督权的归属；现代公司治理的核心是公司的激励机制（企业内部分配制度）。从以上方面来看，国有企业的问题更多的是关于国有企业的收入分配制度，而不是产权属性。这也说明，研究国有企业的收入分配制度，不只是为了解决我国当前的收入分配问题，更是完善我国基本经济制度的需要。因此，创新国有企业的收入分配制度具有重要的意义。

国有企业收入分配制度创新的本质是国有资本权利配置的创新。为了研究国有企业的收入分配改革，首先，需要弄清楚国有企业收入的来源。收入来源于垄断租金还是来源于竞争优势？其次，国有企业的收入按什么机制进行内部分配？再次，哪些人（要素）可以从国有企业的分配中获得收入？这些方面的内容，正是国有资本权利配置的具体体现。国有企业的收入来源是国有资本具有的参与市场权利的范畴；而国有企业的内部分配及要素分配都是国有资本收入权利配置的范畴。从国有资本的参与权和收入权配置创新的角度研究国有企业收入分配制度创新，这就把握了国有企业收入分配问题的本质。

10.2　从权利配置角度看当前我国国有企业收入分配制度的问题

在社会主义市场经济下，国有企业的收入分配，可以分为两个层次：第一个层次是国有企业可以从哪些市场或行业获得收入；第二个层次是国有企业内部各个要素怎么分配国企获得的收益。从国有资本权利配置的角度看，第一层次即是国有资产的参与权问题，第二层次即是国有资产的收入权问题。这两个层次的权利配置是分析当前我国国有企业收入分配制度的基本框架所在。

10.2.1　国有资本参与权的过分放大与过分缩小

参与权决定了国有企业收入来源的性质。国有资本具有的参与市场专业生产的权利，决定了国有企业收入的来源，同时也就决定了国有企业收入的性质。从我国来看，国有资本具有参与垄断行业和竞争行业生产的权利，而非国有企业基本只具有参与竞争行业生产的权利。参与垄断行业获得的收入，是通过政府限制其他企业进入而获得的，与企业的市场竞争力没有必然联系，是一种垄断性质的收益；参与竞争行业获得的收入，体现了企业的市场竞争力，是一种基于效率的收益。以2011年我国工业产值数据为例，我国国有及控股企业工业产值为22.25万亿元，其中垄断行业的产值为8.88万亿元，来自竞争行业的产值为13.37亿元。垄断性收益占到了40%，竞争性收益占到了60%①。垄断收益和竞争收益的比例是4∶6。从这方面看，国企收入更多的来自市场竞争，也就是依靠市场竞争优势获得的收益②。

垄断行业的国有资本参与权过分放大。国有垄断企业的参与权过分放大，体现在三个方面：一是对本行业的垄断程度高。垄断性国有企业通过政策、法规，基本排除了其他资本进入垄断行业，这就很难体现出市场效率。比如，我国烟草、通信服务业、邮政、铁路等产业，基本被国有企业完全垄断；2011年石油和天然气开采国有企业的工业产值是1.18万亿元，而非国有企业这一行业的产值却只有0.1万亿元；电力、热力的生产和供应产业2011年国有企业的产值是4.40万亿元，而民营企业的产值却只有0.3万亿元。这些垄断行业的垄断程度特别高。垄断行业的参与权基本全部赋予了国有资本。二是通过定价优势对其他行业发展空间进行挤占。2011年我国规模以上工业企业的平均工业成本费用利润率为7.71%，而石油和天然气开采行业的工业成本费用利润率却达到了58.75%，烟草制品业是26.79%。国有垄断企业的强势参与权已经影响到了其他行业的利润空间。三是国有垄断企业通过行业扩张对其他行业的发展空间进行挤占。对于大型的垄断国有企业来说，很少有企业会限定在本行业经营，大都进入了其他行业，与民争利。比如，国家电网下属的21个直属单位涵盖了发电、供电、金融、保险、投资、房地产、物流、体育、传媒、建筑、教育等多个产业③；中国中铁则进入了房地产开发、金融、投资、贸易、物业管理、资源开采等行业④。

竞争行业的国有资本参与权过分压缩。竞争行业国有资本参与权相对于非国有资本来说，具有较大限制。具体表现在以下三个方面。一是国有资本的投资范

---

① 相关数据来源于：《中国统计年鉴2010》。此处，把工业中的石油和天然气开采业、烟草制品业、石油加工、核燃料加工业、电力热力生产供应、水生产和供应列为垄断性行业。

② 这里有两点要说明：一是认为国企的收入靠垄断是站不住脚的。二是此处没有研究农业和第三产业中的国有企业收入。鉴于农业和第三产业竞争性更强，国有企业的竞争性收入比例会提高。

③ 信息来源于国家电网主页：http：//www.sgcc.com.cn/gsjs/zzjg/default.shtml.

④ 信息来源于中国中铁网页：http：//www.crecg.com/tabid/130/Default.aspx.

围有限制。国有资本的投资范围很大程度上是由行政命令决定的，而不是由市场效率引导的。从 2009 年我国城镇固定资产投资数据来看，国有企业共完成了 8.65 万亿元的投资。其中，5.06 万亿元投进了垄断行业，占到了总投资额的 58.4%，进入竞争行业的有 3.59 万亿元，占总投资额的 41.6%[①]。而进入竞争行业的 3.59 万亿元投资中，有 2.31 万亿元进入了煤炭、化工、冶炼、房地产、通信、金融、卫生和公共管理领域，只有 1.18 万亿元（总投资额的 13.6%）的投资进入了其他行业。从这个角度看，国有企业并没有充分地参与到市场竞争中。二是国有资本进行投资的程序复杂。国有资本进行投资更多遵循的是程序合理，而不是效率最优。进行一项投资往往要经过母公司、国有资产管理部门、政府等多方允许，周期较长，很可能错过了最好的投资机会。三是国有资本进行投资的额度有限制。国有企业进行投资的额度，不是由公司具体项目决定的，更多是由公司的规模及其对应的行政级别决定。很多情况下，竞争行业的国有企业发现有好的项目也无法进行投资，造成国有资本在竞争行业内的被动地位。

10.2.2　国有资本的收入权配置不合理

国有资本收入权的配置决定了国有企业内部不同要素的收入。国有资本的收入权配置指的是国有企业产生的剩余（收益）分配方式，包含剩余索取权和剩余控制权。国有企业内部的收入权配置，转化为了各种收入模式，决定了企业内各个要素的收入，形成了对不同要素的激励，也就决定了企业的效率。有效激励的关键是使个体的目标和组织的目标达成一致，实现国有企业和员工的共同发展。从这个角度看，国有企业治理问题的核心，就是国有企业激励机制的设计，即收入权配置的问题。当前，我国国有企业内部的收入分配基本格局是，员工获得相对平均的岗位工资，国有资本获得利润索取权。但从 1993 年到 2007 年我国国有企业并不需要上缴利润，2007 年后也只有部分企业上缴了少部分利润。2012 年国有企业共实现利润 2.2 万亿元，上缴财政 950 亿元。上缴利润只占总利润的 4.3%。也就是说，当前国有企业的收入权配置中，只保证了员工的收入，而国

① 数据来源于：《中国统计年鉴 2010》。此处的垄断行业包括：石油和天然气开采业、烟草制品业、石油加工、电力燃气供应、交通运输、邮政、水利和公共设施。

有资本对企业的收益没有明确要求。

垄断国有资本的收入权过分压低。垄断国有企业通过垄断经营获得了大量利润，但这些收益并没有转化为国有资本的收入，大都留存在了企业内部，造成国有资本收入权过分压低。具体表现为三个方面的问题：一是上缴利润过少。1993年以来的很长时间内国有企业并不上缴利润。直到2007年，垄断国有企业根据《中央企业国有资本收益收取管理暂行办法》中的规定，需要上缴利润的10%。2010年的《关于完善中央国有资本经营预算有关事项的通知》规定，垄断国有企业上缴利润从2011年开始增加到15%。但从总体上来说依然较少，人民群众无法享受到国有资本带来的收益。二是资本的收入权不平等。我国的垄断性国有企业大都是股份制公司，包含部分非国有股份。非国有股份可以取得市场应有的资本回报，而国有资本却不行。比如，中石油股份有限公司2008年以来都把利润的45%进行分红。非国有股按比例取得分红，国有股的分红进入中石油集团公司。中石油集团公司再按集团利润的10%上缴财政。截至2011年初中石油集团拥有中石油股份公司86.2%的股份，其他股份占13.8%。中石油最终的利润分配格局是，国有资本取得了总利润中的86.2% * 45% * 10% = 3.88%，而其他股份获得的利润比例是13.8% * 45% = 6.21%。国有资本从股份上来说是其他资本的6.24倍，但获得的利润是其他资本的62%①。三是垄断企业员工的收入很高。2008年城镇职工的年平均工资是2.88万元，而在石油开采业达到了4.5万元，烟草制品业达到了6.4万元，电力生产供应业达到了4.2万元，铁道运输业达到了3.7万元②。垄断行业的平均工资明显高于一般行业的工资。垄断企业内员工的收益超出了由市场决定的劳动价格。这种收入差距既会引起社会矛盾，又影响了劳动力市场的均衡③。

竞争行业国有资本的收入权形式单一。相对垄断国有企业来说，竞争性国有

① 国有垄断企业对非国有资本的大幅度分红，说明垄断企业并非因为发展需要而无法实现大比例的利润上缴。

② 数据来源于《中国统计年鉴2009》。《中国统计年鉴2009》较为详细地统计了2008年各行业的平均工资，但《中国统计年鉴2010》只记录了大类产业的平均工资，没有体现出垄断行业的平均工资。因此，我们选择了2008年的数据进行说明。

③ 关于垄断企业员工收入对劳动力市场均衡的影响还很少有学者涉及。笔者认为这一方面的研究具有重要意义。垄断企业不仅影响产品市场的均衡，也将影响要素市场的均衡。

企业获取的利润相对较少，获得利润的难度也更大。对竞争性国有企业来说，更重要的是激发企业内的要素积极合作，为企业创造更多利润，实现国有企业在市场经济中的持续发展。但当前竞争性国有企业的激励形式过分单一，不能采取灵活的激励形式，降低了国有企业的竞争力①。这表现在以下三个方面：一是国有资本的收入往往采取一刀切的形式。关于国有企业上缴利润的比例是按行业制定的，或者按地区来制定的，而不是按具体企业来制定的。这就造成了有些处于发展关键时期的国企不得不按比例缴纳利润，放慢了发展速度，而有些成熟的国有企业拥有大量留存利润。二是国有企业内部员工很难与国有资本共同分享企业的发展成果。现代企业强调员工和企业的共同发展，以提高员工人力资本投资的积极性。但在国有企业中却很难实现。比如：现代企业常用的员工持股、期权激励等长期激励方式，在国有企业中较少实施。同时，也没有相关的替代激励方式，这些限制造成了国有企业员工积极性下降。三是国有企业缺乏有效的内部晋升机制。有效的内部晋升是企业内部效率提升的重要保障。但国有企业的内部晋升更多依赖于上级任命和工作年限。这种晋升方式降低了员工的工作积极性，人才流失严重。

10.2.3　国有资本权利配置问题的深层次原因

国有资本权利配置的深层次原因是参与权和收入权配置的不匹配。现实中我国国有资本的参与权和收入权配置往往实行了一刀切的同质政策，造成了国有资本参与权和收入权配置的不协调。现有的国有资本权利配置包含三类不协调：一是国有资本参与权和收入权的配置没能体现出垄断和竞争行业的特点。垄断性国有企业的国有资本一方面拥有较强的行业参与权，获得了大量垄断租金，另一方面拥有较弱的收入权，使得大部分资本收益留存在了企业内部。竞争性国有企业的国有资本和非国有资本具有平等的参与权，但在收入权配置方面却无法具有非国有资本的灵活性，不能充分激励企业员工，带来竞争劣势。二是国有资本参与权和收入权的配置没能体现出国内和国际市场的异同。相比国内市场而言，国际

① 国有企业在技术积累方面具有优势。但由于没有灵活的激励方式，国有企业专业技术人才流失严重，无法使技术转化为市场绩效。

竞争更为激烈。国内的垄断性国有企业，在国际市场上更多地体现为竞争性，相应的收入权配置应该改变。竞争性国有企业，在国际市场上的竞争强度更大，需要更灵活的收入权配置才能完成立足国际市场的目标。三是国有资本的权利配置弹性太低，跟不上经济的发展变化。相对传统市场而言，现代全球化的市场条件下，科技更新速度更快，人的作用更加突出，需要不断创新企业的权利配置。但是国有企业的权利配置改革更多的是受行政命令制约的，往往滞后于市场的新变化，影响了国有企业的持续发展。总而言之，现有的国有资本权利配置，对处于垄断地位的国有企业没有形成应有的限制，对处于竞争地位的国有企业没能充分放“活”。

10.3 垄断性国有企业收入分配制度的创新

垄断国有企业收入分配的问题，主要集中在国有资本在垄断行业过于强大的参与权和过于弱小的收入权。为了解决这些问题，应该围绕适当限制垄断国有资本的参与权和合理增强国有资本的收入权展开创新。垄断国有资本的参与权改革要以垄断国有企业的功能定位为基础，收入权改革要以保障国家利益为基础。

10.3.1 垄断国有资本的参与权配置要和控制经济命脉的功能相匹配

垄断国有企业要明确控制国家经济命脉的重要作用。国家赋予垄断国有企业在相关行业的垄断地位，不是为了垄断而国有，也不是为了获取高额的利润，而是为了国民经济稳定、自主的持续发展。国有企业控制国家经济命脉的重要作用应该从以下三个方面进行理解：一是垄断国有企业要为国民经济发展提供充足稳定的能源供应。能源供应是现代世界经济发展的一个瓶颈。能源供应的波动引发了多次经济危机。国有企业应该为我国经济发展提供充足稳定的能源供应，这也就同时维护了国家经济安全。二是为国民经济提供高质量的基础服务。当国民经济处于转型发展过程中时，还没有建立起完善的基础服务体系，需要国有企业提供相应的基础服务。如交通、邮政、电信等服务的提供，在一段时间内应由国有企业完成[①]。三是为宏观经济调控提供强有力的支持。随着经济全球化的推进，

① 这里有个问题，垄断国有企业提供能源或者服务的价格怎么决定？由于垄断国有企业提供的是基础性的能源或者服务，相关的价格将极大影响国内企业或个人面临的生产成本。因此，垄断国有企业提供产品或服务的价格，不应该追求利润最大化。利润率不应超过市场的平均资本回报。

经济波动和冲击越来越频繁，宏观经济调控的作用更加突出。国有垄断企业作为经济命脉的控制者，也应该成为宏观调控的参与者，要配合政府完成相应的宏观调控任务。

垄断国有企业要实施专业化的发展战略。垄断国有企业依靠在垄断行业的地位，获得了其他企业所没有的优势。为了维护其他行业的充分竞争要控制垄断国有企业的多元化发展。即，垄断国有资本的参与权只体现在垄断行业中，而对其他行业只能是低限度的参与。一要坚决控制垄断国有企业的多元化发展。垄断国有企业要逐步把经营产业集中于核心产业。现有的多元产业要逐步剥离垄断国有企业，实现非垄断产业的充分市场化发展。通过限制垄断国有资本的参与权，使垄断国有企业的收入来源限定在垄断行业内。这种限制既可以促使垄断国有企业更好地完成相应使命，又可以避免对其他行业收入的挤占。二要促进垄断国有企业的国际化发展。垄断国有企业的发展方向应该在坚持专业化发展的同时，实现国际化发展。实现以全球的资源、技术为我国经济的发展提供基础支撑。因此，对垄断国有资本参与权的限制应该主要针对国内多元化发展的倾向，而对垄断国有企业的国际化发展应该放宽限制，给予充分支持。

国有资本在垄断行业的参与权是相对垄断的。国有企业在垄断行业具有垄断优势，但这种垄断是相对垄断，不是完全的、绝对的垄断，不能限制非国有资本进入垄断行业的参与权。非国有资本可以通过以下方式进入垄断行业：一是非国有资本具有参与直接投资生产的权利。国有企业在垄断行业具有控制地位，但并非可以独立完成行业内所有的经营。非国有资本可以直接投资垄断行业进行生产经营，成为垄断国有企业的有益补充。二是非国有资本可以通过资本市场间接参与垄断行业的经营。垄断国有企业的控制地位是基于产品市场的，但资本市场却是可以开放的。非国有资本可以通过资本市场进入垄断行业，分享垄断行业的资本收益。与此同时，垄断行业的劳动力市场应该是竞争性的劳动力市场，而不是受国企控制的特殊劳动力市场。普通劳动者可以平等地进入垄断国有企业工作，分享垄断国有企业的收益。

10.3.2　垄断国有资本的收入权要实现高强度和高效率的结合

垄断国有资本的收入权要加强。现阶段垄断国有企业上缴的利润比例太少，应加大利润的上缴比例。通过加大利润上缴比例来强化国有资本的收入权，使垄断国有资本的强势参与权和收入权相匹配。从以下三个角度看，有必要加强国有资本的收入权：一是垄断国有企业发展阶段的必然趋势。经过中华人民共和国成立后六十多年的发展，特别是改革开放三十多年以来的发展，我国已经建成了部门齐全的工业体系。垄断国有企业已经从初期的投资建设阶段进入平稳发展阶段。投资建设不再是唯一的发展目标，投资和收益成为同等重要的主题。二是广大人民群众共享垄断国企发展成果的需要。广大人民群众作为国有垄断企业真正的股东，要分享企业的收益，才能体现出社会主义国有企业的优势所在。只有加大垄断国企的利润上缴比例才能使公司的收益用到民生用途上。三是国有垄断企业现代公司治理的需要。大量利润留存在企业内会带来盲目投资和腐败倾向，给国有资本带来风险的同时，加大了监督成本，阻碍了垄断国有企业现代公司治理的实现。

垄断国有企业的内部员工要获得合理的收入。垄断国有企业在实现上缴比例上调的同时，要进一步提升企业内部的运营效率。企业内部的激励制度要把握现代经济知识含量高、国际化程度高，对专业人才依赖程度高的特点，突出对人力资本的充分激励。一是专业技术、管理人员要取得和市场价值相一致的收益。这样才能留住优秀人才，为企业的长期发展提供人才支撑。二是公平的激励制度。底层员工对企业产品的质量起到关键作用，特别是在缺乏竞争的情况下，产品质量更多取决于员工的自觉。要实施同工同酬的分配制度，避免剥削临时工和底层员工，造成企业内部矛盾，影响产品质量的提高。同时，要避免平均主义的倾向。三是激励制度要区分国内和国际市场。国有垄断企业在国际上更多表现为竞争性，而不是垄断性。国际市场要实施强度相对大、方式相对灵活的激励制度，才能使国有垄断企业立足于国际市场。

10.4　竞争性国有企业收入分配制度的创新

相对于垄断国有企业来说，竞争性国有企业并不具有垄断优势，而只是社会主义市场经济中的普通参与者。竞争性国有企业收益来源于企业的竞争优势。竞争性国有资本的权利配置创新，核心是为了提高国有企业的竞争力，促进企业的长期持续成长。竞争性国有资本参与权的配置应根据具体企业的发展来创新，收入权的配置要围绕如何激励企业内不同要素积极合作完成企业战略目标而展开。

10.4.1　竞争性国有资本要享有充分的、自主的市场参与权

竞争性国有企业要充分地参与市场竞争。竞争性国有企业除了产权性质体现了公有制之外，并没有在市场经济中表现出特殊性，是普通的市场竞争参与者。在竞争领域中的，“国退民进”和“国进民退”都应是市场竞争的结果，而不应该是政策主导的。在竞争行业中，各类资本的参与权都应是平等的。这种平等性体现在以下三个方面：一是国有企业可以自由进入竞争性行业。国有企业可以根据自己的发展需要，进行产业链的延伸。只要是适合国企发展的战略，多元化和专业化发展都应该得到支持。自由参与和自由退出是相辅相成的。国有企业可以自由退出某一行业，而不应受到行政限制。二是国有企业可以兼并非国有企业。国有企业在成长发展过程中，特别是竞争力强的国有企业，会实行一定程度的兼并重组。国企兼并非国企，不是市场经济的倒退，而是市场经济下竞争效果的一种自然呈现。三是支持国有企业实施形式多样的国际化发展。国有企业不仅是参与国内市场的重要组成，也是参与国际市场的重要组成，应该支持国有企业的国际化发展。国有企业走出去的方式，可以是灵活多样的，不应该在组织形式、股权和人员组成上有政策限制。

竞争性国有企业要自主参与市场竞争。把竞争性国有企业塑造为合格的市场竞争主体，不仅要求竞争性国有资本拥有充分的参与权，而且要保证这种参与权是由国有企业自主行使的。一是企业发展的战略由董事会和股东大会决定。市场经济下，企业的发展战略不是完成行政任务，而是为了企业的长期成长。企业的发展战略应该按照公司的决策机制来制定，即主要由董事会根据企业发展需要来制定。二是国有企业的融资应由企业通过市场渠道完成。国有企业要提高自己的融资能力，充分掌握现代市场主要的融资手段，摆脱对行政安排的依赖。企业拥有高水平的融资能力，既摆脱了可能的行政干预，又避免了市场的不公平竞争。三是国有企业发展过程中的组织结构和人事安排应有企业自主决定。企业的组织结构在不同的发展阶段、不同的行业内会有不同变化，国有企业应该可以自主决定其组织形态，而不是所有的国有企业采取一样的模式。国有企业的人事安排，特别是高层管理人员的安排，要采取完全市场化的安排，避免行

政任命。

10.4.2 竞争性国有企业的收入权配置要具有充分弹性

利润分配的方案应由国有企业根据自身发展需要来制定。利润对于竞争性企业的发展来说具有更重要的作用。利润的合理分配不仅可以减小企业的资金成本，而且对激励员工有重要作用。竞争性国有企业的利润分配应该由具体企业具体制定，不应采取现有的一刀切模式。国有企业的利润分配应着重关注以下三点：一是利润分配要和企业的发展阶段相匹配。不同的发展阶段要实施不同的利润分配。在企业发展初期，利润更重要的是一种资本积累，而随着企业的发展，利润的分配要更注重吸引不同要素进入企业。二是利润分配要和行业特点相匹配。不同的行业，所依赖的竞争优势不同，在利润分配上也会呈现出不同的特点。三是利润分配要和具体的市场特点匹配。在不同地域的国有企业也应体现出当地化的利润分配特点。这样才能吸引当地的资本、技术和人才进入国有企业，促进国有企业的长期发展。

推广按岗位和绩效为基础的薪酬制度。国有企业的效率，很重要的一部分来源于对企业内部员工的有效激励上。工资制度是企业激励员工的基础制度。长期以来，国有企业内部的工资制度沿袭了计划经济下的制度。在现代市场经济体制下，国有企业的工资制度应该把员工人力资本的市场价值和员工对企业的贡献充分体现出来。一是要合理设置纵向不同层级岗位的基本工资。关键是合理设置层级间的岗位收入差距。层级间的岗位工资差距可以激励员工努力工作，向高层级发展。同时，要避免过高的收入差距带来层级间的矛盾。二是要合理设置横向不同部门岗位的基本工资。现代企业中，部门间的合作发挥了更重要的作用。不同部门间的基本工资的差距应该趋于缩小，以利于部门间的合作交流。三是合理设置不同岗位对应的绩效工资。在设定基本工资的同时，应该把绩效考核融合进工资制度中，设定一定比例的绩效工资。创新不同员工的绩效考核办法，特别是技术人员和管理人员的绩效考核。

创新员工分享企业发展成果的长期激励制度。在企业发展中，特别是知识经济时代的企业成长中，人力资本的作用越来越重要。企业的成功更多依赖于“人”的因素。为了调动员工的积极性，国有企业不仅要设计合理的工资制度，而且要设计员工分享企业发展成果的制度。也就是说，在竞争性国有企业中，国有资本要让渡部分收入权，和人力资本共享企业的收益。一要创新股权和期权激励。长期以来，国有企业囿于自身公有制的特殊性，很难对员工进行股权和期权激励。但作为市场竞争主体的竞争性国有企业应该具有股权和期权激励的措施，以达到和非国有企业同样的激励强度。二要创新企业的分红激励。在股权和期权激励改革难度较大时，国有企业可以通过赋予员工，特别是高人力资本的员工以分红权[①]。员工通过分红，和企业的发展紧密结合在一起，实现企业和员工的双赢。三要创新员工的晋升机制。员工职位晋升在长期激励中发挥了重要作用。晋升的愿景可以保持员工积极的工作态度。国有企业应该为员工提供一个公平的、畅通的、多样化的晋升渠道，让员工时刻保持充足的干劲。

10.5　对国有资本权利配置的进一步思考

国有企业在我国经济改革发展过程中，发挥了重要作用，成为社会主义市场经济不可或缺的一部分。当前，国有企业在收入分配方面存在一些问题，不仅影响了社会和谐，更影响了国有企业的长期发展。我们认为国有企业收入分配问题的根本原因是：国有资本参与权和收入权配置的不匹配，而绝不是国有产权属性的问题。在此基础上我们强调以下五点：

一是国有企业在社会主义市场经济中发挥了重要作用，体现了社会主义特色。垄断国有企业通过控制国民经济的命脉，为市场经济提供了稳定的能源供应和充足的基础服务；竞争性国有企业是市场经济的竞争主体之一，使社会主义市场经济的竞争呈现出更为多元化的特色，促进经济的创新和持续发展。更为重要的是，通过国有企业的发展，广大人民群众将成为最终的受益者，体现出社会主义的特色。

二是国有企业的问题更多地体现在国有企业自身的收入分配制度上。国有企

① 在这一方面出现了良好发展势头，国有企业已有实质性的探索。2010 年 2 月 1 号财政部和科技部联合下发了（财企〔2010〕号）“关于印发《中关村国家自主创新示范区企业股权和分红激励实施办法的通知》”，国资委于 2010 年 11 月 23 日相应印发此通知在部分中央企业开展分红权激励试点工作。2011 年 7 月 29 日分红权激励试点工作会议召开，正式确定了中核工业、中航科技、中航科工、中航工业、中船重工、中国电子、中国节能环保、国机集团、机械科学研究总院等 13 家央企将试点分红权激励。

业的收入分配有两个层次，一个是收入的来源，一个是收入的具体分配。收入的来源即是国有企业参与市场的形式，收入的具体分配是指资本和劳动的分配。第一个层次和整个市场经济的有效运行密切相关。假如国有资本从市场中获得的收入过高，就会影响其他经济成分的生存，同样，过低的话也就不存在国有企业了。“国进民退”还是“国退民进”的争议，是这一层面问题的反映。第二个层次主要和国有企业自身的运行效率有关。国有企业运行效率的高低，并非取决于产权属性，而是取决于内部收入分配的合理化。如果实现了国有资本、管理者、技术人员和普通劳动者等多方面的有效激励，不仅可以提升国企效率，而且可以保障不同要素的利益。

三是国有企业收入分配问题的解决要从国有资本的权利配置创新角度入手。国有企业的收入分配，第一个层面的问题是收入来源及性质的问题，是关于国有资本可以通过哪些市场获得收入的问题，即参与权的配置问题。第二个层面的问题是内部分配，是关于国有企业的收益如何分配的问题，即国有资本的收入权配置问题。因此，这两个层面的问题都是国有资本权利配置的问题，都可以通过权利配置创新加以解决。

四是改革国有资本权利配置的关键是参与权和收入权的有机统一。有效的国有资本权利配置是参与权和收入权的协调配合。垄断国有企业收入分配的问题，主要集中在国有资本在垄断行业过于强大的参与权和过于弱小的收入权。为了解决这些问题，应该围绕适当限制垄断国有资本的参与权和合理增强国有资本的收入权展开创新。垄断国有资本的参与权改革要以垄断国有企业的功能定位为基础，收入权改革要以保障国家利益为基础，即垄断性的强势参与权要和强势的收入权结合在一起。相对于垄断国有企业来说，竞争性国有企业并不具有垄断优势，而只是社会主义市场经济中的普通参与者。竞争性国有企业收益来源于企业的竞争优势。竞争性国有资本的权利配置创新，核心是为了提高国有企业的竞争力，促进企业的长期持续成长。竞争性国有资本参与权的配置应根据具体企业的发展来创新，收入权的配置要围绕如何激励企业内不同要素积极合作完成企业战略目标而展开，即竞争性的普通参与权要和灵活的充满弹性的收入权结合在一起。

五是国有资本权利配置要区分国内市场和国际市场的不同。国家要鼓励国有资本进行稳健的国际化扩张。有针对性地进入不同类型的国际市场，不断扩展国有资本收入的来源，扩大国际市场份额在国企收入中的比重。充分利用国际市场的需求、人才、技术和资本发展壮大国有企业。在国际市场上，要赋予国有资本相对灵活而又安全的收入权。根据不同国际市场的特点，要允许国有资本实行“特事特办”，实施强度相对大、方式相对灵活的激励制度。

第11章　现代企业应赋予劳动者对利润的收益权

推动我国经济社会持续发展需要重点解决两个问题：一是增强自主创新能力，进一步提升经济效率；二是扭转收入差距不断扩大的趋势，有效应对社会矛盾凸显期。过去不少学者把效率和公平相对立，认为要提高创新能力和效率必然要牺牲公平。事实上，创新能力和收入分配是一枚硬币的两面，两个问题可以一同解决。企业是社会主义市场经济的微观基础，通过改革企业内收入分配制度，不仅可以提高劳动者的收入，遏制初次分配中劳动收入占比不断降低的趋势，而且可以提高企业的自主创新能力。为此，需要突破企业和劳动者的短期雇佣关系，建立一种长期的合作关系。要实现这样的企业制度创新，关键是承认劳动者在企业发展中的重要作用，确立劳动者利润收益权。

11.1　单纯的市场雇佣关系会引发诸多经济社会问题

单纯的市场雇佣关系不能激发劳动者的积极性。我国的收入分配改革从打破平均主义分配方式开始，逐步转向按劳分配和按要素贡献分配相结合的分配制度，大大提高了生产效率。随着社会主义市场经济的不断发展，要素贡献更多的是依靠市场定价评定。然而，马克思主义经济学和西方经济学都说明，要素贡献和市场定价绝不能画等号。市场定价更多的是反映稀缺性，引导要素合理流动。就一个企业的长期发展来说，不仅需要要素流动，更需要要素长期稳定地与企业共同发展。但是通过市场签订的雇佣合约，决定了各类劳动者作为被雇佣方，无权对企业剩余进行索取，而只能获得事前约定的薪酬。劳动者作为受雇佣方，在不能获得自身创新贡献带来的收益时，其主要任务便是完成资本所有者交代的、可测定的任务，而不是创造性思考和实践。在这种情况下，劳动者是作为生产的附属存在的，其能动性优势无法体现，是一种短期化的行为。其结果是，企业创新的主要来源是外部吸收，而不是自主创新。

单纯的市场雇佣关系会带来社会矛盾。长期投身企业发展的劳动者，在发展中承担了大量的风险。在雇佣关系下，劳动者的收入是一种事前约定，是一种相对固定的收入。从微观角度来说，企业经营成功意味着物质资本所有者获得了大量收益，劳动者只能在资本所有者同意的条件下提高收入，而这往往要通过激烈的手段争取；当企业经营失败时，劳动者不仅失去了短期的收入，而且长期的人力资本和社会资本也随之贬值，长期收入降低。从宏观角度来说，当经济处于上升周期时，劳动者不但无法获得相应的收益，而且需要承受通胀带来的损失；当经济处于收缩期时，企业为了降低成本，在雇佣关系下，不得不大量解雇劳动者。因此，不管从微观还是从宏观角度来看，劳动者在雇佣关系中长期处于一种被压抑的地位，其收入增长具有被动性，劳资关系很难和谐，容易产生社会矛盾。

11.2 劳动者利润收益权应是现代企业产权制度的重要内容

企业作为多种要素的有机组合，是具有生命的组织，也是按经济规律不断演进的组织。现代企业更依赖专业知识的生产传播，劳动者作为知识的载体，在企业发展中的作用越来越重要。各种要素，包括物质资本和非物质资本，都要通过劳动者进行协调；企业最终的知识资本都要通过劳动者进行创造或者从外界学习，并应用到现代化生产中；企业的高价值专业知识，包括技术资本和文化资本都要通过劳动者传播才能普及到整个企业中，并在企业中不断延续；企业的长期发展战略和短期经营策略都要由劳动者制定，并在实践中充分执行。从长期来看，劳动者在企业管理、科技、文化和决策中的作用将越来越重要，劳动者的积极性直接决定了一个企业的创新能力。由此可见，现代企业的性质已经不再是物的集合，而是人的集合。

现代企业要确认劳动者对利润的收益权。企业的新增价值是由劳动者创造的，不管是按劳分配还是按贡献分配，劳动者都理应具有对利润的索取权。特别是在现代企业的运行中，调动劳动者的积极性，已成为提升企业竞争力最重要的途径。马克思主义经济学一直主张劳动者对剩余价值的索取权利，西方的新制度经济学也强调产权的重要性。从现实和理论来看，传统的偏重物质资本权益的企业产权制度已经严重限制了劳动者积极性的发挥。现代企业产权制度向侧重保护劳动者权益的方向演进已成为经济发展的趋势，确认劳动者对利润的收益权成为其中最重要的内容。在企业产权制度中加入劳动者的利润收益权，能够平等地保护物质资本产权和人力资本产权，劳动者将逐步摆脱雇佣劳动的局限，发挥更加主动的作用。

11.3　确认劳动者利润收益权是实践科学发展观的具体体现

确认劳动者的利润收益权可以突破短期化的雇佣关系，有利于构建创新型社会。劳动者利润收益权是对现代产权制度的发展和完善。现代产权制度的理论基础来源于新古典经济学，侧重强调物质所有权，其实践基础来源于工业革命时期对大规模和大资本的依赖。马克思早就批判了这种产权制度对物质资本的过分维护。当前发达国家企业发展的实践，也在对这种产权制度做出修正。比如，通过职工持股、利润分享等多种形式激励劳动者。与此同时，马克思主义经济学和西方经济学都认为：产权，特别是收益权，是对要素所有者最根本的激励，将改变要素所有者的行为模式。当赋予劳动者对利润的收益权后，不仅改变了劳动者的收入方式，而且可以改变劳动者和企业的关系。劳动者不再仅仅是雇佣者，而是真正成为企业的部分所有者，与企业确立了一种长期的合作关系。在产权的保障下，劳动者将更努力地提高本企业所需的劳动技能，积极改善和提高企业的管理方式和技术水平。劳动者和物质资本所有者都是企业的所有者，因而，他们会努力为企业发展做贡献，而不再是消极地应付任务。

确认劳动者的利润收益权将改变劳动者在社会中的弱势地位，有利于促进社会和谐。这种产权上的变化不仅提高了劳动者的地位，也把劳动者收益和企业发展“捆绑”在一起，劳动者的收入将由固定工资和分红组成。企业经营好时，劳动者可以通过分红分享企业发展的成果；当企业遇到困境时，劳动者的分红降低，企业经营成本相应下降，企业和劳动者共同分担了所遭遇的困难，而不再是简单的劳动者失业。这时企业就成为物质资本所有者和劳动者共同的、高价值的财富源泉。因此，劳动者收入的成长性和稳定性得到提高，社会的收入分配结构更加合理，收入差距变小，社会矛盾得到缓解。从我国历史来看，实行劳动者和物质资本所有者共同分享利润的晋商（称为“身股制度”），不仅经营得比较成功，而且鲜有罢工的记录，这与西方企业形成了鲜明对比。

确认劳动者的利润收益权可以保证市场机制的高效运行，有利于构建充满活力的市场机制。在市场经济条件下，会出现有效需求不足。我国当前经济发展过分倚重投资和出口，国内居民消费严重不足。社会各界都认识到了增加居民收入是解决这一难题的根本途径，但困难是如何增加居民收入，特别是长期收入。确认劳动者的利润收益权将破解市场经济固有的困境。通过确认劳动者对利润的收益权，劳动者的收入由固定收入和浮动的分红收入组成。经济形势好时，企业通过较大的分红，可提高劳动者的收入，创造更多的有效需求，降低经济过剩的风险。对企业来讲，包含固定收入和分红收入的收入结构，意味着劳动者收入的调整幅度变大，经济系统的弹性加大。这种调整是自动进行的，不需要附加的谈判成本。因而，确认劳动者的利润收益权将有利于构建充满活力的社会主义市场经济体制，也将成为社会主义市场经济的特征之一。

11.4　劳动者利润收益权实施的关键在于制度创新

劳动者利润收益权制度成功实施的科学方法依然是统筹兼顾。

首先，要统筹物质资本所有者和劳动者的收益。确认劳动者利润收益权的第一个问题就是，劳动者和物质资本所有者按什么比例分配利润？其前提是，双方的收入都能实现长期增长，不能顾此失彼。在承认劳动者利润收益权的前提下，双方商定企业发展目标，根据目标的实现程度，相应划定劳资双方对利润的分配比例。值得提醒的是，如果双方直接把利润作为测度指标，可能导致企业单纯追求利润，造成对物质资本的过度使用。多维的测度指标和带有上下限的劳资分配比例是更加科学的划分方法，可以兼顾劳动者和资本所有者的利益。

其次，要统筹不同劳动者的收益。利润如何在劳动者之间分配？要兼顾脑力劳动者和体力劳动者的收入，也要兼顾管理者和技术人员的劳动收入。明清时期的晋商，采用身股制成功解决了这个问题。即根据劳动者对企业的贡献，赋予劳动者相应身股数，劳动者再根据自身在总身股数中所占的比例获得分红。通过建立动态的人力资本贡献指标评价体系，可以重新激活身股制度，使之成为动态化的人力资本股份制度（以下简称“人股制度”）。与现有的员工持股和期权激励相比，人股制度在激励力度上明显具有更大的优势。

第三，要统筹劳动者的长期收益和短期收益。劳动者分享当期利润，从表面上看是一种短期激励。但通过制度创新，可以使之成为一种兼顾劳动者短期收益和长期收益的制度。一是要从支付方式上进行创新。现代公司所谓的期权激励，很大程度上类似于一种延期支付，但这种延期支付和后一期企业发展紧密相关。通过利润收益权也可以进行延期支付，并且这种延期支付是以后一期发展为条件，以前期奖励为质押，这就把长期和短期结合起来了。二是要从人力资本退出方式上进行创新。要兼顾在职者和离职者的利益，真正保障劳动者对企业的长期贡献。三是从保障机制上创新。可以成立独立于物质资本的人股股东大会、董事会，对人股的激励、增减和退出等事项进行讨论决策。

11.5 中央企业在开展分红权激励试点工作中需要关注的几个问题

当前，国资委在部分中央企业开展分红权激励试点工作，这是赋予劳动者利润收益权的有益尝试，体现了中央企业在体制改革上的创新。在开展分红权激励试点工作中，我们需要进一步明确以下认识：一是分红权在现代企业中不是物质资本所有者对劳动者的一种让渡，而是劳动者以人力资本作抵押、以劳动做贡献本该拥有的。二是应以分红权激励为契机，系统改革劳动者的收入模式，使劳动者总收入成为固定工资、劳动分红和资本分红三者的有机组合，进一步体现出利润收益权在效率上的优势。三是根据岗位和项目来确定分红比例，很可能造成企业内劳动者突出小集体、小团队，忽视企业整体利益；应探索建立统一的人股制度，并使之动态化，以解决这一问题。四是要注重劳动者长短期收入的统筹。分红的支付方式可以增加延期支付，支付标的物可以是增加股票、期股等。同时，实行动态加权化的人股制，承认前期劳动贡献，保留退出者对前期贡献的收益权，实现一种长短期结合的支付机制。

第 12 章 动态人力资本股份制度的设计方案

——以“株钻”公司为例

人力资本和物质资本共同创造企业的收益。将企业的人力资本看成一个整体，并与企业的物质资本一同分享企业的利润。在人力资本的内部，需要结合个人对企业贡献的程度来进行利润分配比例的确定。为了防止机会主义的发生，应该对这一制度做动态化设计，有关人力资本的考核指标也应该动态化。因此，需建立一种新型的股份制度：动态人力资本股份制度（简称“动态人股制”）。把劳动者自身的人力资本进行抵押，按照劳动者的贡献分配利润，这就使劳动者转变为依靠产权保证自身收入有效提高的新型劳动者。传统上，劳动者和企业的关系是一种被雇佣和雇佣的短期关系，而这种制度的创新，将会改变这种关系，使劳动者能够与企业的利益目标相一致，从而使两者之间能够长期建立一种合作发展的关系。

12.1 切削刀具行业实施动态人股制度的必要性分析

12.1.1 切削刀具行业是具有重要战略意义的产业

作为装备制造业发展的重要一环，切削刀具的作用不言而喻。切削刀具行业的重任是将关键装备提供给制造业。切削刀具行业的整体水平对制造业的加工技术水平影响很大。没有好的切削刀具，就不会有合格的机床。我国的高端切削刀具大部分依赖进口，影响了我国装备制造业水平的提高。

切削刀具是一种工业消耗品。全球平均刀具消费约为机床消费的 25%，而且呈上涨趋势。随着装备制造业的发展，对切削刀具的需求已经成为一种持续的稳定的需求。我国的刀具消费水平只占机床消费的20%，还有较大发展空间。

12.1.2 切削刀具行业的知识密度越来越高

研究表明，近年来切削刀具行业的科技创新速度越来越快，切削刀具的制造对高新科技的依赖性也越来越强。我们将从切削刀具行业发展的以下几个趋势来论述这一观点。

硬质合金刀具逐渐取代高速钢刀具，制造业消费刀具的比重每一年都有所提高。我国硬质合金刀具占总的制造业消费的刀具的比例已经超过一半，而这一数据在发达国家已经超过70%，处于刀具市场的主导地位。目前高速钢刀具在我国所占的比例已经低于30%，并且以每年1.5%左右的速度递减。但是从销售额来看，我国刀具的年产销额达到了145亿元，高速钢刀具占比超过75%，而硬质合金刀具的销售额不足36.25亿元。这种情况一方面导致国内大量过剩的高速钢刀具以低价出口或内销，造成产能过剩及严重的资源浪费；另一方面使得我国高效硬质合金刀具大多依靠进口。2005年我国高效硬质合金刀具进口量已经达到4.5亿美元，而2001年这一数值仅为0.9亿美元。硬质合金刀具以其出色的性能取代高速钢刀具已成定局，由于利用硬质合金材料生产的切削刀具具有更高的科技含量，所以只有加强对硬质合金刀具生产方面的研发，掌握相应的生产技术，对硬质合金刀具进行大力生产，才能与国际潮流相匹配，进而不断提升我国在这一市场的占有率。

有针对性的刀具研发。通用结构和通用品牌不再成为刀具制造商研发的重点。随着外部情况变得日趋复杂和杂工条件日趋成熟，研发的刀具针对牌号、刀片具有特殊性，进而取代通用的刀具。通常意义上，现在有关通用结构的切削刀具所涉及的与生产有关的技术已经成熟，所以不再需要太多技术研发投入。而一些专用性刀具的生产需要企业具备一支科研能力强的研发团队，能够对专用性较强、应用于特殊场合的切削刀具的研发提供技术支持，使企业的技术水平发展能够跟上市场需求的步伐。

转变角色的刀具制造商。刀具商不再只进行与刀具生产和供应有关的工作，而是负责刀具研发、开发等相关的技术配套以及为客户提供相应的技术支持、方案配套和全面的服务。单纯的刀具需求只需要企业运用已有的技术组织生产就可以满足，而为刀具用户提供多方面的技术支持和成套的解决方案就要求企业拥有雄厚的科技研发能力，能从容面对各种刀具服务的需求难题，设计出客户需要的刀具和解决方案。只有拥有强大的科研能力，刀具商才能占领要求刀具厂商提供全面技术支持和服务的市场。

快速发展的切削技术。切削技术在近些年来发展迅速，硬切削、高速切削等技术快速发展，这一趋势可以从每年的专利申请数得出。图 12-1 就是与切削刀具相关的专利申请数的逐年变化趋势图。

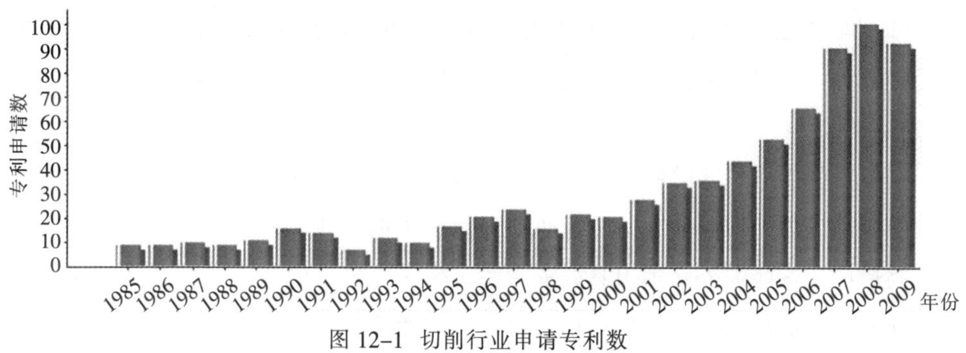

图 12-1　切削行业申请专利数

数据来源：中国知识产权网。

表 12-1　切削行业申请专利数

年份	2000	2001	2002	2003	2004	2005	2006	2007	2008	2009
申请专利数	21	28	35	36	44	53	66	91	101	93

数据来源：中国知识产权网。

由图 12-1 可以明显看出，有关切削刀具的专利申请数呈现出逐年递增的趋势。2004 年专利申请数的增长率为 18%，2006 年的专利申请数的增长率为 20%，而 2007 年专利申请数的增长率达到了 27%。2008 年和 2009 年由于金融危机的影响，专利申请数有所下降，但是切削刀具行业专利申请数逐年递增的趋势是不容置疑的。

以上有关切削刀具行业的四个发展趋势都显示了科技创新对于该行业发展的重要性。而科技创新需要人才的支持，所以企业内部的技术人员成为关键要素。

只有充分调动技术人员技术开发的积极性，才能使企业内部的技术水平紧跟行业步伐，最终达到行业领先水平。因此，如何调动技术人员开展科技研发的积极性成为企业亟须解决的问题。

12.1.3 切削刀具行业是高竞争度的新兴行业

随着我国切削刀具制造业的发展，特别是近年来我国经济高速发展的带动下，我国切削刀具产业获得了迅速的发展。但是2007年金融危机的爆发以及金融危机逐渐深入到实体经济，使得切削刀具制造业赖以生存和发展的下游产业，如汽车产业，受到了较为严重的影响。而下游产业的萎缩在一定程度上减少了对切削刀具的需求，这使得我国切削刀具制造业的发展受到了不小的打击。

行业集中度低。随着我国加入WTO和改革开放的深入，国外切削刀具制造企业纷纷进入国内市场，如山特维克可乐满、肯纳飞硕、瓦尔特等企业在我国设立了制造厂。这些国外切削刀具企业为我国带来了先进的切削刀具制造技术和经济理念的同时，也加剧了我国切削刀具行业的竞争。同时由于国家对装备制造业发展的大力支持，在一定程度上会刺激切削刀具需求市场的增长，为切削刀具行业的发展提供了很好的需求环境，因此，国内资本涌入刀具行业，纷纷投资设厂。选用CR4和HHI指数作为切削工具制造业行业集中度的衡量指标，我国金属切削工具制造业的市场集中度如表12-2所示。

表12-2　2007、2008年度金属切削工具制造业的市场集中度①

行业	集中度指标	2007年	2008年
切削工具制造业	CR4	32.0%	23.8%
	HHI	380	273

资料来源：各年工业普查数据。

由表12-2可知，我国金属切削工具制造业的市场集中度是非常低的。根据CR4的分类等级，我国切削工具制造业属于原子型行业。而根据HHI指数，我

① 市场集中度是根据金属切削工具制造业规模以上企业的数据而求得的。

国的切削工具制造业处于竞争最为激烈的等级，几乎是完全竞争市场。

缺少主导型企业。对切削刀具的需求相对较小，而又有很多企业进行切削刀具的生产，使得切削刀具行业的竞争进一步加剧。2009 年 1—11 月份切削刀具行业销售收入仅为 332.34 亿元，而 2008 年同期销售收入为 401.27 亿元；但企业数量不断增多，截至 2009 年 11 月，全行业有 709 个企业，而 2008 年 11 月的时候还只有 581 个。

表 12-3　2009 年 1—11 月切削刀具行业的市场情况

	产品销售收入（万元）	企业单位数（个）	企业平均销售收入（万元）
本年本月止累计	3323495	709	46870.6
去年同月止累计	4012723	581	6906.6

行业发展前景广阔。我国正处于制造技术加速变革的时期，刀具行业面临着诸多考验，如制造技术进一步先进化、数控机床普及显著、制造业要求现代化。现在机械产业正处于结构重大调整和产业加速升级的阶段，市场对于这一工具的需求增长迅速，这给刀具行业提供了广阔的发展空间，同时也带来了巨大挑战。

对于切削刀具制造企业来说，这是一个机遇与挑战并存的时期。切削刀具的需求市场虽然在一定程度上受到了金融危机的影响，但是随着各国经济刺激计划的出台，特别是对汽车行业和制造业的一系列支持政策，将会为现代切削刀具的发展创造良好的需求环境，未来切削刀具的需求市场将是非常广阔的。现在国内切削刀具市场的市场集中度并不高，没有形成一家独大的局面，任何一家企业都有可能通过发展壮大追赶甚至引领切削刀具行业的发展。

总之，切削刀具行业的高知识度和高竞争度，对切削刀具制造企业的技术能力和管理能力提出了新的要求。产品竞争最主要的还是产品质量的竞争，这就要求切削刀具企业创新管理体制，加大对高科技人才的培训和引进力度，不断提高产品的科技含量。同时，需求市场环境的不确定性以及竞争的复杂性要求企业必须具有高水平的管理团队。无论是技术能力和管理能力的提升，都需要由劳动者来完成，只有把企业绩效和个人利益挂钩，个人才有动力去积极创造适合企业发展的管理方式和科学技术，才能为企业的发展做出积极的贡献。

12.2 实施动态人股制的产业政策依据

12.2.1 《国家中长期科学和技术发展规划纲要》中的论述

国务院于 2006 年 2 月 9 日发布了《国家中长期科学和技术发展规划纲要（2006—2020）》（以下简称“纲要”）。该纲要明确将高档数控机床与基础制造技术列入国家十六个重大专项之一，将“重点研究开发重大装备所需的基础件和通用部件、设计、制造和批量生产关键技术、开发大型机特殊零部件成形及加工技术”等列入制造业重点领域基础件和通用部件优先发展主题。2008 年 12 月 24 日，国务院审议并原则上通过了高档数控机床与基础制造装备科技重大专项实施方案。科技部、发改委和财政部三部委于 2009 年 1 月 25 日正式批复，高档数控机床与基础制造装备科技重大专项进入实施阶段。

切削刀具作为装备制造业的“牙齿”，是高档数控机床的重要基础零部件，因此切削刀具行业也得到了政府的大力支持。政府在科技投入、税收激励、金融支持、人才队伍建设、知识产权保护等方面设了相关的政策配套措施，营造适合于自主创新的激励环境，将企业作为自主创新的主体，大力推进创新型国家的建设。政府在配套措施中明确提出要最大限度地吸引创新型人才，并鼓励企业对人才进行培养，积极鼓励企业不断改革和完善内部的收入分配制度，不断吸引能为企业做出贡献的高科技人才，在一部分企业中积极鼓励期权等激励政策的实施。

12.2.2 《国务院关于加快振兴装备制造业的若干意见》中的论述

2006 年 2 月 13 日，国务院发布了《国务院关于加快振兴装备制造业的若干意见》（以下简称《意见》）。《意见》指出，发展大型、精密、高速数控装备和数控系统及功能部件是需要实现重点突破的主要任务之一。其中还提到了要对管理体制和机制进行创新，不断对公司的治理结构和组织结构进行完善，加快现代企业制度的建立，最终增强企业在市场竞争中的活力和能力。

2008 年 11 月 1 日开始实施经国务院批准，财政部、国家税务总局发出的《关于提高部分商品出口退税率的通知》（以下简称《通知》）。该《通知》适当提高了部分劳动密集型和高技术含量、高附加值商品的出口退税率。其中涉及机床工具行业的商品仅有一种，即数控机床硬质合金刀，出口退税由原来的 5%提高到 11%。

2009 年 5 月 12 日国务院颁布了《装备制造业调整和振兴规划》（以下简称《规划》)。《规划》指出，我国已经成为装备制造业大国，但产业大而不强、自主创新能力薄弱、基础制造水平落后、低水平重复建设、自主创新产品推广应用困难等问题依然突出。《规划》提出了 6 个规划目标，其中第三个目标是重大装备研制取得突破。“全面提高重大装备技术水平，满足国家重大工程建设和重点产业调整振兴需要，百万千瓦级核电设备、新能源发电设备、高速动车组、高档数控机床与基础制造装备等一批重大装备实现自主化。”《规划》还明确了九大产业重点项目，其中就包括刀具下游产业之一的汽车产业。对数控机床和汽车产业的政策支持，将会为现代切削刀具的发展创造良好的政策环境和需求环境。《规划》还提出提升配套产品水平，其中之一是加工辅具，如重点大型精密型腔模具、精密冲压模具、高档模具标准件，高效、高性能、精密复杂刀具，高精度、智能化、数字化量仪，高档精密磨料磨具等。现代制造业的技术创新不仅要求该产业本身进行技术创新，同时也要求为其提供配套产品的产业进行技术创新。因此，可以预见现代切削刀具行业的发展将会得到更多的政策性支持。

刀具行业应该借助这一政策契机，不断创新管理机制，完善公司治理结构，建立和完善人才激励制度，培养和吸引高性能刀具研究、设计、制造和应用的高科技人才以及高素质的管理人才，促进企业和整个切削刀具行业的发展。

12.2.3　《关于在部分中央企业开展分红权激励试点工作的通知》的论述

加快我国经济发展方式的转变和进一步深化国有企业改革，已经到了一个攻坚时期。党中央、国务院明确指出，要发挥科技进步和创新的支撑作用，积极推进经济结构战略性调整。国务院、国资委于 2010 年 11 月 23 日联合印发《关于在部分中央企业开展分红权激励试点工作的通知》（国资发改委〔2010〕148 号）（以下简称《通知》)。这一文件的下发具有非常重要的意义。分红权激励试点在部分中央企业开展，通过分红权激励的办法，可以有效提高科研和技术员工的积极性，对企业科技水平的提升具有很强的推动作用，能够有效提升企业的自主创新能力。

将部分利润分配给那些能够为企业的发展做出贡献的员工，尤其是科研管理骨干，这种对员工的激励方式就是企业的分红权激励。其目的是将企业的利益与员工的利益紧密结合起来，从根本上调动科研管理骨干在科研和管理方面的积极性。央企在我国的科技创新体系中具有非常重要的作用，是产业化和科技化创新的重要力量。在央企，尤其是央企中的院所转制企业和高新技术企业中实施这种分配和激励制度，完全符合现代企业发展的需要，有利于央企进一步做大做强。这种激励机制能够使央企的内部改革得到深化，使经营体制及时转换，能够使我国的科技创新体制加快形成，这对提高我国企业，尤其是提高央企的自主创新能力具有非常重要的理论和现实意义。

动态人股制正是针对科研管理者而设计的一种激励制度，在保持股东收入持续增长的前提下，根据科研管理员工人力资本的大小赋予其相应的股份，并且每年对员工应有的人股数进行核算，使之动态变化以达到适应具体情况的目的。这样就使拥有人股的员工和物质资本股东平等地享有利润分配权，从而调动员工科研和管理的积极性，最终增强企业的科研能力和管理能力。动态人股制是依据发改委开展分红权激励试点的《通知》，并且针对株洲钻石切削刀具有限公司的具体情况设计的，符合国家政策的要求，对进一步提升企业的自主创新能力也具有重要的理论指导意义和实践意义。

12.3 株洲钻石切削刀具厂实施动态人股制的条件

12.3.1 企业历史沿革

株洲钻石切削刀具股份有限公司（以下简称株钻）是中国五矿集团控股子公司，原株洲硬质合金集团有限公司的下属控股子公司，成立于 2002 年 6 月，注册资本人民币 25000 万元。株钻坐落在我国湖南省株洲市的国家级高新开发区——钻石工业园，公司占地面积达到了 225 亩。公司的前身要追溯到株洲硬质合金集团有限公司的一项项目，这一项目涉及可转位刀片生产线项目的改造，公司就是在这一项目的基础上改制而成。这一项目是湖南省的标志性工程，是第一批列入湖南省高新技术发展计划的引导资金项目。目前，公司的总资产已经达到

13.5 亿元，其中总固定资产达到 11.5 亿元，公司已经成为全国最大、最具实力的硬质合金刀具生产企业。

自株钻成立以来，企业在不断前行的道路上经历了一次次华丽的蜕变，最终造就了一段辉煌的历史。公司于 2002 年 6 月 7 日正式成立，主动发起人是株洲硬质合金集团有限公司。2003 年 4 月 15 日，株钻研发中心在钻石工业园内落成剪彩。建立了精密可转位刀片用硬质合金、超硬材料的新材质、新技术和涂层新工艺及刀具配套设计的实验研究基地，以及具有完备的 CAD/CAM 系统的切削实验室，开展刀片及断屑槽的设计研究和精密刀具系统的设计开发及相关应用技术的研究和培训工作。

2003 年 10 月，株钻与湖南钻石硬质合金工具有限公司实现整合，整体硬质合金刀具生产线搬迁至钻石工业园内。2003 年 11 月，株钻高性能可转位刀片的配套刀具生产线竣工投产。2003 年 12 月 20 日，株钻投资建设的机夹、焊接刀片生产线竣工投产。2004 年，公司的产品品种增加了 6000 多种，成为国内生产金属切削加工工具产量最大、品种最全的企业。2005 年 1 月 28 日，为激励人才，树立典型，公司评定了技术专家、工艺师、维修专家、操作能手等各类人才 39 名。2005 年 4 月 5 日，公司成立了技术改造办公室，进行高性能精密硬质合金切削刀具提质扩能技术改造，实现可转位刀片年产 5000 万片，可转位刀具年产 50 万把，整体刀具年产 200 万支的产能；实施传统刀片扩能技术改造项目，达到年产 1500 吨；实现精密陶瓷异地建设，填补公司精密陶瓷生产空白；实现培训中心项目建设；等等。2005 年 8 月 12 日，国务院总理温家宝同志视察了钻石工业园。2006 年公司有一项立项被确定为国家级火炬计划项目。公司荣获 CHC 全国高科技质量监督促进工作委员会颁发的首批“全国科技创新质量管理先进单位”牌匾和证书。2006 年 9 月公司正式启动 SAP 项目，项目历时 9 个月，100 多名员工参与其中，经过项目准备、业务蓝图、系统实现、上线准备、上线及上线支持 5 个阶段后，于 2007 年 6 月正式切换上线，系统的切换上线有效整合了物流、信息流和资金流，使公司在产销衔接、业务质量改进、成本控制等方面的工作得到实质性的提升。2007 年公司荣获株洲市“2007 年文明建设红旗单位”称号。2007 年 11 月，经省科技厅批准湖南省高性能切削刀具工程技术研究中心在公司成立。公司成了天元区企业中第一个利润突破一个亿，税收突破 5000 万元的企业。2008 年 3 月，公司荣获由一汽大众集团有限公司颁发的“2007 年度优秀供应商”奖，这是国内唯一获得该项殊荣的刀具厂商。2008 年 6 月，公司有 3 项成果通过了湖南省科技厅科技成果鉴定，分别是《航空发动机零件车削刀具的研究与开发》《超细 Ti（CN）基金属陶瓷粉末成型性能及刀具材料的研究》《高性能精密加工钢材用 CVD 涂层刀片的研制》，具备了国际先进水平。2009 年 6 月初，公司对成立以来至 2008 年底前制定的管理制度类文件进行了一次全面、彻底的清理工作。此次清理工作历时 3 个月，共清理了管理制度类文件 93 项。2009 年 11 月，公司申报的“高效可转位刀具系列及超硬刀具”与“超细晶粒整体硬质合金涂层精密刀具的研究与开发”两个项目顺利通过评审，获得国家重大专项奖励。2010 年 2 月，公司对 2009 年度硬质合金原料粉末分散剂等 9 项授权专利和 31 项申请专利给予了奖励。

截止到 2011 年，公司的发展已经经历了十多个年头。在这期间，公司实现了 11 亿元销售额的目标，厂房林立，拥有两个整体刀具厂、一个研发中心、三个刀片厂和一个数控刀具厂，科研专家团队达到百人以上。公司在国内刀具市场一直遥遥领先，能够在被国外刀具商瓜分的中国制造业市场中占得一席之地，这都是公司创造的奇迹。

12.3.2 企业的科技创新能力较强

切削刀具行业中，企业的科技创新能力主要从以下几个方面得以体现，分别是：企业承担的国家及省市级科研项目的数量、企业申请及拥有的专利数量、企业的人员学历结构及企业科研经费投入情况。下面我们将通过调研资料及数据对株洲钻石切削刀具有限公司的科研创新能力展开分析。

表 12-4 株钻 2008—2010 年承担的主要科研项目

项目名称	级别
高效精密可转位刀具系列及超硬刀具（重大专项）	国家级
超细晶粒整体硬质合金涂层精密刀具的研究与开发（重大专项）	国家级
精密工具创新能力平台建设（重大专项）	国家级
钛合金、高温合金加工用高效可转位刀具系列及超硬刀具（重大专项）	国家级
超硬刀具开发与应用的研究（国家支撑计划）	国家级

续表

项目名称	级别
高速列车关键零部件高性能刀具的开发（国家支撑计划）	国家级
汽车关键零部件加工高性能刀具的开发（国家支撑计划）	国家级
高性能精密加工钢材用 CVD 涂层刀片的研制	湖南省重点课题
纳米硬质合金和金属陶瓷粉末成型性能及新成型剂的研究	湖南省科技计划项目
新型硬质合金数控刀片工业性试验项目（共性技术）	湖南省商务厅项目
高速切削高温合金纳米晶复合涂层研究	湖南省科技计划项目
新型 PVD Al_2O_3 涂层刀具的开发与应用	株洲市科技计划项目
高性能涂层切削刀片的研究	湖南省科技计划项目
超细和纳米硬质合金研究及产品开发	株洲市科技计划项目

承担多项国家及省市级科研项目，企业科研能力较强。由表 12-4 可知，企业 2008—2010 年来承担的国家级科研项目有 7 项，其中国家级重大专项 4 项，国家支撑计划 3 项；承担的省级科研项目有 7 项，其中省重点项目 1 项，省科技厅项目 5 项，省商务厅项目 1 项，这充分凸显其企业雄厚的科研实力。目前株钻拥有机械工业硬质结构刀具与材料技术工程实验室，并成立了机械工业高效硬质切削刀具工程中心和湖南省切削刀具工程技术中心，除此之外，株钻的机夹焊接刀片生产线、整体硬质合金刀具生产线、可转位数控刀片生产线及配套刀具生产线、陶瓷刀片生产线都处于世界一流水平。由此可见，株钻的科研实力引领着国内切削刀具行业的发展。

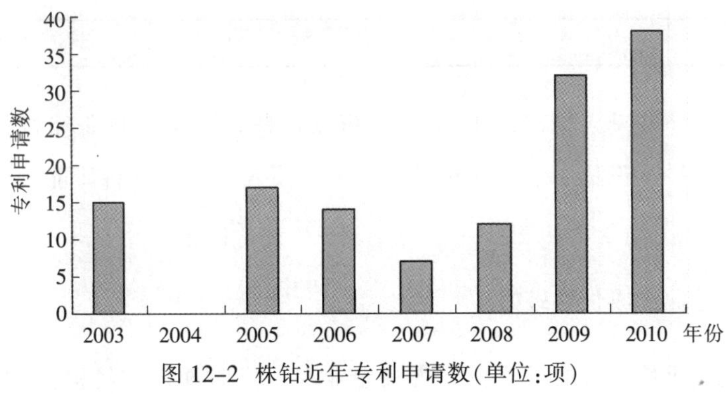

图 12-2　株钻近年专利申请数(单位:项)

数据来源：中国知识产权网。

企业申请及授权的专利数量呈逐年上升的趋势。由图 12-2 可知，株钻近年来专利申请数呈现逐年上升的趋势，这表明企业的科研能力逐渐增强，技术研发能力在行业中也占有越来越重要的地位。2005—2007 年专利申请数的下降是因为企业开始重视发明专利在专利申请中的重要性，而专利分为发明专利、外观专利和新型专利三种，其中发明专利的科技含量最高，研发难度也最大，外观和新型专利研发投入的减少，导致企业 2006、2007 年专利申请数的减少。目前，企业申请的专利中发明专利占到总申请比重的近一半。近些年企业授权专利中发明专利有 17 项，实用新型专利有 21 项，外观设计专利有 6 项。强大的科技研发能力促使企业专利数量的不断增加。

表 12-5 株钻各类人才结构

人员学历	博士	硕士	本科	大专	大专以下
合计（人）	3	35	397	841	543

企业人员的学历结构。通过表 12-5 分析可知，株钻的人员学历结构中，大专及以上学历的人员占到了 70%。高学历的人员结构对企业的发展具有重要作用，因为企业的发展终归要由员工来主导，人员具有高学历，其人力资本积累越多，所以拥有高学历的人力资本才能使企业的发展保持活力，不断开拓创新。

表 12-6 株钻科研经费投入

（单位：万元）

年份	行业总经费投入	行业平均经费投入	株钻经费投入
2004	64112	1209.66	16702
2006	77244	1514.588	18625
2007	179187	2799.797	66792

企业科研经费投入情况。由表 12-6 可知，株钻每年的科研经费投入都高于行业的平均水平。正是由于株钻对科研的大力投入，才使其科研能力保持在行业领先水平。

12.3.3 公司业绩成长性较好

企业业绩成长分析的目的在于观察企业在一定时期内的经营能力发展状况。业绩成长性评价应首先确保不存在足以影响到持续经营假设的重大事项，确保资产账面价值足以反映公允价值。在此基础上，利用企业基本的会计信息数据，对公司正常损益成长性以及影响正常损益成长性的财务结构进行符合性分析。课题组决定选择 3 个指标来识别株洲钻石切削刀具股份有限公司的业绩成长性，用营业收入和正常净利润反映公司正常损益的成长，用资产负债率评价公司的财务结构。由于最核心的偿债能力是由正常损益状况决定的，因此，正常损益指标应当占绝大多数的权重，财务结构的指标权重相对较小。

正常收益成长性好。分析正常损益成长性时，主要是用营业收入的增长率和净利润的增长率来衡量。株洲钻石切削刀具股份有限公司近年的营业收入和净利润如表 12-7 所示。

表 12-7　公司 2005—2010 年的营业收入和净利润

年份	2005	2006	2007	2008	2009	2010
营业收入（万元）	45538	72327	93036	98442	84479	124047
营业收入增长率（%）	—	58.8	28.6	5.8	－14.2	46.8
净利润（万元）	5084	7421	10240	10848	8145	14885
净利润增长率（%）	—	46.0	38.0	5.9	－24.9	77.8

分析表 12-7 可知，除去受到金融危机影响的 2008、2009 年度，株钻其余年份的营业收入和净利润都保持了高速的增长，从 2005 年到 2010 年，株钻的营业收入和净利润差不多增长了两倍。

财务结构合理。资产负债率是一项衡量公司利用债权人资金进行经营活动能力的指标，也是反映公司财务结构的重要指标，同时在一定程度上决定了公司的持续发展性。株洲钻石切削刀具股份有限公司近年的资产负债率如表 12-8 所示。

表 12-8　公司 2005—2009 年的资产负债率

年份	2005	2006	2007	2008	2009
资产合计（万元）	82015	88286	108432	129052	124728
负债合计（万元）	34277	47750	55388	70142	70603
资产负债率（%）	41.8	54.1	51.1	54.4	56.6

分析表 12-8 可知，株钻 2005 年至 2009 年的资产负债率都低于 57%，资产负债率始终处于一个相对合理的水平，财务结构状况良好。

通过对株钻的正常损益成长性和财务结构的分析，可以看出，株钻的发展前景非常好，具有良好的业绩成长性。

12.3.4 公司示范性强

品牌影响力强。“追求过硬，进取无限”是株钻大力发扬的企业精神，“打造世界级工具综合供应商”是株钻不断追求的目标，并以“世界工具，财富利器”作为自己的经营理念。株钻不拘泥于传统企业的发展模式，而将目标定于赶超国际同行，力求将每件产品做到最精最细，不断提高自我要求。公司拥有一支强大的科研开发队伍和一批先进的研发设备，建立了完善的研发机制和体制。公司坚持“技术创新紧贴市场”的原则，坚定不移地实施“始于市场，终于市场”的研发策略，不断开发出具有自主知识产权的新产品。

株钻已通过 GB/T24001—ISO14001 环境体系认证，并通过 GB/T19001—ISO9001 质量体系认证。“中国名牌暨质量管理先进表彰大会”于 2004 年 9 月 1 日在人民大会堂隆重召开，株钻的“钻石”牌硬质合金产品在会上荣获“中国名牌产品”称号。2004 年 5 月到 2005 年 3 月，德国弗戈尔（VOGEL）工业媒体集团北京弗戈尔咨询公司在中国进行的大规模刀具市场调研活动中，“株洲钻石”脱颖而出，当选为“最受欢迎的国产刀具品牌”，同时也是国内企业中综合竞争力最强的。2005 年 11 月，德国 AI《汽车制造业》杂志在上海正式公布了“2005 年度 AI 卓越产品奖”暨“2005 年度汽车制造业百家优秀装备供应商（TOP100）”的获奖产品及企业，株钻成为国内唯一获此荣誉的刀具品牌和企业。2006 年 5 月 24 日，株钻刀具荣获由国家科技部、信息产业部、农业农村部、中科院等九部委联合全国高技术产业化协作组织的直属部门——全国高科技质量监督促进工作委员会（CHC）颁发的首批“全国科技创新质量管理先进单位”。在国家科技部公布的 2010 年科技项目名单中，株钻的“高速列车高效重力切削刀具（FMD03、YBG302 等牌号）产业化”项目成功被列入国家火炬计划；“难加工材料数控切削刀具（牌号：YD101、YBG102）”被列入国家重点新产品计划。这标志着株钻在硬质合金刀具领域的生产技术水平处于国内领先地位。

市场占有率较大。如前文所论述的，我国的金属工具制造业是一个竞争非常激烈的行业，每个企业的市场份额都不大。但是株钻凭借着过硬的产品质量和高质量的服务水平，不断扩大品牌影响力，增加销售收入。如表 12-9 所示，株钻 2005 年至 2008 年每年的市场占有率排名都在前五名，并且市场份额有逐年增加的趋势。

表 12-9　株钻 2005—2008 年销售收入的市场占有率

年份	2005	2006	2007	2008
株钻销售收入（万元）	45538	72327	93036	98442
行业销售收入（万元）	1875913	2451303	3519799	3669214
市场占有率（%）	2.43	2.95	2.64	2.68
市场份额排名	4	3	5	2

公司制度较为完善。株洲钻石切削刀具股份有限公司的成功与其先进的科研水平和高效的管理能力是密切相关的，而科研能力和管理能力的维持与提升又需要各项规章制度的保障。只有确立了完善的企业内部制度环境，作为企业主体的员工才能依据制度的规定开展相关工作，技术人员才能按照公司的需要研发新产品，管理人员才能为节省企业管理费用而不断努力。株钻主要的制度可以分为三类，分别是人事制度、劳动制度和分配制度。详细制度如表 12-10 所示。

表 12-10　株洲钻石切削刀具股份有限公司现有制度

人事制度	劳动制度	分配制度
部门负责人综合考评管理办法； 研发人员的任职资格体系、薪酬制度和绩效考核制度； 在职研究生送培管理办法； 任职资格标准与等级管理制度	劳动合同期限管理暂行规定； 员工考勤管理办法； 关于公司保障员工身体健康的有关规定； 劳务用工管理办法	管委会企业年金方案； 株洲钻石切削刀具股份有限公司薪酬管理制度； 荣誉称号评选及表彰管理办法

12.4　动态人股制的具体方案

为实现企业的长期可持续发展，需要将员工的目标与股东目标保持一致。因此，动态人股制方案设计的前提是保持股东收入的持续增长；动态人股制方案设计的原则是积极调动企业员工的主人翁精神；动态人股制方案设计的目标是最大限度地降低企业内部的管理成本和内部代理成本。董事会在年初对公司的发展战略进行定量化的制定，在年末根据公司年初制定的定量化战略的任务完成程度来对利润进行分配，这就是动态人股制的设计思路。在对动态人股制进行设计的同时，一定要设置分配的最低比例，如果任务的完成质量能够提高，则提高人股的分配比例；一定要设置分配的最高比例，充分保证企业利润分配的主导权由物质资本所有者拥有。

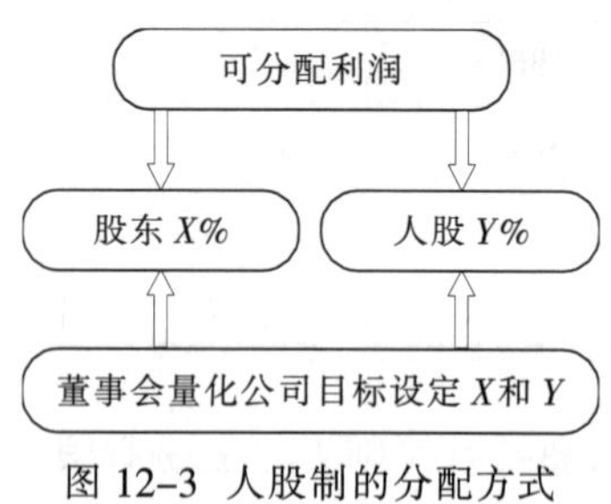

图 12-3 人股制的分配方式

12.4.1 股东和人股之间的利润分配

利润分配的方法。共同分享的利润是公司的净利润，在对其分配的过程中，不能将公司当期取得的全部净利润对人股进行分配。对于公司当期取得的全部净利润，首先应该是给予物质资本方收益，用以补偿物质资本方的投入。当公司取得的净利润有剩余时，人股则拥有和股东共同分享净利润的权利。为什么要首先对物质资本方进行补偿呢？主要出于以下两个方面的考虑：一方面是基于对物质资本方前期获得收益的考虑，如果前期物质资本方获得的收益（净资产收益率）低于金融市场的贷款利率[①]，这时就应该用净利润对其损失进行补偿；另一方面，如果低于当期市场的贷款利率，此时就要用净利润对其进行补偿。

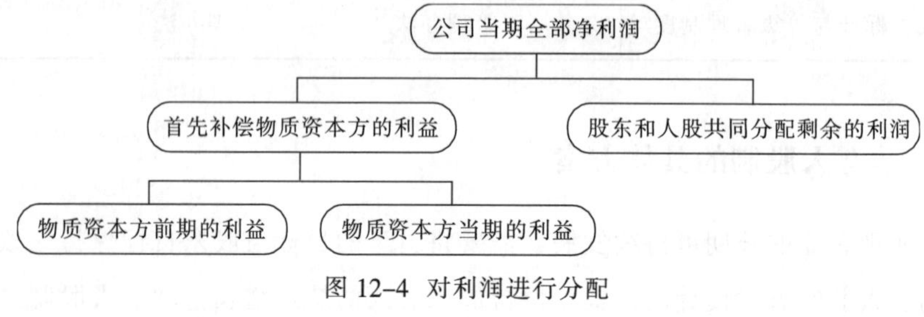

图 12-4 对利润进行分配

① 这里的贷款利率是指市场五年期以上的贷款利率，下同。

动态人股制利润分配的原则。满足员工和股东对公司实现长期发展的期望，这是动态人股制设计的初衷。为此，遵循的基本原则如下：

第一，必须保证公司能够实现长期健康可持续发展。只有企业存在，动态人股制方案的设计和实施才能进行下去。

第二，只有完成年初董事会设置的绩效目标，员工才能在此基础上获得分配净利润的权利。分配必须按照员工完成任务的多少和程度来进行，这样既可以体现公平公正的思想，又可以充分调动员工的积极性。要对任务的完成程度整体进行评级，只有达到及格或以上，人股才能参与分配。当等级为及格时，人股和股东分配的比例为 4∶6；随着任务完成等级的提高，对人股的分配比例将提高。对人股分配的上限是 60%，此时的任务完成的评价等级是 60%。

表 12-11　股东和人股的利润分配比例划分

完成任务评价等级	股东和人股的利润分配比例
及格	股东 60%，人股 40%
中等	股东 50%，人股 50%
优良	股东 40%，人股 60%

第三，在划分股东和人股的利润分配比例时，我们设计的方案是采取超额累进制，目的是充分体现公平和保障物质资本方的利益不受损失。当可供分配的利润超过一个等级时，只需对净利润的增量按照下一级别的比例来进行分配。

设置绩效目标。对企业内员工进行利润分配的重要衡量标准是绩效目标的完成情况。因此，绩效目标设置的科学性至关重要。董事会一定要综合考虑员工的技术能力和管理能力来制定企业的发展目标，这一目标的设置不能太高，否则不易完成，会严重挫伤员工的积极性；当然，这一目标的设置也不能太简单，否则对员工积极性的调动也不利。

指标的选取和设置要能够充分反映企业的获利能力、员工的技术能力和管理能力。反映企业竞争力最有力和最直接的指标是净资产收益率（ROE），这一指标也为股东所关注。因此，ROE 可以作为株钻的主要绩效指标。净资产收益率又称为股东权利收益率，用净利润除以平均所有者权益来表示。其计算公式是：ROE＝净利润/［（期初所有者权益＋期末所有者权益）÷2］×100%。ROE 越高，说明资本所有者投资带来的收益越高，也表明企业员工工作的积极性和能力越高。

对于株洲钻石切削刀具股份有限公司来说，虽然企业的净资产利润率能够比较充分地反映企业员工的贡献程度，但是从物质资本方来考虑，如果株钻的净资产利润率等于或小于市场的贷款利率，则并没有补偿物质资本方应该取得的收益。因此，将ROE列为设置指标的同时，应该充分考虑到金融市场的贷款利率。

表 12-12　目标设置的评价

绩效目标完成情况	等级
$B<A\leqslant 2B$	及格
$2B<A\leqslant 3B$	中等
$3B<A$	优良

注：A 代表企业净资产利润率，B 代表市场五年期以上贷款利率。

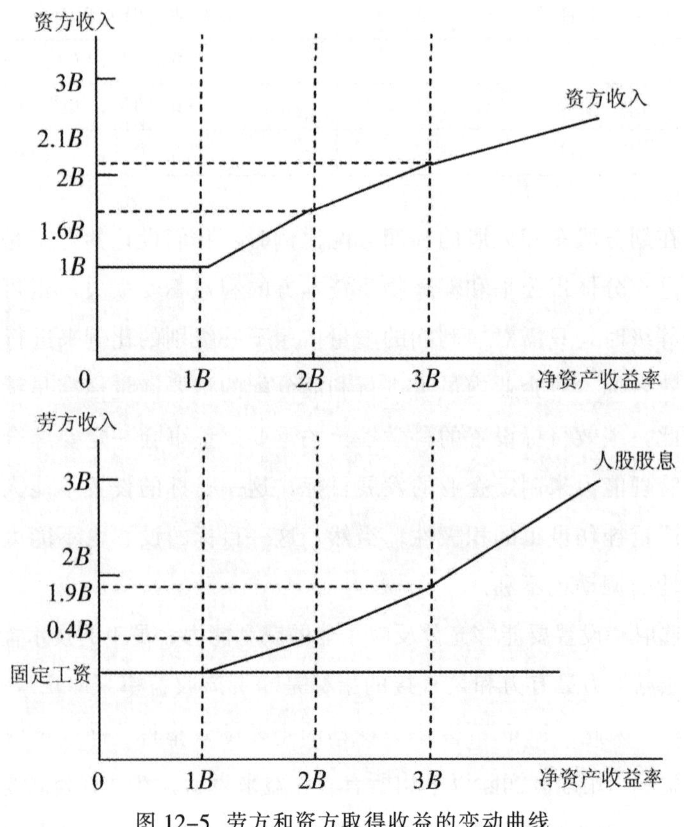

图 12-5　劳方和资方取得收益的变动曲线

12.4.2　劳动者内部的利润分配

在企业内部人股和股东利润分配的比例确定以后，剩下的一个问题就是在劳动者内部如何进行利润的分配。劳动者内部的利润分配十分重要，分得不够或过多都会挫伤劳动者的积极性，甚至激励效果不增反降，最终无法达到理论上的理想效果。我们可以分两个部分来设计劳动者内部的利润分配。

首先，员工对企业的贡献要从主观和客观两个方面进行评价，可以设计多个指标来表现主观和客观两个方面。在主观方面，可以根据员工工作的热情、态度、努力程度，由部门内部打分、各级打分及员工相互打分等方式，来设计多个指标；在客观方面，可以根据员工的工龄、职称、岗位级别等方面设置指标。针对员工的年末绩效考核得分，来确定每位员工应该获得的人股数。规定人股获得分配权利的下限得分，这一下限得分表明企业的员工得分只有在分数超过这一下限的时候才能获得人股，只有优秀的员工才能分享人股，为人股激励的高效性提供保障，同时还要对每年的人股总数进行控制。评分的时间是在年底，只有优秀的员工才有机会参与人股的分配。

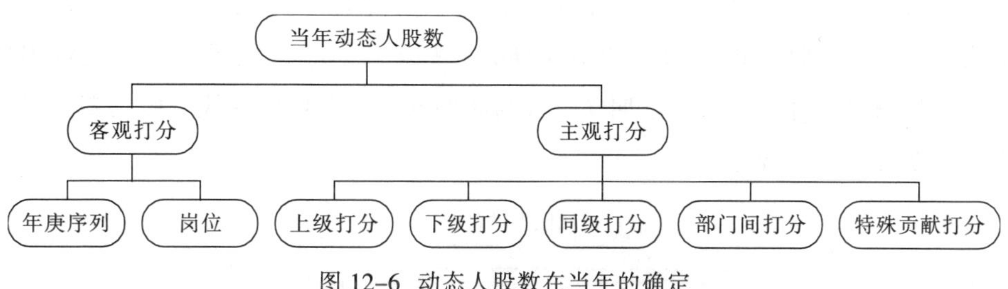

图 12-6　动态人股数在当年的确定

其次，企业既要对前期劳动的贡献给予承认，又要对退出者前期贡献的收益权进行保留，不能将利润的最终分配按照当年的人股数来确定，我们采取的是一种动态加权化的人股数决定方法，使其成为企业的一种制度。这种加权化的人股数确定方法是指应将企业内近五年的人股数进行加权平均，使其作为年底参与分红的人股数，具体方法如图 12-6 所示。这样人股数的确定便成为企业长久保持的一项激励制度。这项激励制度不单是员工不断为企业做出贡献的依据，更是将员工确立为企业真正的主人翁。

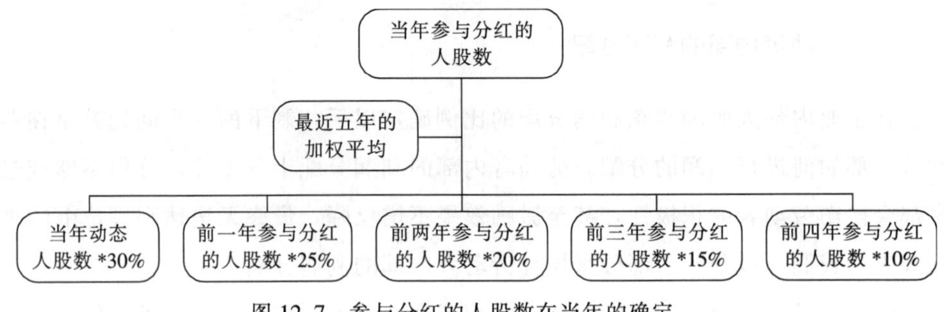

图 12-7 参与分红的人股数在当年的确定

12.4.3 激励支付方式的设计

要对劳动者的短期收益和长期收益进行统筹，这是人股制激励设计的总体原则。简单地将当期利润让劳动者分享，这只能被看成是一种对员工的短期激励行为，但是通过对制度的创新，能够设计出合理科学的针对员工的激励支付方式，使其成为一种对劳动的短期收益和长期收益统筹兼顾的制度。一是确定支付标的物的组成。货币、股份、期权和期股是现在企业用于激励的主要支付标的物。短期激励效果最好的是货币，长期激励效果最好的是期股。通过确定支付标的物的组成，将员工的收入设计为三个主要部分：基本工资、人股股息和物质资本股息。二是确定支付的时间。延期支付成为必要选择，它可以有效克服当期支付带来的短期机会主义行为。

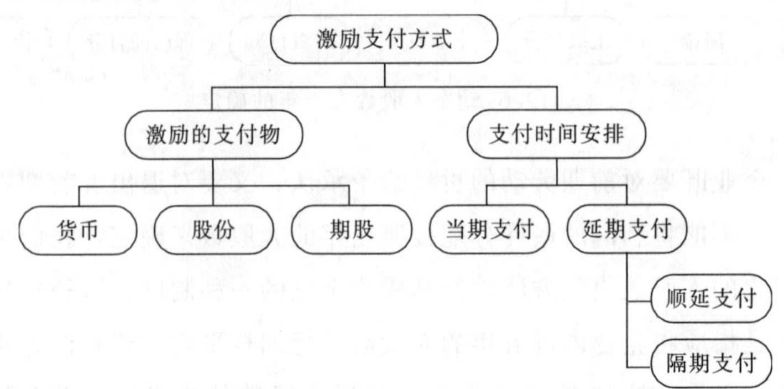

图 12-8 设计动态人股制激励的支付方式

鉴于株洲钻石切削刀具股份有限公司的国有控股性质以及公司回收股份的现状，激励的支付标的物可能主要集中在货币。采用货币激励的形式使得短期激励具有良好的效果，而长期效果并不明显。一个有效的方法就是在支付时间上予以创新。课题组设计的方案主要采取当期支付和延期支付相结合的方式。当期奖励成为利润延期支付的质押，以后面的五年作为发展的条件，只有五年内的平均 ROE 高于市场的平均贷款利率时，人股才能获得延期支付。这样就将劳动者的长期收益和短期收益很好地结合在一起。

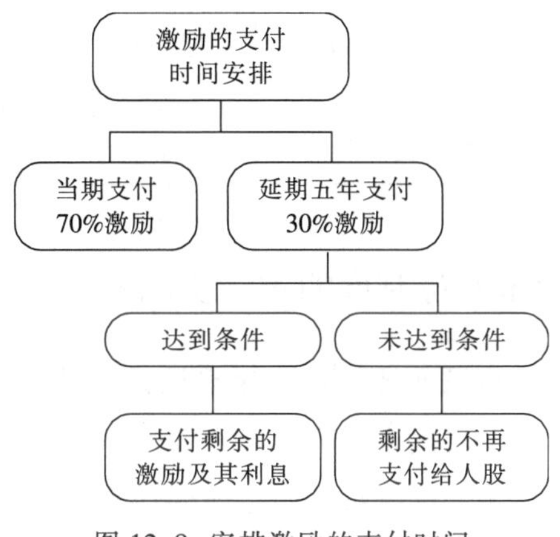

图 12-9　安排激励的支付时间

12.4.4　人股的退出机制设计

对在职者和离职者的利益进行兼顾是人股退出机制设计的总体原则，这是对劳动者给企业带来的长期贡献的肯定。人股是无法进行转让的，员工一旦退出公司，就表明其放弃了拥有的人股。因此，要针对不同的退出方式，设计不同的人股退出机制。

员工不管以何种方式退出公司，对于公司而言，从原则性讲都要使员工享受到前期贡献所能得到的收益。分为以下积累方式来进行规定：第一，对于员工主动辞职的情况，应该视为其主动放弃拥有的当期人股，公司不对其当期的损失进行补偿，但是要对其之前已经贡献而没有获得的收益进行补偿；第二，对于公司主动辞退的员工，他们可以享受当期分配的人股激励，主观的打分部分要按照部门间评分的平均数来评定，另外，他们还可以享受前期未领的激励人股；第三，对于伤退、调离或者退休的员工来说，如果达到一定的工作年限，他们既可以领完之前未领的激励人股，又可以按照上一期获得的人股数，享受一定期数的人股激励。

表 12-13　设计人股的退出机制

<table>
<tr><td rowspan="6">人股退出机制</td><td>员工退出方式</td><td colspan="2">人股的退出方式</td></tr>
<tr><td>辞职</td><td colspan="2">前期贡献应得的激励＋前期未领取的激励</td></tr>
<tr><td>辞退</td><td colspan="2">前期贡献应得的激励＋前期未领取的激励＋当期的人股激励</td></tr>
<tr><td rowspan="2">调离/伤退/退休</td><td>10 年以内工龄的员工</td><td>前期贡献应得的激励＋前期未领取的激励</td></tr>
<tr><td>10 年以上工龄的员工</td><td>前期贡献应得的激励＋前期未领取的激励＋工龄＊50％期的人股激励</td></tr>
</table>

12.5　对动态人力资本股份制度的进一步思考

动态人股制的施行要积极而谨慎，不能冒进。这是对企业产权配置的改革，是一种制度上的改革，从深层次来说关系到企业长期可持续发展。在改革成本小的企业中，成功的可能性大。满足以下四个条件，改革的成本将较小：一是行业竞争充分。这样的行业中，企业需要不断改革创新才能赢得竞争地位。这样的企业能够快速接受变化，企业内部阻力较小。二是知识密集型企业。对人力资本要求比较高，需要充分调动劳动者的积极性，通过人力股份制度就能产生较大收益，满足各方要求。三是要有高效的董事会。人力资本股份是为了保证股东的长期利益而设定的，必须有高效的董事会对人力资本股份进行协调，特别是制定企业的发展目标，设定人力资本股份和物质资本股份的比例。四是企业内部建有规范的考评体系。较为规范的级别考评体系，证明人力资本的不同已经得到了大部分企业员工的认同，当把这种考评体系改革为人力资本制度时，就具有较高的认同度。

第13章 以企业产权制度创新实现农村经济的内源性成长

——以山东柳桥村人股制企业为例

农村内源性企业可能存在很多问题，我们以山东柳桥村村办企业创新人股制度的案例为研究对象，对人股制企业的企业治理（分配机制和治理结构）和融资机制进行深入分析。从融资角度来看，企业应该将企业内有限的资金投入能够最有效带来利润的项目中去，这才是完善企业融资机制的内涵。这一融资途径完善的关键是建立投资者和企业之间的信息对称机制，最大限度地降低信息不对称成本。在建立投资者和企业之间的对称机制方面，需要银行和农村信用社在此方面的巨大投入。企业的产权制度创新要允许投资者进入内部成为股东，这样才能为企业建立一个动态的监督机制。从治理结构角度来看，资本所有者、劳动者以及企业管理者之间的权利安排本身就属于产权研究的问题；从企业的利润分配角度来看，积极调动员工工作积极性，努力吸引人才、留住人才并提高企业的管理效率，这才是关键。企业产权制度的创新从根本上来说是对企业内部分配机制的创新。因此，解决农村内源企业可能面临的诸多问题的根本是对企业的产权制度进行创新，这也是本研究的核心。

13.1 大力发展农村企业的时代意义

党在十七大报告中明确指出“三农”问题是我党下一步工作的重中之重[①]，甚至关乎全局。要大力发展农业，尤其要大力发展现代农业，这样才能走出中国

---

① 十七大报告指出，“解决好农业、农村、农民问题，事关全面建设小康社会大局，必须始终作为全党工作的重中之重”。

特色的农业现代化道路；要大力建设农村，尤其是建设农村的基础性设施，这样才能建设出有中国特色的社会主义新农村；要对农民进行深切的关怀，努力提高农民的收入水平，早日实现“收入倍增”。农业企业的作用至关重要，能够决定农业现代化水平的高低，促进农民收入的提高。可以说，解决农村问题的关键还是要大力发展农村企业，进而对农村进行改造（张强、安钢，2008）。但是，由于农村企业自身存在“管理水平不够”“缺乏资金”“人才稀缺”等诸多问题，通常导致农村走上只能依靠国家政策进行“招商引资”的外生性成长道路（中国社会科学院农村发展研究所，2011）。走这样一条外生性的成长道路会导致农业问题，特别是农村、农业、农民问题的解决过程很被动，效率不高。“缺乏资金”，就表明融资受到阻碍，不能进行有效的融资，需要畅通融资渠道和创新融资方式；“管理水平不够”，根本原因是协调员工的成本很高，不能调动起员工的积极性；“人才稀缺”，是企业没有充分留住人才的机制。

综上所述，以上三个问题都是企业实行的基本经营组织制度造成的，而企业产权则是最为根本的原因（张晓山，2011；何一鸣 等，2010）。对农村企业的产权制度进行创新，可以从根本上解决企业的资金、管理和人才等三方面的问题。课题组将内源性农村企业定义为主要依靠农村当地的资源，例如人、财、物等，发展壮大起来的企业。我们通过对山东某村企业针对人股制创新的案例研究，表明只有通过对企业制度进行创新，才能解决企业的人才、管理和资金问题，最终妥善地处理好三农问题。

13.2　柳桥村基本情况简介

柳桥村坐落于山东省滨州市博兴县，有 5000 人左右，人均耕地面积达到了 0.5 亩。柳桥村的村容十分整洁，基础设施良好，每户都有有线电视，村内的主要产业是活禽养殖业，包括鸡、鸭、鹅的养殖。养殖业十分发达，实现了全产业链的生产经营。活禽从出生到屠宰，再到冷藏，都基本实现了农业现代化。这一产业也是柳桥村发展的支柱性产业。下面主要对柳桥村屠宰冷藏业的情况做一个简单介绍。

在柳桥村管辖的区域内，2000 年以前村里只有一处价值 500 万的关于活禽屠宰保存的冷藏厂。村民韩全光于 2000 年在桓台县投资建设了一处关于活禽宰杀保存的冷藏厂，这一冷藏厂位于村外。这次建厂很有特点，主要采取村民自愿买“股”集资的方式，首次将人股制度和钱股制度用于村里的企业建设，取得了非常好的效果。自此，钱股制度和人股制度在村里开始广泛地应用，村里的屠宰冷藏业飞速发展，如今村里已经拥有 4 个冷藏厂、2 个饲料厂，村内外地务工人员达到 4000 人左右。在村外投资建设 2 个砖厂、5 个冷藏厂，职工规模达到 8000 人左右。人股和钱股的引入，极大地促进了村里产业的发展和壮大，农民成为村办企业的股东，收入提高显著，生活质量明显改善。通过对柳桥村的实地调研，我们发现柳桥村村办企业的突出特点就是引入了“人股制”，创新了企业的产权制度，使柳桥村的村办企业与众不同。

13.3　柳桥村人股制企业的融资机制、治理结构和分配机制

资金、管理和人才等问题是农村内源性企业通常面临的问题，但是柳桥村村办企业能够成功地解决这些问题。课题组通过实地调研，对柳桥村村办企业的相关特色制度进行了分析。我们对三类问题进行归类分析：资金问题属于融资机制分析；管理问题属于治理结构分析；人才问题属于企业内分配机制分析。因此，对柳桥村人股制企业的调查分析主要集中在融资机制、治理结构和分配机制三个方面。

13.3.1　柳桥村办企业的融资机制

主要依靠柳桥村村民自愿“钱股”筹集①企业所需要的资金。办厂首先需要一个人带头，这个人往往作为第一出资人，必须是由既有能力又有钱的村民②承担。这个带头人要先对设计方案进行规划，征集相熟的村民进行讨论，这些被叫来讨论的村民被称为“亲故”③。参与讨论的村民如果觉得项目可行，具有很好的前景，那么就可以进行集资并规划如何办厂④。按以下步骤来对资金进行创

① 股，是村民集资中的一个特殊名词，是集资的一个单位。

② 带头人能够卖股集资建立在两个抵押条件之上：一是有良好的声誉，村民认为此人是“有本事的、靠得住的人”；二是有相对雄厚的资本，能投入一定数额的钱进入企业。

③ “亲故”是沾亲带故的简称。

④ 这个过程通常是一个实地考察，充分讨论的过程，需要付出较多的精力。

建：第一，确定需要筹集的资金数额。资金总量的确定一般由带头人和亲故通过商讨来确定，是一个估计出来的金额。第二，确定需要筹集资金的来源。带头人和亲故要占总出资额的50％左右，其中，带头人出资占20％左右，亲故们出资额占30％～40％，并进行分摊，其余部分由村民自愿出资。柳桥村集资的做法是将每股价格定为1万元，由村民自愿进行购买。值得注意的是，柳桥村村办企业的集资主要依靠村民，并非村上的“有钱人”，带头人也未必是“有钱人”。因为，在筹资过程中，往往并不是由带头人或者亲故就能完成集资的，此时，带头人和亲故为了完成集资任务，达到建厂所需要的自身筹集比例，通常要采取向村民卖“股”的方式，村民自愿买股，但是股份计入带头人和亲故的名下。对于卖股的数量，并没有绝对的要求，既可以多卖，也可以少卖。多卖可以多筹集资金，留作流动资金，具体的筹集资金只要达到开工要求即可。购买股份的村民，便可以成为企业的股东。第三，股东的确定。股东的确定需要借助股数，股数是指购买的金额除以股的单价得到的数值。村里将通过现金购买的股份叫作“钱股”。通过“钱股”数量的不同来确定股东的身份。为保证村民的利益，村里要求每一“钱股”的价格在企业经营的过程中基本维持不变，为村民随时入股和退股提供方便。村里买股的确定要按照一个不成文的规定来进行，不是亲故的村民购买的数量只能低于5股，或者把购买的股份放在带头人或亲故名下，而带头人和亲故们在投资之初就成了企业的实际控制人。

表13-1　村里某一企业的创建资金来源及其构成

资金数目	出资人	实际出资人
200万元	带头人	140万元由农户出资；60万元由挑头人出资
500万元	亲故成员	300万元由农户出资；200万元由亲故出资
300万元	农户	农户
总计1000万元	102名股东	实际人数不详；挑头人和亲故占26％；农户占74％

短期的流动资金在企业的日常运营中往往非常重要，尤其是在“收鸡”时节①

① 周月书和杨军（2009）通过调研江苏的农村企业发现当前农村企业融资困难主要是短期流动资金融资困难。这种困境来源于微观企业自身、中观的融资渠道和宏观的经济政策。从柳桥村的人股制企业来看，影响短期融资的主要还是企业自身的制度，与中观和宏观经济环境关系不大。

来临之际，企业需要向股东、股东的社会网络筹集一部分款项。村民是否选择借钱给企业，主要基于企业发展的好坏和股东信誉的高低两点。其中，企业到底发展得如何，农户主要是通过自己的所见和从股东处打听得来。柳桥村企业集资具有如下三个显著特点：一是集资速度十分迅速。近百万的资金基本可以在“一集”内筹集[①]。二是稳定的利息。自 2000 年以来，筹集资金的利息基本是银行贷款利息的 2 倍，月息一分，年息有一毛二。三是企业可以对借款人随时偿付。如果外部存在的不确定性使农户感觉到资金的风险，农户就可以随时将借款从企业提走，并可以取得借款期限内的利息。通过股东庞大的社会网络来吸收资金，凭借股东的信誉和企业的绩效，而不用通过任何金融机构或中介机构。

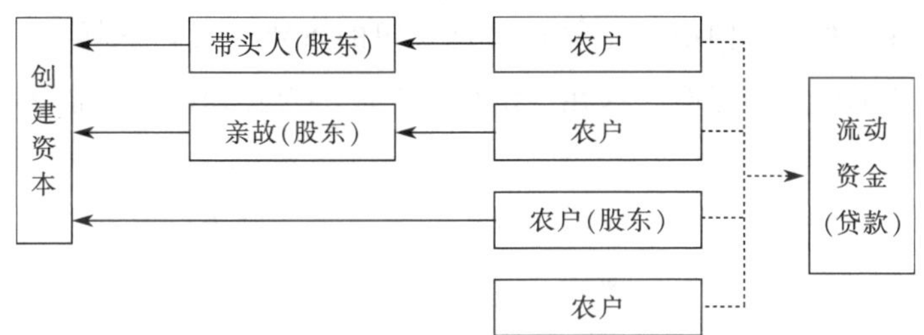

图 13–1　柳桥村办企业的融资机制

13.3.2　柳桥村办企业的公司治理结构

柳桥村办企业的董事会由带头人和亲故们组成。带头人通过卖股的方式很快筹集到了办厂所需要的资金，这时组建企业开始[②]。正式组建企业的第一项重要工作便是组建董事会，村民普遍将董事会看成企业的最高权力机构，企业的老板便是董事长。因为出资较多以及具有良好的声誉，通常企业的董事长由带头人担当，从而成为公司的实际控制人。另外，还要选举 7～9 名董事会成员，董事会成员的选取是按股数的多少来确定的，一般都是亲故。董事会成立以后，其主要负责和商讨企业在发展中可能面对的重大问题和发展的战略问题。董事会的出现，使带头人能够清晰地对企业有一个整体的把握，大股东也可以随时将遇到的问题反映给董事长。对于这类村办企业，董事会议的召开一般是每周一次或者每

① 集，是柳桥当地的时间单位，5 天为一集。

② 在这个过程中有许多具体的投资事项，我们关注的是村办企业制度构建过程。

个月一次，召开的频率相对较高[①]。

柳桥村办企业的经理层由亲故组成。对经理层进行确定是董事会成立以后的第二步工作。董事会需要任命生产经理、财务经理和总经理这三个经理层中最重要、最关键的职位[②]。总经理一般不能够由董事长担任。带头人（董事长）既可以是多个企业的实际老板，也可能同时对多个企业进行实际控制。一般情况下，最亲近的亲故通常由董事长任命为总经理、财务经理和生产经理。总经理通常和董事会一同协商决定其他职位。在这类企业中，董事会都会安排自己的熟人和亲信作为自己的代理人进入企业工作，例如子女、兄弟姐妹等。因此，亲故们控制着企业的经理层和关键岗位。良莠不齐的经理们能力有限，但是由于与董事会具有亲密的关系，那么他们都会觉得自己是公司的重要一员，这样都会努力工作，具有积极的工作热情和态度，这在一定程度上能够对经理的工作能力上的不足进行部分抵销。

柳桥村办企业配置人股的比例根据岗位来进行。柳桥村办企业在董事会成立以后，会按照岗位来给员工配置相应比例的人股。钱股是分配人股的前提条件，但是与拥有钱股多少没有必然的关系[③]。岗位越重要，岗位的人股数就会越多，也越能体现企业的权威来源。董事长是企业人股数分配最多的人，是其他人进行人股分配的参照。对企业内的每一名董事都要给予人股，根据董事的职位，可以对人股数进行相加，但是相加后的股数不能高于董事长。企业内的其他人股数的分配要按照企业岗位的等级来进行分配。只要具有钱股，那么就可以分到人股。只要员工拥有钱股，并且能够为企业做出贡献，就可以对这样的员工随时配置人股。配置完人股之后，员工的人股成为钱股之外的能够参与企业利润分配的权利。通过对比董事长拥有的人股数，基层员工就可以明确自己能够分到的利润，是对自身收入的一种保障。表 13-2 表示柳桥村办冷藏企业配置人股的情况。

① 董事会议更像是董事长的现场办公会。

② 在冷藏行业中，从业者普遍认为生产的高效率是竞争优势的关键所在。

③ 钱股作为人股的前提是柳桥村人股制度和我国古代晋商身股制度的重要区别。晋商的身股不需要物质资本作为前提。

表 13-2　柳桥村某村办企业针对不同职位的配置人股情况

岗位	人股数
董事长	7
董事（8 名）	2
总经理	3
财务经理	2
生产经理	2
销售经理	2
车间主任（3 名）	1
销售员（6 名）	1
技工（5 名）	1
后勤保管（2 名）	1

柳桥村办企业的自由退出机制。企业治理非常重要的一环就是要使出资的股东能够灵活地退出，建立这种机制非常重要。与《公司法》规定的“必须在其他股东同意的情况下，股东才能退出”不同的是，柳桥村办人股制企业的股东可以随时退出。如果股东辨识出企业存在风险，小股东可以通过向带头人或者亲故索要本金的方式将股份变现。一旦企业不同意退还本金，那么企业和带头人就将面临非常严重的信誉风险，全村人就会对企业将来的融资行为进行抵制。这种机制对制约管理层起到了很大的作用。村民可以将公司内的经营情况传达给小股东，小股东根据企业的经营情况又可以做自己的选择。比如，某公司的董事长 2008 年要求公司为其配置了一辆豪华轿车，小股东强烈反对，纷纷要求退股，这名董事长不得不卖掉这辆轿车，并且承诺不再购置豪华汽车。虽然这家公司还在正常运营，但这名董事长从此失去了村民的信任，很难再以带头人身份开展大规模的融资项目。

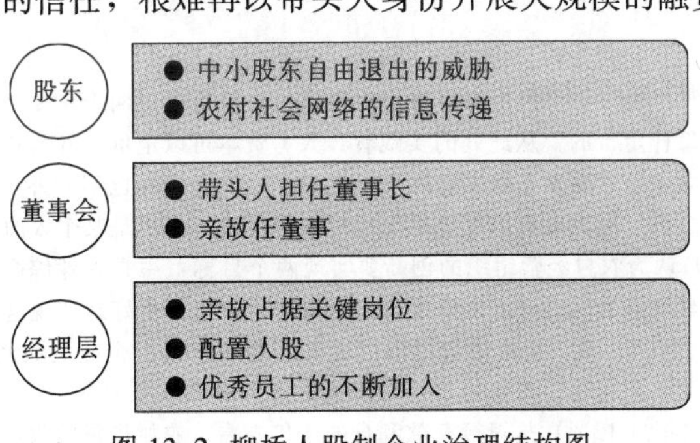

图 13-2　柳桥人股制企业治理结构图

13.3.3 柳桥村办企业的分配机制

钱股和人股分红的比例在事前要进行约定。根据年底的利润，企业便会考虑分红事宜，由董事会根据企业发展的情况来决定分红的多少。要让村民在买股之前就知道钱股和人股在分红时所占的比例。据统计，柳桥村办企业 2000—2007 年钱股和人股的分红比例是 6∶4，2008 年以后这一比例变为 7∶3[①]。在村民眼中，钱股被认为是“风险股”，主要是由风险的承担所换来的收益；而人股被认为是“操心股”，主要是由于对企业努力工作的投入。拥有钱股和人股的员工在企业中的收入组成包括三个方面：基本工资、钱股分红和人股分红。虽然钱股分红占主要部分，但是企业内的员工更看重人股，人股往往是收入的主要来源[②]，通常比钱股和基本工资还要高。

柳桥村办企业内劳动收入的平均化。柳桥村办企业内员工的工资差距整体并不大。在日均工资上，总经理和副经理只有 20 元左右的差距，副总经理和车间主任只有 15 元左右的差距。企业内部的计件工人的工资有可能高于车间主任。据调查，村内人股制企业的总经理月工资大约 3000 元，明显低于一般企业。村民通常认为工作的难度和工作的强度决定了工资的高低。村民普遍认为，总经理的工作是清闲的工作，因为只动脑子，体力负荷不大，所以不能取得高收入。可以看出，企业内的工资只是对一种要素折旧的补偿和付出，而不应该成为对企业的收入和作用的价格[③]。

柳桥村办企业员工家庭收入结构的优化。员工除了获得劳动收入和红利收入外，还能通过借给企业短期的流动资金而获得利息收入[④]。员工本身也是农民，

---

① 比例的变化说明“人”和“钱”价格对比的变化。这里蕴含了两个重要的理论问题。人力资本能不能定价？人力资本是怎样定价的？从此处的实践看：人力资本可以定价，并且通过一种类似集体合约的形式定价。新古典经济学中论述要素是根据边际贡献定价的，人力资本也不例外。但此处的实践是：某一类要素按集体形式约定总价，同类要素内部再根据比例划定价格，而不是某个人的边际贡献。

② 张晓山（2011）认为农村经营组织的创新要实现两个目标：一是农业综合生产能力的提高；二是农民要通过这些组织分享增值利润。通过调研发现，人股制企业可以很好地实现这两个目标。

③ 刘长庚和韩雷（2011）认为企业内较低的层级收入差距有利于企业层级间建立一种合作的关系，提高企业的效率。

④ 这种利息收入（年息 12%）是银行存款利息的 4 倍左右。农村借贷的收益主要被农民获得了，而不是金融机构或者借贷机构。这是柳桥村民间融资和其他地区民间融资的重要不同。

还可以获得粮食作物种植[①]而得到的土地经营收入。一般来说，每个家庭普遍拥有两个劳动力，这样就可以保证两份劳动收入。总结来看，柳桥村办企业内的员工收入拥有多样化的来源：劳动收入、钱股分红、人股分红、土地经营收入和借款利息收入。由于农业户口问题，柳桥村办企业内的员工并没有缴纳五险一金。但是对农民而言，土地经营收入可以起到社会保障的作用。图 13-3 的收入调查结构统计来源于课题组对柳桥村某一人股制企业的 10 户员工家庭的调查。

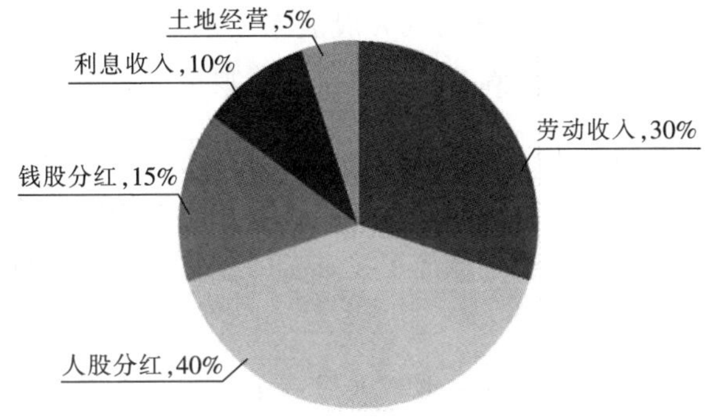

图 13–3　柳桥人股制企业普通员工家庭收入结构图

13.4　人股制企业高效运行的经济学解释

柳桥村办企业的案例为我们解决农村内源性企业面临的运营困难和融资问题指明了方向。与其他企业显著不同的就是柳桥村办企业采取的人股制度。按照人力资本在企业中的作用给员工分配一定比例的人股，这样企业内的员工就可以按照人股进行分配。在剩余控制权分配的比例确定的前提下，人股制使员工拥有了人力资本对企业取得利润的部分剩余索取权。这种分配方式按照产权安排进行，增加了员工分享利润的权利，从而提高了企业的经营效率[②]。这种分配制度的创新所在就是对企业内部产权制度的重新界定。

① 柳桥村的耕地，通过转租实现了部分集中，但大部分家庭都还进行粮食种植。主要原因有三：一是村民大都在村办企业内上班，可以灵活地参加农业生产和在工厂上班；二是柳桥村地处平原，有利于农业机械化的开展，农业需要的劳动力很少；三是粮食价格不断上升，种植粮食收入稳定并可以解决家庭的口粮。

② 课题组发现凡是有人股的员工，都会积极维护企业的利益，分析问题往往会从企业的整体出发。有些基层员工往往表示要努力工作，“帮”企业多挣钱。

13.4.1 农村企业的融资困境通过人股制可以有效解决

人股制能够有效降低投资者对企业的监督成本。投资者收入和企业内部收入的同源性是投资者监督成本得到有效降低的根本原因。在人股制下，企业员工的收入差距不大，甚至总经理和一般员工的差距也不大。人力资本虽然能够通过劳动获得固定工资，但是固定工资比一般企业的工资相对要低，这就使企业利润成为投资者（股东）和企业内部员工（人股股东）的主要收入来源。在这种情况下，股东的利益和人股股东的利益达成了一致，形成了基本的利益共同体，都是希望企业的利润能够最大化。这样，企业的投资者主要关注的是企业长期的经营能力，而不是企业日常的经营行为。在村里，由于企业的经营能力是一个公共信息，而村民往往是投资人，这就降低了投资者的监督成本，这也成为人股制企业能够成功融资的关键。

人股制企业的融资功能十分灵活。人股制企业股东大多是村民，这就使人股制企业成为农村社会网络的交汇点。企业在需要融资的时候，就可以充分利用这个网络形成的交汇点。这种方式能够取得成功主要基于以下两点：一是村办企业的股东和村民成为企业的主要融资来源；二是信息相对透明，大股东和人股股东在其中发挥着重要的作用，为信息成功传递起到了关键的作用，能够有效降低企业和借款人之间的信息不对称。人股制企业能够有效降低融资成本，不需要金融机构或中介提供服务，降低了交易成本，能够有效提高企业的融资效率。

柳桥村办企业具有更加合理的投资者权利结构。在人股制企业中，股东不需要经过其他股东同意便可以自由退股，这比一般企业的中小股东在退股方面具有更多的权利。虽然上市公司的中小股东可以自由的转让股份，但是人股制公司股份的自由转让对企业而言更有威慑力，因为这种自由退出股份的权利通常可以有效地约束企业管理人员，不仅可以改善投资者权利结构，还可以增进企业的绩效，减少股份的退出。资本方具有过多的剩余索取权会削弱企业内经营者工作的积极性，使资本投资变成完全的专用性投资成为可能，这会导致很大的经营风险。人股制企业与一般企业不同，并没有给予资本所有者过多的剩余索取权，而是给予更多的自由退出机制。这转变了投资者在企业运营中的被动地位，对经营者既起到了监督作用，又具有约束作用，能够有效提高企业的经营效率。

13.4.2 企业的治理绩效通过人股制而提高

平等的各类要素主体。给予人以资本产权和物质资本产权具有同等地位的剩余控制权和剩余索取权。人股制企业设立之初，企业内部就确立了人力资本对利润拥有剩余索取权和剩余分配权。剩余控制权的配置对一个企业至关重要(Hart，1990)[①]，人股制企业恰恰把握住了这一点的核心作用。通过对剩余控制权和剩余索取权之间的配置进行创新，可以有效降低人力资本的收益被物质资本“剥削”的程度，这也是增加人力资本专用性投资的一种方式。通过这种制度性的创新，人力资本将对企业进行“大胆”的专用性投资，最终将会明显提高企业的效率[②]。随着员工专用性人力资本的不断投入，物质资本和人力资本形成相互“锁住”的状态，这时互惠性合约将形成，双方的理性选择就是长期合作。

双方的信息对称。通常在企业中存在两重委托代理关系。第一层委托代理关系是股东和经理层；第二层委托代理关系是经理层和员工层。通过人股制度的建立，能够有效解决这两个层次之间委托代理存在的信息不对称问题。两层委托代理关系的对称性主要体现在以下两点：一是人力资本和物质资本在人股制下的利润分配比例是确定的。在账目核算准确的情况下，通过事先约定的利润分配比例，非自愿侵占收益的情况不会出现。二是人力资本内部的利润分配比例也是确定的。人股制企业内部的员工都清楚自己的人股数，明确相互之间应该分得的份额，也不会存在相互侵占的情况。通过这种方式，可以防止经理层对员工的收益进行侵占，也可以防止员工之间的相互侵占，从而提高人股制企业内部员工的人力资本专用性[③]。

柳桥村办企业的人力资本和物质资本二者之间具有相互独立性。通过人股制

① 这又不同于哈特和莫尔要把剩余控制权赋予最重要要素所有者的论断。这里体现了人力资本和物质资本同样重要，说明企业最重要的要素是一组要素的组合，而不是单纯的物质资本。

② 从人股和钱股平等享有剩余索取权来看，那种认为人力资本不可抵押的观点是错误的。人力资本同样承担着专用性投资的风险。如果阿罗“干中学”的观点是正确的，那么人力资本在企业生产中面临的风险就非常大，以致企业的命运决定了个人的命运，这在现实中是常见的现象。

③ 这与利润分享有着明显的不同。利润分享可以部分改善第一层委托代理的问题，但是对第二层委托代理的作用却存在很大争议（Weitzman，1990）。在利润分享的前提下，往往更侧重平均分配，导致企业内的偷懒问题严重。

的实施，可以明确人力资本的产权，使人力资本具有与物质资本的不同之处，保持了人力资本能够独立实施的权利，并没有和物质资本一同被圈在企业股权的框架下。通过这种方式，人力资本独立性的优势被充分发挥，具体表现为以下两点：一是物质资本赎买人力资本的情况不会出现。如果将人力资本和物质资本看成同一性质，则都将按照股份来进行配置，人力资本的股份就会被分散定价，这样人力资本的价值也会大打折扣，在股份中地位丧失，从而依附于物质资本，收益易被物质资本所侵占。二是将人力资本的机会性倾向降到最低。如果没有人力资本收益的权利，那么人力资本便会依靠股份获得收益，即使没有人力资本投入，也会获得资本收入，这样就会出现“搭便车”的情况。但在人股制条件下，员工只能不断地投入自身的人力资本，如果不付出努力，便会被降级，随着拥有人股数的减少，自身的收入也会降低。

柳桥村办企业具有长期性。这可以从以下两点来解释：一是人股制的存在提高了员工离职的机会成本。由于人股制的实施，员工就会不断地在企业投资人力资本，慢慢形成适用于本企业的专用性人力资本，降低了人力资本的通用性，这样离职的成本就会很高，加之人股无法转让，进一步提高了员工离职的成本。二是由于人股的存在，企业愿意与员工签订长期合同。对于企业而言，其更愿意聘用适合本企业的具有专用性人力资本的员工，这样可以减少相关方面的培训，既有利于企业自身生产，又有利于降低经营成本。同时，还能使人股员工的收入得以提高，长期合同成为企业员工的合理选择。

柳桥村办企业这种制度操作简单。人股制并不是一种复杂的激励制度，与现代企业复杂的激励制度不同，它更便于操作①，更容易复制。在企业内实行人股制不需要考虑资产规模和资产结构，企业的产权可以根据出资人和劳动者划分为钱股和人股，这与企业自身的资产特征和结构没有任何联系。人股制的实行对员工没有特殊的条件限制，人股数的多少只是决定了员工能够获得的收入结构，在一定程度上与股权类似，容易被劳动者理解。人股制的操作简单，直接成本很低，可以在人力资本水平还不高、资产规模较小的企业中普及。

① 对于中小企业来说，简单的股份制很难解决高委托代理成本，而通过上市转型为现代企业的门槛又太高，往往只能转变为由家族控制的企业。

13.5　对农村企业产权制度创新的进一步思考

通过案例研究，我们发现山东柳桥村办企业人股制的实行可以使人力资本获得与物质资本同样的地位。这一制度的应用，能够有效解决农村内源性企业在融资、管理和人才方面遇到的困境。具体可以概括为以下三点优势：第一，通过人股制可以使劳动者和资本所有者具有相同的利益目标。既可以降低投资者对企业的监督费用，又可以降低经理层对员工层监督的费用，双方可以建立长期的合作关系。第二，人股制改善了劳动者和投资者之间的产权结构。无论是钱股还是人股都获得了可以自由退出的权利，降低了投资者的风险。为劳动者增加了人股的收益权，这是一种剩余利润的分享权利，可以有效提高劳动者工作的积极性①，长期合作可以得到保持。第三，通过人股制对劳动者的收入结构进行了改变。在人股制企业中，员工的收入结构实现了多样化，不仅体现了企业对员工的公平性，又能够有效提高员工的收入水平。显然，人股制值得在企业中推广。人股制作为一种创新的产权制度，既有利于充分利用农村的闲散资金，又有利于提高企业内部的治理水平，还能有效解决“三农”问题。综上所述，我们认为：

第一，要积极鼓励村办企业内部的产权制度创新。在解决“三农”的问题方面，工业反哺农业只是一个方面，要积极鼓励农村、农业、农民进行创新，尤其是村办企业内的制度创新，这样才能找到适合我国农村村办企业长期发展的路径。通过案例研究，我们可以看到企业内的制度创新对于企业快速发展的重要意义。政府要在政策和法律上为村办企业的制度改革提供良好的氛围和适当宽松的政策环境，依靠制度创新为农村企业的发展提供一条可行的发展道路。

第二，要充分利用农村的闲散资金，为农村的金融市场提供有效支持。通过农村内生的金融机制和金融机构可以有效降低融资成本，这主要具有两个方面的重要意义：一方面，提供充裕的资金支持农村企业的发展；另一方面，使农民可以获得更多的财产性收入。其他金融机构很难拥有这两方面的优势。

第三，要在农村企业推广人股制。一是要从理论上对人股制进行深入的研

① 物质资本所有者以有形的专用性资产作为抵押，人力资本所有者以无形的专用性人力资本和少量的物质资产共同抵押，使劳资双方形成互惠，这就带来企业内各种要素的平等性、委托人和代理人的信息对称性、人力资本和物质资本的独立性、契约的长期性和操作的简单性（威廉姆森，2007）。

究，具体包括人股制的作用机制、优缺点和内涵。二是试点推广人股制度，尤其是要在那些条件成熟的村办企业中试行。三是要通过对人股制实施过程中暴露的问题进行总结，建立完善的实际操作人股制的框架。

第四，要依靠人股制对农民的收入结构进行改革。农民的个体经营收入和工资性收入是政策的主要引导重点。结合柳桥村办企业的案例来看，应该从企业的经营收入来对农民的收入进行提高，使农民的收入最终由劳动分红、资本分红和固定工资组成。

第 14 章　完善提升居民消费能力的收入分配制度

通过深化收入分配制度改革提升居民消费能力和预期，是完善促进消费体制机制、激发居民消费潜力的首要工作。收入分配制度改革的主要目的是提高居民收入水平，促进收入差距合理化，改善民生福祉。人民生活得好不好，一个重要表象就是居民消费状况，而居民消费潜力释放和质量提升都有赖于收入分配制度的完善。尽管新时代高质量发展要求实现消费规模扩大和消费质量提升并重，满足不同人群对不同层次的美好生活的消费需要，但提升中低收入者消费水平，进一步释放消费潜力仍是基础和重点，况且促进消费发展、增强消费动能本身就是一个由量变到质变的过程。

14.1　分配与消费的内在联系

马克思的论述多次体现了分配与消费的联系。在讲到社会物质生产四个环节的关系时，他重点分析了生产与分配、交换、消费的一般关系，尽管没有直接明确地论及分配与消费的关系，但他强调生产与消费具有直接的同一性，且消费是生产的目的，而在消费这一终点环节之前存在着分配和交换这两个中间环节。因此，在社会再生产过程中，没有生产、分配、交换这前三个阶段，也就没有第四个阶段的消费。在谈到资本主义经济危机时，他指出，“一切真正的危机的最根本的原因，总不外乎群众的贫困和他们的有限的消费”①，“生产过剩只同有支付

① 马克思恩格斯全集（第 25 卷）[M]．北京：人民出版社，1972：548.

能力的需要有关。”[①] 因此，资本主义制度下的生产过剩只是一种和人民大众有支付能力的需求相对而言的过剩。倘若资本主义能够把生产不用于获取最大限度的利润，而用于不断改善人民群众的物质生活状况，那就不会有危机发生[②]。提升居民收入水平，有利于强化居民有支付能力的需要，促进消费发展。实际上，收入分配不单以分配结果的购买力分布影响有效需求，同时还通过资源配置和激励效应影响有效供给，在这个意义上，收入分配成为供求联动的“枢纽”，对于推动新时代经济高质量发展具有重大意义。

14.2 制约居民消费的分配因素

当前我国初次分配和再分配领域都表现出若干问题，不利于居民消费能力提升和消费潜力释放。首先，从部门分配格局来看，政府收入占比偏高挤占了居民和企业收入占比。2016 年之前全国一般公共财政收入增长率长期高于 GDP 增长率和居民人均可支配收入增长率。居民部门收入占比较低，直接导致居民消费率的长期低水平[③]。其次，从人口分配格局来看，目前我国收入分配正在从“金字塔形”向“葫芦形”分配格局转变[④]，中等收入群体规模仍然偏小，相当一部分中低收入者的消费需求受到其收入水平的限制。再次，从城乡差距来看，城镇和农村居民之间较大的收入差距导致我国居民消费呈现出明显的城乡“二元”特征，改革开放以来我国城乡居民消费比变化大致呈卧倒“S”形，且目前仍有 2 倍以上的差距。最后，从再分配制度来看，整体税收制度难以碰触“自然人”，工薪税成为现行个人所得税制度的主体，存在明显的再分配逆调节；尽管社会保障已经实现制度全覆盖、基本公共服务加快推进均等化，但大部分群众依然面临医疗、养老、教育、住房等压力，保障和改善民生的总体层次和水平仍有待提

---

① 马克思恩格斯全集（第 26 卷 II）[M]．北京：人民出版社，1972：578.

② 当然，这样资本主义就不成为资本主义。斯大林全集（第 12 卷）[M]．北京：人民出版社，第 215 页.

③ 1978—2016 年我国最终消费率，呈现出下降趋势，由 62.1%下降至 53.6%，其中居民消费率从 48.8%下降到 39.4%。当前我国 40%左右的居民消费率远低于日本、英国、德国、美国、南非、印度、巴西等发达国家和金砖国家 55%～65%的水平。

④ 陈宗胜，高玉伟．论我国居民收入分配格局变动及橄榄形格局的实现条件［J］．经济学家，2015（1）：30-41.

高。总的来看，促进消费发展的关键就是要富民，让老百姓“有钱花”①。

14.3　完善提升居民消费能力的收入分配制度的主要内容

完善有利于提高居民消费能力的收入分配制度，改善居民消费能力和预期，重点应从以下几个方面努力：

第一，强化国民收入分配的居民部门地位，提高其劳动收入份额。要处理好国民收入在居民、企业和政府之间的分配关系，政府尤其不能“与民争利”。针对自然人的个人所得税制度改革，其免征额调整应充分考虑居民收入水平、物价水平和下次调整周期因素，现行免征额应进一步调整至人均 GDP 的 12%左右；优化级距和税率结构，避免沦为工薪税。税收调节不但要进一步降低普通工薪族的税负，还要适当强化高收入群体和财产集中者的税收贡献。我国基本分配制度强调坚持按劳分配为主体，其主体地位应当在要素收入分配格局中积极体现。在大部分居民其他收入渠道有限的情况下，一个社会的整体劳动收入份额不高，则很难想象居民消费率会有大幅提升。

第二，促进就业创业，拓展居民财产性收入渠道，扩大中等收入群体规模。中等收入群体由那些有固定职业、有一定财产、有进取心态的中产者构成，提升这类群体规模，要求：一是健全就业创业体制机制，加强劳动者技能素质培训，畅通就业创业政策和渠道，强化居民人力资本和增收能力。二是不断拓展居民财产性收入渠道，完善促进农民持续增收的政策。要深化农村土地制度改革，落实承包地、宅基地、集体经营性建设用地的用益物权，完善城镇居民住宅建设用地土地使用权到期后的法律安排和处理办法，赋予和尊重居民财产权利；顺应国有企业混合所有制改革趋势，鼓励有条件的企业实行科研人员、经营管理人员和业务骨干等员工持股；推动金融改革创新，增加民众投资渠道，让民众更多分享金融产品的增值收益。只有中等收入者增多了，才能实现广大低收入者和农村居民的“消费振兴”。

第三，补齐基本公共服务和社会保障等民生“短板”。对于个体来说，“我”和“生我的人”“我生的人”的基本生活得到满足，才有看得见、摸得着的获得

① 不可否认，高质量消费、品质消费也需要收入提升作保障。

感和幸福感；对于社会来说，民生本身就是最大的需求，解决好民生问题还可以释放额外的消费潜力。民生领域改革的重点是要进一步完善居民养老、医疗等社会保险制度，改善公共教育、保障性住房等基本公共服务供给，完善社会救济制度，提高民生保障层次和服务水平，降低居民的生活成本和不确定性冲击，形成明确、稳定的未来预期，减少居民消费的后顾之忧。

参考文献

[1] Leyshon A, Thrift N. Geographies of Financial Exclusion: Financial Abandonment in Britain and the United States [J]. Transactions of the Institute of British Geographers, 1995 (3).

[2] Abadie A, Imbens G. Large Sample Properties of Matching Estimators for Average Treatment Effects [J]. Econometrica, 2006: 74 (1): 235-267.

[3] Acemoglou D. The Form of Property Rights: Oligarchic vs Democratic Societies [C/OL]. http: www. nber. org/ papers/w10037, 2005.

[4] Acemoglu D, Robinson J. The Colonial Origins of Comparative Development: An Empirical Investigation: Reply [J]. The American Economic Review, 2012, 102 (6): 3077-3110.

[5] Acemoglu D, Shimer R. Wage and Technology Dispersion [J]. Review of Studies, 2000, 67 (4): 585-607.

[6] Akerlof G A. Labor Contracts as Partial Gift Exchange [J]. The Quarterly Journal of Economics, 1982, 97 (4): 543-569.

[7] Alchian, Demsetz. Production, Information costs, and Economic Organization [J]. The American Economic Review, 1972, 62.

[8] Amendola A, Easaw J, Savoia A. Inequality in Developing Economies: The Role of Institutional Development [J]. Public Choice, 2013, 155 (1-2): 43-60.

[9] Atkinson, Maynard, Trinder. Parents and Children: Incomes in Two Generations [M]. London: Heinemann, 1983.

[10] Avery M Guest, Nancy S Landale, James C Mccann. Intergenerational Occupational Mobility in the Late 19th Century United States [J]. Social Forces, 1989, 68 (2): 351-378.

[11] Barney J B. Firm Resource and Sustained Competitive Advantages [J]. Journal of Management, 1986 (18): 295-320.

[12] Becker, Gary S, Nigel Tomes. An Equilibrium Theory of the Distribution of Income and Intergenerational Mobility [J]. Journal of Political Economy, 1979, 87 (6): 1153-1189.

[13] Becker, Gary S, Nigel Tomes. Human Capital and the Rise and Fall of Families [J]. Journal of Labor Economics, 1986, 4 (3): Sl-S39.

[14] Becker S, Ichino A. Estimation of Average Treatment Effects Based on Propensity Scores [J]. Stata Journal, 2002, 2 (4): 358-377.

[15] Bentolina S, Saint-Paul G. Explaining Movements in Labor Share [J]. Contributions to Macroeconomics, 2003, 3 (1): 9.

[16] Bernard F, Lentz, David N Laband. Why So Many Children of Doctors Become Doctors: Nepotism vs. Human Capital Transfers [J]. The Journal of Human Resources, 1989, 24 (3): 396-413.

[17] Blackburn M L, Neumark D. Unobserved Ability, Efficiency Wages, and Interindustry Wage Differentials [J]. Quarterly Journal of Economics, 1992, 107 (4): 1421-1435.

[18] Blau, Peter, Otis Dudley Duncan. The American Occupational Structure [M]. New York: Wiley, 1967.

[19] Blinder A S. Wage Discrimination: Reduced Form and Structural Estimate [J]. Journal of Human Resource, 1973, 8 (4): 436-455.

[20] Bowles S, Gintis H. Contested Exchange: New Microfoundations for the Political Economy of Capitalism [J]. Politics and Society, 1990, 18 (2): 165-222.

［21］Bowles S. Schooling and Inequality from Generation to Generation ［J］. Journal of Political Economy，1972，80 (3)：S219-S251.

［22］Bowles S，Gintis H. The Inheritance of Inequality ［J］. The Journal of Economic Perspectives，2002，16 (3)：3-30.

［23］Brown C，Medoff J. The Employer Size——Wage Effect ［J］. Journal of Political Economy，1989，97 (5)：1027-1059.

［24］Coase R H. The Nature of the Firm ［J］. Economica，1937，4 (16)：386-405.

［25］Corak M. Income Inequality，Equality of Opportunity，and Intergenerational Mobility ［J］. Journal of Economic Perspectives，2013，27 (3)：79-102.

［26］Corak M，Piraino P. The Intergenerational Transmission of Employers ［J］. Journal of Labor Economics，2011，29 (1)：37-68.

［27］Dan Anderberg，Fredrik Andersson. Social Networks in the Labour Market，and Intergenerational Mobility ［J］. The Economic Journal，2007，117 (520)：782-812.

［28］Dennis T Yang. Urban-Biased Policies and Rising Income Inequality in China ［J］. American Economic Review，1999 (2)：306-310.

［29］Dixit A. Incentives and Organizations in the Public Sector：An Interpretative Review ［J］. The Journal of Human Resources，2002，37：696-727.

［30］Kempson E，Whyley C. Kept Out or Opted Out? Understanding and Combating Financial Exclusion ［R］. Bristol：Policy Press，1999.

［31］Edward S Shaw. Financial Deepening in Economic Development ［M］. New York：Oxford University Press，1973.

［32］Erikson R，Goldthorpe J H. The Constant Flux：A Study of Class Mobility in the Industrial Societies ［M］. Oxford：Oxford University Press，1992.

［33］Gary S Fields，Gyeongjoon Yoo. Failing Labor Income Inequality in Korea's Economic Growth：Patterns and Under lying Causes ［J］. Review of

Income and Wealth，2000，46（2）：139-159.

[34] Gaynor M，Polachek S W. Measuring Information in the Market：An Application to Physician Services [J]. Southern Economic Journal，1994，60（4）：815-831.

[35] Gibbons R，Katz L F. Does Unmeasured Ability Explain Inter-industry Wage Differences [J]. Review of Economic Studies，1992，59（3）：515-535.

[36] Gong H，Meng X. Intergenerational Income Mobility in Urban China [J]. Review of Income and Wealth，2012，58（3）：481-503.

[37] Hart O，Moore J. Incomplete Contracts and Renegotiation [J]. Economica，1988，56（4）：75-96.

[38] Hart. Property Rights and the Nature of Firm [J]. The Journal of Political Economy，1990，98（6）：1119-1158.

[39] Hicks J R. The Theory of Monopoly：A Survey [J]. Econometrica，1935，3（1）：1-20.

[40] Greenwood J，Sánchez M，Wang Cheng. Quantifying the Impact of Financial Development on Economic Development [J]. Review of Economic Dynamics，2013，16（1）：194-215.

[41] Morduch J，Sicular T. Rethinking Inequality Decomposition，with Evidence from Rural China [J]. The Economic Journal，2002，112（476）：93-106.

[42] Jason Long，Joseph Ferrie. The Path to Convergence：Intergenerational Occupational Mobility in Britain and the US in Three Eras [J]. The Economic Journal，2007，117（519）：C61-C71.

[43] Jayadev A. Capital Account Openness and the Labor Share of Income [J]. Cambridge Journal of Economics，2007，31（1）：423-443.

[44] Kim D，Lin S. Trade and Income at Different Stages of Economic Development [J]. Applied Economics，2012，44（4）：409-421.

[45] Klump R，McAdam P，Willman A. Unwrapping Some Euro Area Growth

Puzzles [J]. Journal of Macroeconomics, 2008, 30 (2): 645-666.

[36] Krueger A B, Summers L H. Efficiency Wage and the Inter-industry Wage Structure [J]. Econometrica, Econometric Society, 1988, 56 (2): 259-293.

[47] Kumbhakar S C, Lovell C A K. Stochastic Frontier Analysis [M]. New York: Cambridge University Press, 2000.

[48] Kumbhakar S C, Parmeter C F. The Effects of Match Uncertainty and Bargaining on Labor Market Outcomes: Evidence from Firm and Worker Specific Estimates [J]. Journal of Productivity Analysis, 2009, 31 (1): 1-14.

[49] Lewer J, Saenz G. Porperty Rights and Economic Growth: Panel Data Evidence [J]. Southwestern Economic Review, 2011, 32 (1): 157-165.

[50] Narula, Rajneesh, Driffield, et al. Does FDI Cause Development? The Ambiguity of the Evidence and Why It Matters [J]. European Journal of Developmental Research, 2012, 24 (1): 1-7.

[51] Nickell S. Competition and Corporate Performance [J]. Journal of Political Economy, 1996, 104 (4): 724-746.

[52] Oaxaca R. Male-Female Wage Differentials in Urban Labor Markets [J]. International Economic Review, 1973, 14 (10): 693-709.

[53] Polachek S W, Yoon B J. Panel Estimates of a Two-Tiered Earnings Frontier [J]. Journal of Applied Econometrics, 1996, 11 (2): 169-178.

[54] Blundell R, Bond S, Windmeijer F. Estimation in Dynamic Panel Data Models: Improving on the Performance of the Standard GMM Estimator [M]. Emerald Group Publishing Limited, 2001.

[55] Robert E Lucas. On the Mechanics of Economics Development [J]. Journal of Monetary Economics, 1988 (3): 3-42.

[56] Ronald I McKinnon. Financial Deregulation and Integration in East Asia [C]. The National Bureau of Economic Research, 1996.

[57] Rosenbaum P, Rubin D. The Central Role of the Propensity Score in Ob-

servational Studies for Causal Effects [J]. Biometrika, 1983, 70 (1): 41-55.

[58] Ross Levine. Financial Development and Economic Growth: Views and Agenda [J]. Journal of Economic Literature, 1997 (2): 688-726.

[59] Claessens S, Perotti E. Finance and Inequality: Channels and Evidence [J]. Journal of Comparative Economics, 2007 (4): 748-773.

[60] Scoppa V. Intergenerational Transfers of Public Sector Jobs: A Shred of Evidence on Nepotism [J]. Public Choice, 2009, 141: 167-188.

[61] Shen C, Williamson J B. China's New Rural Pension Scheme: Can It be Improved? [J]. International Journal of Sociology and Social Policy, 2010, 30 (5/6): 239-250.

[62] Solow R M. Another Possible Source of Wage Stickiness [J]. Journal of Macroeconomics, 1979 (1): 79-82.

[63] Beck T, Demirguc-Kunt A, Levine R. Finance Inequality and the Poor [J]. Journal of Economic Growth, 2007 (1): 27-49.

[64] Teece. Dynamic Capabilities and Strategic Management [J]. Stategic Management Journal, 1997, 18 (7): 509-533.

[65] Tirole J. The Internal Organization of Government [J]. Oxford Economic Papers, New Series, 1994 (46): 1-29.

[66] Galbis V. Financial Intermediation and Economic Growth in Less-Developed Countries: A Theoretical Approach [J]. Journal of Development Studies, 1977 (13): 71-84.

[67] Walder A G, Hu Songhua. Revolution, Reform, and Status Inheritance: Urban China, 1949—1996 [J]. American Journal of Sociology, 2009, 114 (5): 1395-1427.

[68] Williamson O. The Economic Institutions of Capitalism: Firms, Markets, and Relational Contracting [M]. New York: The Free Press, 1985.

[69] Zhang X, Zhang K H. How does Globalization Affect Regional Inequality within a Developing Country ? Evidence from China [J]. Journal of Devel-

opment Studies，2003，39（4）：109-128.

[70] Zimmerman，David J. Regression Toward Mediocrity in Economic Stature [J]. American Economic Review，1992，82（3）：409-429.

[71] 白重恩，钱振杰. 我国资本收入份额影响因素及变化原因分析——基于省际面板数据的实证研究［J］. 清华大学学报（哲学社会科学版），2009（4）：137-147.

[72] 白重恩，钱震杰. 劳动收入份额决定因素：来自中国省级面板的证据［J］. 世界经济，2010（12）：3-27.

[73] 白重恩，钱震杰. 谁在挤占居民的收入——中国国民收入分配格局分析［J］. 中国社会科学，2008（5）：99-115.

[74] 边燕杰，张展新. 市场化与收入分配——对1988年和1995年城市住户收入调查的分析［J］. 中国社会科学，2002（5）：97-111.

[75] 蔡昉. 城乡收入差距与制度变革的临界点［J］. 中国社会科学，2003（5）.

[76] 蔡宇宏. 福利制度：社会民主主义与自由主义的比较——以瑞典与美国为例［J］. 学术研究，2006（12）：31-34.

[77] 陈斌开，杨依山，许伟，等. 中国城镇居民劳动收入差距演变及其原因：1990—2005［J］. 经济研究，2009（12）.

[78] 陈华帅，曾毅. “新农保”使谁收益：老人还是子女［J］. 经济研究，2013（8）：55-67.

[79] 陈锡文. 资源配置与中国农村发展［J］. 中国农村经济，2004（1）：4-9.

[80] 程恩富，胡靖春. 论我国劳动收入份额提升的可能性、迫切性与途径［J］. 经济学动态，2010（11）：33-39.

[81] 程令国，张晔，刘志彪. “新农保”改变了中国农村居民的养老模式吗?［J］. 经济研究，2013（8）：42-54.

[82] 程永宏. 改革以来全国总体基尼系数的演变及其城乡分解［J］. 中国社会科学，2007（7）：45-60.

[83] 崔红志. 对完善新型农村社会养老保险制度若干问题的探讨［J］. 经济研究参考，2012（45）：3-11.

[84] 戴枫. 贸易自由化与收入不平等——基于中国的经验研究［J］. 世界经济

研究，2005（10）：39-46.

[85] 戴木才. 全人类“共同价值”与社会主义核心价值观［N］. 光明日报，2015-10-28.

[86] 德姆塞茨. 企业经济学［M］. 梁小民，译. 北京：中国社会科学出版社，1999.

[87] 邓大松，薛惠元. 新农保财政补助数额的测算与分析——基于2008年的数据［J］. 江西财经大学学报，2010（2）：38-42.

[88] 董溯战. 美国社会保障制度中的国家、市场与社会功能之比较研究［J］. 经济体制改革，2004（2）：134-137.

[89] 范从来，张中锦. 功能性与规模性收入结构：思想演进、内在联系与研究趋向［J］. 经济学家，2014（9）：5-13.

[90] 傅娟. 中国垄断行业的高收入及其原因：基于整个收入分布的经验研究［J］. 世界经济，2008（7）：67-77.

[91] 高君. 浙江省建立新型农村社会养老保险制度研究［J］. 学术论坛，2011（9）：120-123.

[92] 郭丛斌，丁小浩. 职业代际效应的劳动力市场分割与教育的作用［J］. 经济科学，2004（3）：74-82.

[93] 郭剑雄. 人力资本、生育率与城乡收入差距的收敛［J］. 中国社会科学，2005（3）.

[94] 郭庆旺，吕冰洋. 论要素收入分配对居民收入分配的影响［J］. 中国社会科学，2012（12）：46-62.

[95] 卢盛峰，陈思霞，张东杰. 公共服务机会与代际间职业流动——基于非血亲父子（女）配对数据的实证分析［J］. 经济科学，2015（2）：94-104.

[96] 郭云涛. 农民非农初职间隔及其影响因素作用的代际差异——基于“CGSS2006”调查数据的实证研究［J］. 中国人口科学，2010（4）：87-95，112.

[97] 国务院关于开展新型农村社会养老保险试点的指导意见［J］. 中国劳动保障，2009（10）：54-55.

[98] 海尔布罗纳，米尔博格. 经济社会的起源［M］. 李陈华，许敏兰，译. 上

海：格致出版社，2012.

[99] 韩朝华，周晓艳．国有企业利润的主要来源及其社会福利含义 [J]．中国工业经济，2009 (6).

[100] 韩军辉．基于面板数据的代际收入流动研究 [J]．中南财经政法大学学报，2010 (4)：21-25.

[101] 韩雷，许明．一个要素收入分配的制度经济学模型 [J]．湘潭大学学报(哲学社会科学版)，2013 (6)：25-30.

[102] 何石军，黄桂田．中国社会的代际收入流动性趋势：2000—2009 [J]．金融研究，2013 (2)：19-32.

[103] 洪银兴．自主创新投入的动力和协调机制研究 [J]．中国工业经济，2010 (8)：15-22.

[104] 胡锦涛．坚定不移沿着中国特色社会主义道路前进为全面建成小康社会而奋斗——在中国共产党第十八次全国代表大会上的报告 [N]．人民日报，2012-11-18 (1).

[105] 胡奕明，买买提依明·祖农．关于税、资本收益与劳动所得的收入分配实证研究 [J]．经济研究，2013 (8)：29-41.

[106] 黄兴春．当代政治经济学 [M]．杭州：浙江大学出版社，2015.

[107] 黄阳涛，李放，吕伟．农民参加新农保影响因素的实证研究——基于对江苏省部分试点县的调查 [J]．农村金融，2011 (6)：58-62.

[108] 惠宁，郭淑娟．行业垄断与行业收入差距研究 [J]．山西财经大学学报，2012，34 (8)：21-30.

[109] 金碚．论国有企业改革再定位 [J]．中国工业经济，2010 (4)：5-13.

[110] 金玉国．工资行业差异的制度诠释 [J]．统计研究，2005 (4)：10-15.

[111] 科斯．企业、市场与法律 [M]．盛洪，译．上海：上海三联书店，2009.

[112] 李稻葵，刘霖林，王红领．GDP 中劳动份额演变的 U 型规律 [J]．经济研究，2009 (1)：70-82.

[113] 李冬妍．“新农保”制度：现状评析与政策建议 [J]．南京大学学报，2011 (1)：30-39.

[114] 李荣融．国有企业改革在新的起点上稳步推进 [J]．求是，2007 (16).

[115] 李慎明. 关于民主与普世民主的相关思考 [J]. 马克思主义研究，2009 (6)：5-22，159.

[116] 李实，宋锦. 中国城镇就业收入差距的扩大及其原因 [J]. 经济学动态，2010 (10)：4-10.

[117] 李实. 收入分配改革：改什么？怎么改？[N]. 新京报，2012-11-03.

[118] 李实. 中国农村劳动力流动与收入增长和分配 [J]. 中国社会科学，1999 (2)：3-5.

[119] 李宪印. 城市化、经济增长与城乡收入差距 [J]. 农业技术经济，2011 (8)：50-57.

[120] 林毅夫. 中国的奇迹 [M]. 上海：上海人民出版社，1994.

[121] 刘凤委，孙铮，李增泉. 政府干预、行业竞争与薪酬契约——来自国有上市公司的经验证据 [J]. 管理世界，2007 (9)：76-84，128.

[122] 刘进田. 论自由、平等、公正、法治诸价值及其内在秩序 [J]. 西北人文科学评论，2014 (10)：18-28.

[123] 刘善槐，邬志辉，何圣财. 新型农村社会养老保险试点状况及对策——基于吉林省 5000 农户的调查研究 [J]. 调研世界，2011 (2)：30-33.

[124] 刘渝琳，梅斌. 行业垄断与职工工资收入研究——基于中国上市公司数据的分析 [J]. 中国人口科学，2012 (1)：51-59，111-112.

[125] 刘渝琳，白艳兰. 金融深化影响城乡居民收入差距的作用机制分析 [J]. 中国管理科学，2009 (10).

[126] 刘元春. 经济制度变革还是产业结构升级——论中国经济增长的核心源泉及其未来改革的重心 [J]. 中国工业经济，2003 (9)：5-13.

[127] 刘长庚. 论企业的联合产权制度性质 [J]. 湘潭大学学报（哲学社会科学版)，2005 (6)：121-125.

[128] 刘长庚，戴克明，颜长春. 创新收入分配制度 促进竞争性国有企业大发展 [J]. 湘潭大学学报（哲学社会科学版)，2013 (6)：20-24.

[129] 刘长庚，韩雷. 市场经济的性质 [J]. 湘潭大学学报（哲学社会科学版)，2012 (2)：68-72.

[130] 刘长庚，韩雷. 现代企业应赋予劳动者对利润的收益权 [J]. 红旗文稿，

2011（2）：17-19.
[131] 刘长庚，韩雷. 企业内层级收入差距和企业绩效的关系——一个整体演进分析的框架 [J]. 中国人民大学学报，2011（1）.
[132] 刘长庚，刘一蓓，江剑平. 以公正分配实现收入倍增 [J]. 中州学刊，2014（5）：38-41.
[133] 刘长庚，张磊. 符合社会共同价值观的收入分配才合理 [N]. 中国社会科学报，2015-05-08.
[134] 卢洪友，连玉君，卢盛峰. 中国医疗服务市场中的信息不对称程度测算 [J]. 经济研究，2011（4）：94-106.
[135] 鲁欢. 新农保最低缴费档次“受宠”原因及对策分析——基于对辽宁省阜新市彰武县400户农户调查的研究 [J]. 社会保障研究，2012（2）：20-28.
[136] 陆铭，陈钊. 城市化、城市倾向的经济政策与城乡收入差距 [J]. 经济研究，2004（6）：50-58.
[137] 陆正飞，王雄元，张鹏. 国有企业支付了更高的职工工资吗 [J]. 经济研究，2012（3）：28-39.
[138] 罗遐. 政府行为对农民参保选择影响的实证分析——基于新农保试点的调查 [J]. 山东大学学报，2012（2）：128-133.
[139] 罗楚亮，李实. 人力资本、行业特征与收入差距——基于第一次全国经济普查资料的经验研究 [J]. 管理世界，2007（10）：19-30.
[140] 罗长远，张军. 劳动收入占比下降的经济学解释——基于中国省级面板数据的分析 [J]. 管理世界，2009（5）：25-35.
[141] 罗长远，张军. 经济发展中的劳动收入占比：基于中国产业数据的实证研究 [J]. 中国社会科学，2009（4）：65-79.
[142] 吕冰洋，郭庆旺. 中国要素收入分配的测算 [J]. 经济研究，2012（10）：27-40.
[143] 马克思，恩格斯. 马克思恩格斯选集 [M]. 中共中央马克思恩格斯列宁斯大林著作编译局，编译. 北京：人民出版社，1995.
[144] 马克思，恩格斯. 共产党宣言 [M]. 中央编译局，译. 北京：人民出版社，1997.

[145] 聂辉华，江艇，杨汝岱. 中国工业企业数据库的使用现状和潜在问题[J]. 世界经济，2012（5）：142-158.

[146] 平狄克，鲁宾费尔德. 微观经济学［M］. 张军，罗汉，译. 北京：中国人民大学出版社，2000.

[147] 卿石松，郑加梅. "同酬"还需"同工"：职位隔离对性别收入差距的作用[J]. 经济学（季刊），2013（1）：735-756.

[148] 任重，周云波. 垄断对我国行业收入差距的影响到底有多大？[J]. 经济理论与经济管理，2009（4）：25-30.

[149] 萨缪尔森，诺德豪斯. 经济学影印版［M］. 北京：机械工业出版社，1998.

[150] 塞缪尔·鲍尔斯，理查德·爱德华兹，弗兰克·罗斯福. 理解资本主义：竞争、统制与变革［M］. 孟捷，赵准，徐华主译. 北京：中国人民大学出版社，2010.

[151] 盛来运. 农村劳动力流动的经济影响和效果[J]. 统计研究，2007（10）：15-19.

[152] 施九青. 当代世界社会主义研究［M］. 天津：社会科学院出版社，2000.

[153] 石绍斌，樊丽明，王媛. 影响农民参加新型农村社会养老保险的因素——来自山东省入户调查的证据[J]. 财贸经济，2009（11）：42-48.

[154] 苏东海，周庆. 新农保试点中的问题及对策研究[J]. 社会科学，2010（9）：74-80.

[155] 隋艳颖，马晓河. 西部农户受金融排斥的影响因素分析——基于内蒙古自治区7个旗（县）338户农牧户的调查数据[J]. 中国农村观察，2011（3）.

[156] 孙百才. 测度中国改革开放30年来的教育平等——基于教育基尼系数的实证分析[J]. 教育研究，2009（1）：12-18.

[157] 孙三百，黄薇，洪俊杰. 劳动力自由迁移为何如此重要？——基于代际收入流动的视角[J]. 经济研究，2012，47（05）：147-159.

[158] 陶继坤. "新农保"方案的主要变化及完善对策[J]. 经济纵横，2010（5）：5-9.

[159] 托玛斯·迈尔. 社会民主主义导论［M］. 殷叙彝，译. 北京：中央编译

出版社，1996.
[160] 万海远，李实. 收入差距倒 U 型假说质疑 [N]. 中国社会科学报，2015-03-16.
[161] 王德文. 中国经济增长能消除城乡收入差距吗？[J]. 经济社会体制比较，2005 (4)：13-21，110.
[162] 王海港. 中国居民收入分配的代际流动 [J]. 经济科学，2005 (2)：18-25.
[163] 王敬勇. 行业收入差距的原因：垄断与人力资本孰是孰非？还是兼而有之？[J]. 当代经济科学，2013，35 (01)：9-15，124.
[164] 王强. 构建现代国资监管制度的依据及路径 [J]. 经济社会体制比较，2010 (6)：166-173.
[165] 王天夫，崔晓雄. 行业是如何影响收入的——基于多层线性模型的分析 [J]. 中国社会科学，2010 (5)：165-180，223.
[166] 王小鲁，樊纲，刘鹏. 中国经济增长方式转换和增长可持续性 [J]. 经济研究，2009 (1)：4-16.
[167] 王修华，马柯，王翔. 关于我国金融排斥状况的评价 [J]. 理论探索，2009 (5)：68-72.
[168] 王修华，邱兆祥. 农村金融发展对城乡收入差距的影响机理与实证研究 [J]. 经济学动态，2011 (2)：71-75.
[169] 王哲. 城市化、城乡收入差距与经济增长：基于动态面板门槛模型的实证研究 [C]. 第三届工程和商业管理国际学术会议，2012.
[170] 威廉姆森. 资本主义经济制度 [M]. 段毅才，王伟，译. 北京：商务印书馆，2004.
[171] 魏婕，任保平. 中国经济增长包容性的测度：1978—2009 [J]. 中国工业经济，2011 (12)：5-14.
[172] 魏下海，董志强，黄玖立. 工会是否改善劳动收入份额——理论分析与来自中国民营企业的经验证据 [J]. 经济研究，2013 (8)：16-28.
[173] 温涛，冉光和，熊德平. 中国金融发展与农民收入增长 [J]. 经济研究，2005 (9)：30-43.
[174] 文娟，孙楚仁. 贸易与中国收入不平等的计量检验 [J]. 财贸研究，2009

(1)：47-54.

[175] 翁杰，周礼. 中国工业企业利益分配格局快速变动的原因分析：1997—2007 [J]. 中国工业经济，2009 (9)：47-55.

[176] 吴晓刚. 中国的户籍制度与代际职业流动 [J]. 社会学研究，2007 (6)：38-65，242-243.

[177] 武鹏. 中国行业收入差距研究述评 [J]. 上海经济研究，2010 (8)：60-70，121.

[178] 武鹏. 行业垄断对中国行业收入差距的影响 [J]. 中国工业经济，2011 (10)：76-86.

[179] 西蒙. 基于实践的微观经济学 [M]. 孙涤，译. 上海：上海三联书店，2009.

[180] 向伶双，赵业虎，富敏. 国企分红：中外实践经验之对比分析 [J]. 财务与会计（理财版），2011 (9)：16-18.

[181] 肖应钊，等. 农村居民参加新型农村社会养老保险意愿影响因素的实证分析——以山东省试点为例 [J]. 社会保障研究，2011 (5)：40-50.

[182] 邢春冰. 中国农村非农就业机会的代际流动 [J]. 经济研究，2006 (9)：103-116.

[183] 杨瑞龙，王宇锋，刘和旺. 父亲政治身份、政治关系和子女收入 [J]. 经济学（季刊），2010，9 (3)：871-890.

[184] 叶林祥，李实，罗楚亮. 行业垄断、所有制与企业工资收入差距——基于第一次全国经济普查企业数据的实证研究 [J]. 管理世界，2011 (4)：26-36.

[185] 尹希果，陈刚，程世骑. 中国金融发展与城乡收入差距关系的再检验——基于面板单位根和 VAR 模型的估计 [J]. 当代经济科学，2007 (1)：15-24，124.

[186] 余东华，陈晓丹. 行政性垄断对行业收入差距的影响研究 [J]. 经济社会体制比较，2013 (5)：54-61.

[187] 约翰·罗尔斯. 正义论 [M]. 何怀宏，何包钢，廖申白，译. 中国社会科学出版社，1988.

[188] 岳希明，李实，史泰丽. 垄断行业高收入问题探讨 [J]. 中国社会科学，

2010（3）：77-93.

［189］张帆. 垄断行业收入对社会收入分配差距贡献率的测度［J］. 江汉论坛，2013（7）：94-97.

［190］张杰，黄泰岩. 中国企业的工资变化趋势与决定机制研究［J］. 中国工业经济，2010（3）：42-53.

［191］张立军，湛泳. 金融发展影响城乡收入差距的三大效应分析及其检验［J］. 数量经济技术经济研究，2006（12）：73-81.

［192］张五常. 中国的经济制度［M］. 北京：中信出版社，2009.

［193］张宇，张晨，蔡万焕. 中国经济模式的政治经济学分析［J］. 中国社会科学，2011（3）：69-84.

［194］张玉台. 合理调整收入分配关系［J］. 党建研究，2010（12）：14-17.

［195］张原，陈建奇. 人力资本还是行业特征：中国行业间工资回报差异的成因分析［J］. 世界经济，2008（5）：68-80.

［196］赵学清. 在收入初次分配上市场和政府两手都要硬［N］. 中国社会科学报，2015-02-04.

［197］赵志耘，吕冰洋，郭庆旺，等. 资本积累与技术进步的动态融合：中国经济增长的一个典型事实［J］. 经济研究，2007（11）：18-31.

［198］郑志国. 中国企业利润侵蚀工资问题研究［J］. 中国工业经济，2008（1）：5-13.

［199］中共中央宣传部. 习近平总书记系列重要讲话读本（2016 年版）［M］. 北京：学习出版社、人民出版社，2016.

［200］钟甫宁. 劳动力市场调节与城乡收入差距研究［J］. 经济学动态，2010（4）：65-69.

［201］周立. 中国农村金融：市场体系与实践调查［M］. 北京：中国农业科学技术出版社，2010.

［202］周新成. 毫不动摇地坚持公有制为主体、多种所有制经济共同发展——兼评“国进民退”“国退民进”的争论［J］. 当代经济研究，2010（4）：19-34.

［203］周云波. 城市化、城乡差距以及全国居民总体收入差距的变动——收入差距倒 U 形假说的实证检验［J］. 经济学（季刊），2009，8（4）：1239-1256.

附　录

1. 影响老人参保因素的 Logit 回归估计

因变量		是否参保（参保＝1）				
		模型 1	模型 2	模型 3	模型 4	模型 5
人口学特征	男性（女性＝0）	0.057 (0.70)	0.067 (0.87)		0.065 (0.87)	
	汉族（其他＝0）	−0.408*** (−4.14)	−0.539*** (−5.50)	−0.669*** (−6.88)	−0.383*** (−4.01)	−0.554*** (−5.54)
	年龄	0.167*** (3.38)	0.155*** (3.07)	0.163*** (3.26)	0.165*** (3.36)	0.152*** (3.02)
	年龄平方	−0.102*** (−3.53)	−0.097*** (−3.28)	−0.103*** (−3.54)	−0.101*** (−3.53)	−0.096*** (−3.25)
	有配偶（无配偶＝0）	0.154* (1.79)	0.175* (1.92)	0.201** (2.41)	0.184** (2.18)	0.161* (1.93)
	未上过学（参照组：小学程度）	0.005 (0.06)				
	中学或以上（参照组：小学程度）	−0.024 (−0.13)				
	退休前职业（技术或管理类＝1）	0.144 (0.53)				
	农村（城镇＝0）	−0.652*** (−9.07)	−0.596*** (−8.12)	−0.447*** (−6.19)	−0.649*** (−9.08)	−0.597*** (−8.12)

续表

因变量		是否参保（参保＝1）				
		模型 1	模型 2	模型 3	模型 4	模型 5
社会经济条件	相对贫困（相对富裕＝0）	−0.190* (−1.95)				
	有房产（无房产＝0）	0.090 (1.14)		−0.005 (−0.06)		
	扣除养老金后的家庭收入对数值	−0.018 (−1.63)		−0.048*** (−4.23)		−0.059*** (−5.11)
家庭支持条件	与子女同住（非同住＝0）		−0.088 (−0.89)			
	儿子存活数		−0.041 (−1.56)	−0.033 (−1.27)		−0.045* (−1.70)
	女儿存活数		−0.040 (−1.62)	−0.038 (−1.55)		−0.045* (−1.80)
	子女每周照料老人时间对数值		0.201*** (8.98)	0.230*** (12.08)		0.202*** (9.02)
	代际金额支持总额对数值		0.257*** (12.42)	0.273*** (13.20)		0.268*** (12.70)
健康情况	自评健康（较好＝1）	−0.150* (−1.92)			−0.140* (−1.80)	
	自评生活满意（较好＝1）	0.327*** (4.11)			0.350*** (4.52)	0.238*** (3.27)
	生活自理能力完好（受损＝0）	−0.567*** (−6.33)	−0.160 (−1.55)		−0.569*** (−6.39)	−0.177* (−1.72)
	参加新农合医疗保险（否＝0）	1.639*** (12.78)	1.576*** (12.20)		1.623*** (12.69)	1.589*** (12.31)
地区虚拟变量		YES	NO	NO	NO	YES
常数项		−9.425*** (−4.47)	−10.647*** (−4.99)	−9.475*** (−4.46)	−9.448*** (−4.54)	−10.240*** (−4.79)
Pseudo-R2		0.064	0.106	0.075	0.062	0.111
AUC		0.697	0.755	0.721	0.695	0.759
样本观测值		11556	11556	11556	11556	11556

注：***、**、* 分别表示 1%、5%、10%的显著水平，括号内为 T 值；AUC 代表 ROC 曲线下界区域；年龄的平方定义为（年龄 * 年龄）/100。

2. PSM 的匹配程度检验

参与匹配变量	均值				t 检验	
	参保组	控制组	标准偏差%	标准偏差减少%	t 统计量	p>t
汉族（少数民族=0）	0.835	0.823	3.5	74.8	0.69	0.491
年龄	84.390	84.506	−1.1	81.2	−0.24	0.810
年龄平方	72.321	72.502	−1.0	84.9	−0.22	0.827
有配偶（无配偶=0）	0.403	0.399	0.7	93.3	0.14	0.887
乡村（城镇=0）	0.558	0.554	0.9	96.3	0.19	0.852
（调整）家庭年收入对数	7.991	8.008	−0.5	38.2	−0.11	0.912
儿子存活数	2.379	2.361	1.3	48.8	0.29	0.773
女儿存活数	2.056	2.081	−1.7	21.9	−0.38	0.705
子女每周照料时间对数	1.469	1.464	0.3	99.2	0.06	0.953
子女代际支持金额对数	7.335	7.317	0.7	98.7	0.21	0.831
自评生活满意（较好=1）	0.597	0.602	−0.9	94.0	−0.20	0.843
ADL（完好=1）	0.742	0.723	4.5	73.3	0.91	0.363
参加新农合（未参加=0）	0.925	0.920	1.3	97.7	0.38	0.703
东部省份（中西部=0）	0.458	0.457	0.3	93.5	0.06	0.948

注：本表中控制组均值与表 7-2 控制组均值存在较大差异，其原因在于表 7-2 是全样本控制组均值，而表 7-5 是经 PSM 匹配后的均值，故存在较大差异。

后　记

本书是课题组长期深入研究的集体成果，主要包括刘长庚、韩雷、江剑平、张磊、张松彪、许明、田龙鹏等。具体章节的主要完成人员如下：第1章，刘长庚、韩雷；第2章，刘长庚、江剑平；第3章，刘长庚、许明、刘一蓓；第4章，韩雷、陈华帅、刘长庚；第5章，刘长庚、张松彪；第6章，刘长庚、田龙鹏、陈彬；第7章，许明、刘长庚、陈华帅；第8章，刘长庚、田龙鹏、陈彬、戴克明；第9章，刘长庚、张磊；第10章，刘长庚、戴克明、颜长春；第11章，刘长庚、韩雷；第12章，刘长庚、韩雷、何召鹏、伍文波等；第13章，韩雷、刘长庚；第14章，刘长庚。主编对全书进行了总纂与定稿，副主编协助主编完成了相关编写工作。此外，博士生柏园杰、谷阳、巫骥、王宇航、刘林志等参与了本书的校对工作。

感谢湘潭大学出版社及相关编辑为本书出版所付出的心血！